Qualitative Sozialforschung

Reihe herausgegeben von

Uwe Flick, Department of Psychology, Freie Universität Berlin, Berlin, Deutschland

Christian Lüders, Abteilung Jugend und Jugendhilfe, Deutsches Jugendinstitut, München, Deutschland

Angelika Poferl, Fakultät 12, Erziehungswissenschaft, Psychologie und Soziologie, Technische Universität Dortmund, Dortmund, Deutschland

Jo Reichertz, Kulturwissenschaftliches Institut Essen (KWI), Essen, Deutschland

Die **Reihe Qualitative Sozialforschung** will Studierenden und Forschenden einführende, grundlegende und überschaubare Texte zu zentralen Aspekten qualitativer und interpretativer Methodologien und Methoden bieten. Dabei will die Reihe sich aktuellen Herausforderungen zuwenden, die alle Methodologien und Methoden qualitativer und interpretativer Sozialforschung tangieren sowie den Umbrüchen und Weiterentwicklungen in der Forschungslandschaft und dem Aufkommen neuer Themenfelder Rechnung tragen.

Die Bände der Reihe sollen monografische, auf einzelne qualitative Methodologien, Methoden fokussierte und thematisch konzentrierte Einführungen bieten. Sie sollen allen an der jeweiligen Forschungspraxis Interessierten relevantes Erfahrungswissen bereitgestellt werden. Zugleich stellen sie die theoretischen und methodologischen Prämissen vor und reflektieren sie.

Größere Bedeutung bekommen Debatten zu *Querschnittsthemen,* wie Datenschutz/Anonymisierung, Speicherung und Dokumentation qualitativer Daten, Sekundäranalysen, Generalisierung, mixed-methods, qualitative Onlineforschung, qualitative Sozialforschung im Kontext Social Media.

Weitere Themen werden in Bänden zu einzelnen *Paradigmen* der qualitativen/interpretativen Sozialforschung behandelt. Forschung an den *Grenzen der Kommunikation* (z. B. Behinderung, Krankheit etc.), Forschung mit Blick auf *vulnerable Gruppen,* sowie im Kontext von *Flucht und Migration,* zur *trans- und interkulturellen Forschung* und zu den methodischen Herausforderungen der *global/lokalen Diversifizierung* greifen aktuelle Herausforderungen auf.

Insgesamt geht es der Reihe darum, den Diskurs der qualitativen/interpretativen Sozialforschung mit zu gestalten und voranzubringen.

Weitere Bände in der Reihe http://www.springer.com/series/12481

Jo Reichertz · Carina Jasmin Englert

Einführung in die qualitative Videoanalyse
Eine hermeneutisch-wissenssoziologische Fallanalyse

2. Auflage

Jo Reichertz
Kulturwissenschaftliches Institut Essen
(KWI), Essen, Deutschland

Carina Jasmin Englert
Hofheim am Taunus, Deutschland

Qualitative Sozialforschung
ISBN 978-3-658-33598-4   ISBN 978-3-658-33599-1 (eBook)
https://doi.org/10.1007/978-3-658-33599-1

Die Deutsche Nationalbibliothek verzeichnet diese Publikation in der Deutschen Nationalbibliografie; detaillierte bibliografische Daten sind im Internet über http://dnb.d-nb.de abrufbar.

© Der/die Herausgeber bzw. der/die Autor(en), exklusiv lizenziert durch Springer Fachmedien Wiesbaden GmbH, ein Teil von Springer Nature 2011, 2021
Das Werk einschließlich aller seiner Teile ist urheberrechtlich geschützt. Jede Verwertung, die nicht ausdrücklich vom Urheberrechtsgesetz zugelassen ist, bedarf der vorherigen Zustimmung der Verlage. Das gilt insbesondere für Vervielfältigungen, Bearbeitungen, Übersetzungen, Mikroverfilmungen und die Einspeicherung und Verarbeitung in elektronischen Systemen.
Die Wiedergabe von allgemein beschreibenden Bezeichnungen, Marken, Unternehmensnamen etc. in diesem Werk bedeutet nicht, dass diese frei durch jedermann benutzt werden dürfen. Die Berechtigung zur Benutzung unterliegt, auch ohne gesonderten Hinweis hierzu, den Regeln des Markenrechts. Die Rechte des jeweiligen Zeicheninhabers sind zu beachten.
Der Verlag, die Autoren und die Herausgeber gehen davon aus, dass die Angaben und Informationen in diesem Werk zum Zeitpunkt der Veröffentlichung vollständig und korrekt sind. Weder der Verlag, noch die Autoren oder die Herausgeber übernehmen, ausdrücklich oder implizit, Gewähr für den Inhalt des Werkes, etwaige Fehler oder Äußerungen. Der Verlag bleibt im Hinblick auf geografische Zuordnungen und Gebietsbezeichnungen in veröffentlichten Karten und Institutionsadressen neutral.

Lektorat: Katrin Emmerich
Springer VS ist ein Imprint der eingetragenen Gesellschaft Springer Fachmedien Wiesbaden GmbH und ist ein Teil von Springer Nature.
Die Anschrift der Gesellschaft ist: Abraham-Lincoln-Str. 46, 65189 Wiesbaden, Germany

Vorwort

Das vorliegende Buch ist in der ersten Auflage vor gut zehn Jahren erschienen. Es wurde freundlich aufgenommen (z. B. Beck, 2011). Damals war es eines der ersten Bücher, die eine eigene Methode für die sozialwissenschaftliche Analyse von Videos vorgestellt haben. In den letzten zehn Jahren ist jedoch sehr viel auf dem Gebiet der Videoanalyse geschehen. So gibt es mittlerweile eine Reihe von eigenständigen Ansätzen für sozialwissenschaftliche Videoanalysen. Zugleich wurden einige computergestützte Verfahren für die Transkription und inhaltsanalytische Auswertung von Videos und eine Fülle von theoretischen und methodologischen Schriften zu den Grundlagen der Videointerpretation und deren methodischer Ausgestaltung erarbeitet. In diesem Diskurs über fruchtbare Methoden der Videoanalyse hat sich die hermeneutisch-wissenssoziologische Videoanalyse als eine der zentralen Methoden etabliert und wird in verschiedenen Disziplinen und Kontexten erfolgreich eingesetzt.

Viel ist also passiert, sehr viel sogar, aber nicht so viel, dass man von einem Video-Turn sprechen könnte. In der hier vorliegenden zweiten Auflage haben wir versucht, diese neuen Entwicklungen aufzugreifen und in das Buch einzuarbeiten. Dabei haben wir insbesondere die aktuelle Entwicklung der Videoanalyse in den Blick genommen und das Buch entsprechend ergänzt, wir haben zugleich sehr viel mehr die Frage behandelt, was unter einem Video zu verstehen ist, welche Rahmen für Videos aktuell vorzufinden sind und weshalb all dies wichtig ist, um eine angemessene Analyse von Videos vorzunehmen.

Das Besondere der hier vorgelegten sozialwissenschaftlichen Videoanalyse ist, dass sie handlungstheoretisch ausgerichtet ist und dabei methodisch/methodologisch auf den Grundlagen der hermeneutischen Wissenssoziologie (Hitzler et al., 1999, 2019) und sozialtheoretisch auf den Prämissen des kommunikativen Konstruktivismus (Keller et al., 2009) aufbaut – weshalb sie im konkreten Vorgehen hermeneutisch und sequenzanalytisch vorgeht.

Die hier vorgestellte hermeneutisch-wissenssoziologische Videoanalyse ist für Videos aller Art geeignet. Sie ist deshalb handlungstheoretisch, weil sie konsequent das Video als den Schnittpunkt verschiedener Handlungen von unterschiedlichen Akteuren begreift. Zentral für diese Methode ist, dass die angemessene Analyse eines Videos immer auch die Rekonstruktion dieses Überschneidens und Zusammenspiels der daran beteiligten Handlungen darstellt[1]. So beschränkt sie sich also nicht auf die Analyse dessen, was offensichtlich ist, also das direkt Sichtbare und damit das, was Akteure mit ihrer Kamera aufzeichnen, sondern sie nimmt immer auch die anderen Handlungen in den Blick, die bei der Erstellung eines Videos vollzogen werden, z. B. in der Schnitt in der Postproduction.

Kurz: Wir verstehen unter Videoanalyse immer die Analyse von Handlungen. Die entscheidende Frage ist nun, welche Handlungen in einem Video anzutreffen sind bzw. in welche Handlungen Videos eingebunden sind – und welche davon so relevant sind, dass sie bei der Analyse berücksichtigt und deshalb auch mit entsprechenden Notationstools gesondert aufgelistet und fixiert werden müssen.

Das ist zum Ersten ganz offensichtlich die Handlung, die das Video aufzeichnet, also die Handlung vor der Kamera. Oft wird die Handlung vor der Kamera als die wesentliche Handlung angesehen, derentwegen Videoanalysen überhaupt vorgenommen werden sollen. Aus unserer Sicht ist diese Ebene sicherlich sehr wichtig, werden doch in der Regel Videos hergestellt, um genau diese Handlung aufzuzeichnen.

Jedoch muss eine sozialwissenschaftliche Analyse von Videos zum Zweiten immer auch im Blick haben, dass das Erstellen und das Choreographieren eines Videos ebenfalls eine Handlung ist, auch wenn sie auf den ersten Blick scheinbar nicht zu erkennen ist. Das ist (und das wäre der zweite Typ von Handlung, der in einem Video anzutreffen ist) die Handlung der Kamera. Die Besonderheit dieser Handlung ergibt sich aus den Selektionsentscheidungen, die von denjenigen getroffen werden, die das Video konkret herstellen. Häufig ist das allein der Akteur hinter der Kamera, aber oft wird die Handlung der Kamera von einem korporierten Akteur erstellt, also von einer Gruppe von konkreten Akteuren (Wissenschaftler/innen, Journalisten/innen etc.), die arbeitsteilig unterschiedliche

---

[1] Im Weiteren werden hier nur die direkt *produzierenden* Handlungen in den Blick genommen. Darüber hinaus finden sich in jedem Produktionsprozess von Videos an jeder Stelle *evaluative* Lesehandlungen, also Akte der Deutung, Bewertung und Entscheidungen darüber, was behalten, verworfen oder verändert werden soll. Der Produktionsprozess, auch von Videos zu wissenschaftlichen Zwecken, muss deshalb als eine Verschränkung von Produktions- und Bewertungsentscheidungen aufgefasst und analysiert werden.

Aufgaben in der Produktion übernehmen und somit auch an der Produktion der Bedeutung des Videos beteiligt sind. Das sind also alle diejenigen, welche die Kamera halten und ausrichten, diejenigen, welche die Aufzeichnung geplant und organisiert haben, diejenigen, die das Video aufbereiten etc.

Zum Dritten sind in Videos manchmal Handlungen erkennbar, mit denen Menschen, die vor der Kamera handeln, sich direkt an die Kamera (bzw. die Menschen hinter der Kamera) wenden. Es sind also Handlungen für die Kamera – entweder für den konkreten Menschen, der die Handlungen aufzeichnen (im weitesten Sinne den Kameramann also) oder für ein Publikum, an das sich der/die Handelnde vor der Kamera richten will (siehe auch Moritz, 2014b). Da das Handeln für die Kamera, also das Aus-dem-Film-Herausagieren, immer Teil der Handlung vor der Kamera ist, kann das Handeln für die Kamera in diesem Rahmen analysiert werden. Eine eigene Kategorie, diese Handlungen gesondert zu erfassen, ist somit nicht notwendig.

Zum Vierten kann man auch mit dem Video handeln, also wenn man z. B. bei wissenschaftlichen Vorträgen ein Video präsentiert oder wenn man zu Schulungszwecken Videos zeigt, damit andere ihr Handeln verbessern sollen/können. Hier ist das Video in andere Handlungen eingebunden, nämlich in die des Zeigens zu bestimmten Zwecken. Diese Art des Handelns ‚überschreitet' systematisch das Video, da Spuren dieser Handlung nicht im Video anzutreffen sind. Insofern ist es nicht notwendig und möglich, für diese Art des Handelns ein Notationssystem zu entwickeln. Dennoch ist diese Art des Handelns von Bedeutung, jedoch vor allem aus einer wissenssoziologischen und wissenschaftssoziologischen Perspektive.

Weil es also um Handlungsanalyse geht, genügt es nicht, das im Video Gezeigte zu deuten, sondern auch die Handlung des Zeigens. Der Akteur dieser Zeigehandlung, also diejenigen, die das Video schaffen, seien sie Filmproduzent*innen, Influencer*innen, eine PR-Abteilung oder seien sie Wissenschaftler*innen, handeln eindeutig und meist zielgerichtet, wenn sie ein Video produzieren und so gestalten, wie sie es nach bestimmten Regeln und persönlichem Ermessen nach gestalten. Ganz entscheidend für sozialwissenschaftliche Analysen ist deshalb aus unserer Sicht, dass man sich gerade nicht mit der Analyse des Gezeigten zufriedengibt, sondern die Gesamthandlung und deren Akteur(e) in den Blick nimmt und ausdeutet. Deshalb haben wir am Ende des Buches ein Kapitel der Frage gewidmet, welche Rolle diesem (meist korporierten) Akteur zukommt, der für die Schaffung des Videos verantwortlich ist.

Obwohl wir in diesem Buch beispielhaft das Verfahren anhand der Analyse eines journalistischen Videos, das im Privatfernsehen gezeigt wurde, vorstellen und erläutern, ist die hermeneutisch-wissenssoziologische Videoanalyse jedoch für die Analyse von Videos aller Art geeignet. Zwar ist es von großer Bedeutung, bei der Auslegung von Videos die unterschiedlichen Rahmen zu berücksichtigen und auszudeuten, also zu berücksichtigen, ob es sich um ein Video einer Überwachungskamera, ein Amateurvideo von einer Hochzeitsfeier oder ein Video aus der sozialwissenschaftlichen Forschung handelt, jedoch sind alle diese Videos unabhängig von dem Rahmen immer auch Akte des Zeigens, die selbst wieder untersucht werden müssen.

Dies gilt aus wissenssoziologischer Perspektive insbesondere auch für solche Videos, die im Rahmen sozialwissenschaftlicher Forschung erstellt wurden. Auch sie sind in einem Kontext von Produktion, Analyse und Verwertung eingebunden, der immer mit interpretiert werden muss. Auch ihnen wird durch die Produzent*innen oft explizit eine soziale Position zugewiesen, die dann später durch Vergesellschaftungsprozesse ratifiziert wird – oder auch nicht.

Essen & Hofheim
Dezember 2020

Jo Reichertz
Carina Jasmin Englert

Inhaltsverzeichnis

1	**Gegenstand und Fragestellung**	1
1.1	Die aktuelle Situation der qualitativen/interpretativen Videoanalyse	3
1.2	Was ist ein ‚Video'?	9
1.3	Videorahmungen	13
1.4	Was ist hier eigentlich los und was ist die Frage?	21
2	**Vorüberlegungen zur Besonderheit der genutzten Daten**	25
2.1	Abschied von der Offenheit um jeden Preis	25
2.2	Vom *still* zum *move*	26
2.3	Videos sind keine Filme und sind auch nicht so zu behandeln	29
2.4	Abschied vom ikonischen Pfad	32
2.5	Zur Protokollierung von Bildern und Filmen	34
2.6	Den Handlungs- und Kommunikationscharakter von Bildern betonen und (re-) konstruieren	36
2.7	Vom Bildinhalt zum/zur Bildgestalter*in	39
3	**Grundzüge einer hermeneutisch-wissenssoziologischen Videoanalyse**	43
3.1	Die gezeigte Handlung und die Handlung des Zeigens	43
3.2	Sequenzanalyse – Feinanalyse – Kalibrierung	45
3.3	Das methodische Vorgehen	49
3.4	Wie sollte eine gute Videopartitur aussehen?	51
3.5	HANOS – Das Notationssystem für unsere Videoanalyse	53
3.6	Der Bedeutungsbegriff einer hermeneutischen Wissenssoziologie	54

3.7	Deuten bedeutet implizites Wissen explizit machen	59
3.8	Interpretieren in einer Gruppe	63

4 Der Kontext des Videos: Die Sendung *24 Stunden Reportage* 67

5 Die Videoanalyse 71
- 5.1 Sequenzanalysen sind prinzipiell nicht darstellbar 72
- 5.2 Zusammenfassende Darstellung der Sendung *24 Stunden Reportage* vom 07.02.2010 76
- 5.3 Analyse der Sequenz: Ein Hund fährt schwarz 86
  - 5.3.1 Das gezeigte Bild: Trambahn mit Menschen und Bäumen 87
  - 5.3.2 Die Handlung des Zeigens: Dies ist ein Film 92
  - 5.3.3 Kurzbeschreibung der Gesamtsequenz: Ein Hund fährt schwarz 94
  - 5.3.4 Ein Hund fährt schwarz – Überblick über die takes 96
  - 5.3.5 Ein Hund fährt schwarz – Notationen des Videos 96
  - 5.3.6 Darstellung der hermeneutischen Ausdeutung der Sequenz 100
    - 5.3.6.1 Das Logo 100
    - 5.3.6.2 Die von der Kamera eingespielte Musik 105
    - 5.3.6.3 Die Interpretation der Sequenz 106
      - 5.3.6.3.1 Die Türen schließen sich, das Stück beginnt 107
      - 5.3.6.3.2 Die Frage: Fährt der Hund schwarz? 112
      - 5.3.6.3.3 Der Konflikt: Ist es rechtens, dass ein Hund einen Fahrausweis braucht? 115
      - 5.3.6.3.4 Die Kamera dramatisiert 119
      - 5.3.6.3.5 Die Kamera lügt! 121
      - 5.3.6.3.6 Frauentausch – Zwei Schichten, zwei Muster 128
      - 5.3.6.3.7 Epilog: Die tun nur ihre Pflicht und das ist gut so 133
- 5.4 Verdichtungen 137
  - 5.4.1 Die Logik der Kamera 138
  - 5.4.2 Die Episode ‚Ein Hund fährt schwarz' als Lehrstück 140
  - 5.4.3 Und die Moral von der Geschicht' 143

6 Die Handlung des Zeigens als bedeutsame Geste oder: Medien als eigenständige Akteure 147

Quellenverzeichnis 153

Literatur 155

Gegenstand und Fragestellung 1

> Was gesehen wird,
>
> hängt von demjenigen ab,
>
> der sieht
>
> sowie von demjenigen,
>
> der ihn sehen gelehrt hat.
>
> Rudolf Arnheim, (1962, S. 75)
>
> Was immer auch ein Photo dem Auge zeigt und wie immer es gestaltet sein mag, es ist doch allemal unsichtbar: es ist nicht das Photo, das man sieht.
>
> Roland Barthes, (1989, S. 14)

Elektronisches Zusatzmaterial Die elektronische Version dieses Kapitels enthält Zusatzmaterial, das berechtigten Benutzern zur Verfügung steht. https://doi.org/10.1007/978-3-658-33599-1_1

Durchgängig verwenden wir die Bezeichnung qualitative/interpretative Sozialforschung, weil im Diskursfeld einige Akteur/innen deutliche Unterschiede zwischen der interpretativen und der qualitativen Sozialforschung sehen (z. B. Hitzler, 2020), wir unsere Ausführungen jedoch auf beide beziehen möchten.

© Der/die Autor(en), exklusiv lizenziert durch Springer Fachmedien Wiesbaden GmbH, ein Teil von Springer Nature 2021
J. Reichertz und C. J. Englert, *Einführung in die qualitative Videoanalyse*, Qualitative Sozialforschung,
https://doi.org/10.1007/978-3-658-33599-1_1

Im Folgenden wollen wir versuchen, Videomaterial, im vorliegenden Fall Teile einer Fernsehsendung, die wir im Rahmen eines Forschungsprojektes digital aufgezeichnet haben[1], mit dem Verfahren der *hermeneutischen Wissenssoziologie* (vgl. Hitzler et al., 1999, 2019) zu interpretieren. Dies kann und will nur ein erster Versuch sein, der vor allem das konkrete Vorgehen bei der hermeneutischen Analyse laufender Bilder beschreiben und plausibilisieren will. Dieser Versuch ist auf jegliche Bewegtbilder übertragbar, unabhängig davon, ob es sich z. B. um eine Fernsehübertragung, ein YouTube-Video, die Aufzeichnung einer Gruppendiskussion oder um kommerzielle Videos handelt oder um Videos, die zu sozialwissenschaftlichen Zwecken erstellt wurden.

Die Rekonstruktion der Bedeutung einer so komplexen Sinnstruktur, wie sie einer Film- oder Videosequenz zu eigen ist, stellt die qualitative Sozialforschung vor eine Reihe von Problemen. Denn ohne Zweifel kann sich die Auslegung einer Sequenz laufender Bilder nicht darin erschöpfen, mehr oder weniger erprobte und bewährte Verfahren der Text- und Bildinterpretation sowie deren Methodologie auf die neue Datensorte ‚Film' oder ‚Video' bruchlos anzuwenden (vgl. allgemein hierzu Raab, 2008a). Zu unklar ist nämlich, mit welcher Art von Daten man es überhaupt zu tun hat, wie man sie fixiert, wer als Autor*in infrage kommt und was mit ‚Sinn' oder ‚Bedeutung' solcher Artefakte überhaupt bezeichnet wird.

Diese Fragen stellten sich Anfang der 1970er Jahre auch bei der Interpretation von Texten, weshalb man aus ihrer Geschichte sehr viel lernen kann. Mittlerweile sind innerhalb der wichtigsten elaborierten Verfahren qualitativer Sozialforschung für die Interpretation von *Texten* und in einigen Fällen auch für die Deutung von *Bildern* sowie manchmal auch für *Filme* und *Videos* methodologisch fundierte (und mal mehr, mal weniger überzeugende) Antworten erarbeitet worden.

Elaborierte qualitative und sozialwissenschaftliche Methoden und Methodologien zur *Bild*interpretation sind unseres Wissens bislang nur von der *Rekonstruktiven Sozialforschung* (vgl. Bohnsack, 2001, 2005, 2009; Bohnsack et al., 2001; Michel, 2006; Przyborski, 2017), der *objektiven Hermeneutik* (vgl. Oevermann, 1979, 1983, 2009, 2014; Haupert, 1992; Loer, 1992, 1996; Kemmerzell & Saalow, 2003; Wienke, 2001; Kraimer, 2014; Lüddemann & Heinze, 2016; Böhme & Böder, 2020) und der *hermeneutischen Wissenssoziologie* (vgl. Soeffner, 2004; Soeffner & Raab, 2004; Knoblauch & Schnettler, 2007; Knoblauch et al., 2006; Kurt, 2008; Reichertz, 1992, 1994, 2000, 2007, 2010a, 2018; Ivanyi & Reichertz, 2002; Schnettler & Knoblauch, 2007, 2008; Reichertz & Wilz, 2017; Soeffner,

---

[1] Das hier untersuchte Video (und alle Materialien dazu) kann unter folgendem Link https://link.springer.com/chapter/10.1007/978-3-658-33598-4_1 eingesehen werden.

2019) vorgelegt worden. Einen guten Überblick über die theoretische Rechtfertigung und die Arbeitsweisen dieser Ansätze liefern die Bände von Flick 2014, Knoblauch, Schnettler, Raab, Soeffner 2006, Lüdemann, Heinze 2016, Reichertz 2016 und Mikos & Wegener 2017. Instruktiv ist auch der Band von Marotzki & Niesyto 2006 sowie von Kauppert & Leser 2014, da hier dasselbe Fotomaterial von Vertreter*innen unterschiedlicher Ansätze interpretiert wird.[2] Bisher einmalig ist der Versuch in Reichertz 2013, die Interpretation eines Fotos (Obama beim Wahlkampfauftritt) in einer Gruppe von wissenschaftlichen Interpreten*innen zu dokumentieren und selbst wieder zu analysieren.

1.1 Die aktuelle Situation der qualitativen/interpretativen Videoanalyse

Zur qualitativen bzw. interpretativen *Videoanalyse* gibt es aus *sozialwissenschaftlicher*[3] Sicht im *deutschsprachigen* Bereich mittlerweile einiges an Literatur:

- *Grundlegend* sind sicherlich Raab 2008, Schnettler & Knoblauch 2008, Knoblauch 2011, Keppler 2006, Reichertz 2000, 2007, Heath & Hindmarsh & Luff 2010, Lucht & Schmidt & Tuma 2013.

---

[2] Zu der Entwicklung des betrachtenden Blicks siehe Berger et al. 1983 und zu den aktuellen Perspektiven der soziologischen Bildforschung siehe Barthes 2009 und Burri 2008. Zum Bildbegriff allgemein auch Boehm 2006, Belting 2005 und 2011, Mitchell 2015 und Bredekamp 2015. Allgemein zur Fotoanalyse in den Sozialwissenschaften Harper 2003, Müller, Soeffner 2018. Zur Theorie der Fotografie siehe Bourdieu 1983, Flusser 1994, Kemp & von Amelungen 2000, Eberle 2017.

[3] Hier kann nur auf die sozialwissenschaftlichen/soziologischen Ansätze eingegangen werden. Natürlich gibt es außerdem sehr fruchtbare Videoanalyseverfahren aus der *Medienwissenschaft*, der *Linguistik*, der *Filmsemiotik* und auch der *Konversationsanalyse* – um nur die wichtigsten zu nennen (eine umfassende Sichtung dieser Literatur findet sich in Moritz 2014b und Moritz & Corsten 2018). In den Film- und Medienwissenschaften sind sehr differenzierte und sehr elaborierte und für die sozialwissenschaftliche Analyse sehr fruchtbare Kunstlehren entwickelt worden, um die Besonderheiten der Filmsprache und der Filmsemiotik zu erfassen und in die Bedeutungsrekonstruktion mit einzubeziehen. Zur Film- und Fernsehanalyse siehe Mikos 2003, Korte 2010, Hickethier 2012 und Bienk 2019; zur Filmsemiotik siehe z. B. Engell 2010 und vor allem Joost 2008. Allgemein zur Bildwissenschaft siehe z. B. Schulz 2005 und Sachs-Hombach 2005. Zur Kunst der Filmgestaltung siehe u. a. Armer 1990, Agotai 2007 und Mamet 2009. Die Besonderheit dieser Kunstlehren besteht nun darin, dass sie vor allem geeignet sind, die ästhetischen Qualitäten von Filmen in den Blick zu nehmen. Für sozialwissenschaftliche Handlungsanalysen sind sie dagegen weniger geeignet. Das schränkt auch ihre Nützlichkeit für die Deutung von Videoproduktionen ein.

- Zur *Ästhetik* von Videos siehe u. a. Treske 2015 und London 2020.
- Einen sehr guten Einblick in die *methodischen* und *methodologischen* Probleme der Videointerpretation liefern Knoblauch & Schnettler & Raab & Soeffner 2006, Dinkelaker & Herrle 2009, Reichertz 2013a, Tuma 2017 und Moritz & Corsten 2018, Meier zu Verl & Tuma 2020.
- Anregende *exemplarische Videoanalysen* mit unterschiedlichen Verfahren finden sich in Corsten & Krug & Moritz 2010, Moritz 2014a und Hietzge 2018, Moritz & Corsten 2018, Reichertz & Roth 2020.

In dem letzten Jahrzehnt sind also einige eigenständige und ausgearbeitete *Verfahren* der interpretativen Videoanalyse entstanden. Zu ihnen zählt z. B. die *dokumentarische Videoanalyse* von Ralf Bohnsack (Bohnsack, 2009; Przyborski, 2017). Jo Reichertz und Carina Jasmin Englert haben die *wissenssoziologisch-hermeneutische Videoanalyse* entwickelt (Reichertz, 2000, 2020a; Reichertz & Englert, 2011; Englert, 2014a, b). Dazu nicht nur begrifflich nahe stehend ist die *wissenssoziologische Videohermeneutik* von Jürgen Raab und Marija Stanisavljevic (Raab & Stanisavljevic, 2018). Hubert Knoblauch, Bernt Schnettler und René Tuma haben die *Video-Interaktionsanalyse* entworfen (Knoblauch, 2004; Tuma et al., 2013; Schnettler et al., 2014; Tuma, 2017, 2018). In den letzten Jahren haben Günter Mey und Marc Dietrich eine an der Grounded Theory orientierte Videoanalyse entwickelt (Dietrich & Mey, 2018 – *Grounding Visuals*).

Auch wenn über eine angemessene sozialwissenschaftliche Interpretation von Videos immer noch gelegentlich diskutiert wird, hat sich der Pulverrauch der früheren Kämpfe mittlerweile gelegt. Die einzelnen Verfahren haben sich methodisch und methodologisch ausdifferenziert und arbeiten eher weiter an den eigenen Ansätzen als daran, andere Verfahren zu kritisieren. Dies liegt sicherlich auch daran, dass es eine, wenn auch sehr breite und teils brüchige gemeinsame theoretische und methodische Grundlage gibt: theoretisch verstehen sich wohl alle Ansätze als wissenssoziologisch – so man Wissenssoziologie sehr weit fasst. Und alle Verfahren verstehen sich als hermeneutisch – so man Hermeneutik sehr weit fast. Und alle Verfahren empfehlen ihren Anwender*innen, nicht alleine, sondern am besten gemeinsam in Interpretationsgruppen das Datenmaterial zu interpretieren (Reichertz, 2013b).

Wenn man trotzdem, und zwar zum Zwecke der Orientierung, nach Unterschieden und Besonderheiten sucht, dann lässt sich Folgendes sagen:

Erst einmal lassen sich (wie bei der Text- und Bildanalyse) im Hinblick auf das Ziel der wissenschaftlichen Ausdeutung im Groben zwei Ausrichtungen identifizieren: die eine Strategie zielt vor allem auf den manifesten Inhalt des im Video Gezeigten ab. Dieser soll im Wesentlichen inhaltsanalytisch bestimmt oder aber mit bestimmten Kodes vermessen werden, um so bestimmte Inhalte, Deutungsmuster, Normen und Positionen erkennen zu können. Andere Forscher*innen bestehen darauf, dass qualitative Analysen in Methode und Methodologie dem interpretativen Paradigma verpflichtet sein (Soeffner, 1989, 2014; Hitzler et al., 1999, 2019) und nicht nur die manifesten Inhalte von Videos analysieren sollten. Das Ziel dieser meist hermeneutisch und sequenzanalytisch arbeitenden Studien ist es, die nicht subjektiv verfügbaren Wissensmuster oder Handlungsstrukturen hinter dem mit dem Video Gezeigten zu rekonstruieren, weshalb diese Ansätze auch unter dem Label ‚interpretativ' firmieren. Es geht um das Auffinden der sozialen Bedeutung der Handlung der Bildgestaltung plus der durch sie eingefangenen Handlung im Bild – und nicht allein um die Rekonstruktion der Bedeutung des gezeigten Geschehens.

Innerhalb der interpretativen Verfahren gibt es solche, die mehr mit der Ikonographie und der Ikonologie arbeiten und solche, die dies fast gänzlich unterlassen. Zu den ersten zählen z. B. die dokumentarische Methode und die wissenssoziologische Videohermeneutik, zu den zweiten eher die Video-Interaktionsanalyse, die wissenssoziologisch-hermeneutische Videoanalyse und die *Grounding Visuals*. Dann gibt es Verfahren, die sich mehr auf das Geschehen vor der Kamera konzentrieren und weniger die Handlung des Zeigens mit der Kamera in den Blick nehmen. Zu den ersten zählen gewiss die Video-Interaktionsanalyse und die *Grounding Visuals*, zu den zweiten eher die wissenssoziologisch- hermeneutische Videoanalyse.

In den letzten Jahren ist also viel in der (sozialwissenschaftlichen) Videoanalyse passiert, sehr viel sogar, aber unserer Einsicht nach nicht so viel, dass man tatsächlich von einem *Video-Turn* sprechen könnte (wie z. B. Mandada, 2018) – und dies obwohl eine deutliche Entwicklung hin zur (mehr) Videoanalyse als wissenschaftlichen Betrachtungsgegenstand zu verzeichnen ist. Im Folgenden stellen wir die aus unserer Sicht wichtigsten Treiber dar.

Ein wesentlicher Grund für den Boom der Videos in der Wissenschaft ist ohne Zweifel der Boom der Videos im Alltag der Gesellschaft. Dort hat die Nutzung von Videos enorm zugenommen. Es gibt kaum einen gesellschaftlichen Bereich, der nicht tagtäglich aufs Neue von Videos ausgeleuchtet wird, sei es von den Akteuren, die beteiligt sind oder sei es von Journalist*innen und Influencer*innen, die einen gesellschaftlichen Bereich dieser Gesellschaft sichtbar machen. Aber nicht nur im Alltag hat sich die Praxis des Videoproduzierens und Videoanschauens und -besprechens im letzten Jahrzehnt verändert, sondern auch in vielen Geschäfts- und Arbeitsfeldern ist die Arbeit mit Videos selbstverständlich geworden.

Videos werden nicht mehr nur zur Qualitätssteigerung im Profisport genutzt, sondern mittlerweile gleichermaßen im Amateurbereich. Nahezu jedes Unternehmen produziert und veröffentlicht online im Internet Videos, die nicht nur die Persönlichkeit der Firma vorstellen sollen, sondern die erläutern, wie man ihre Produkte und Dienstleistungen nutzen kann. Zahlreiche digitale Videoplattformen haben eigene Kanäle entwickelt und stellen diese bereit, damit Videos dort hochgeladen und veröffentlicht werden können. Diese Möglichkeiten nutzen (freundliche wie weniger freundliche) Menschen, um anderen Menschen Tipps aller Art in bewegten Bildern zu geben. Diese Option nutzen aber auch Menschen, die andere in politischer oder wirtschaftlicher Hinsicht beeinflussen wollen. Videoplattformen werden genutzt durch Politiker*innen, Firmen und Organisationen, um für sich zu werben. Sie werden aber auch durch bekannte wie unbekannte Künstler*innen genutzt, um ihr Werk in der Welt bekannt zu machen. Auf diesen Plattformen findet man ebenso zu fast jedem schulischen Thema aus jeder Jahrgangsstufe mit jedem Schwierigkeitsgrad Lernvideos, mit deren Hilfe Schüler*innen z. B. das, was sie in der Schule verpasst haben, nacharbeiten können. Und bei diesen vielen Angeboten findet man immer jemanden, der dies besser macht als die Lehrer*innen, die man von der eigenen Schule kennt. Videoplattformen, wie z. B. YouTube, haben, wenn man es zuspitzen will, einen parallelen Unterrichtsraum geschaffen, der alles das (teils in mehrfacher Version) anbietet, was von der Schule angeboten wird. Schulungen zu Themen jeder Art, sei es in Führungs- oder Lehrerseminaren, arbeiten mit Videos (auch in der Erwachsenenbildung).

Die Allgegenwart von Videos ist sicherlich ein wesentlicher Treiber dafür, dass die Videoanalyse im letzten Jahrzehnt qualitativ und quantitativ enorm zugenommen hat. Die Allgegenwart von Videos hat sicherlich sehr viel damit zu tun, dass das Aufzeichnungsgerät heute mit geringen Kosten für fast jeden verfügbar ist. Ab einem gewissen Alter besitzen fast alle Menschen westlicher Gesellschaften ein Smartphone mit Videofunktion und schon von klein auf üben sich alle darin, kurze und kleine Videos zu produzieren und in ihre sozialen Netzwerke zu stellen. Das Medium Smartphone ist also sicherlich ein großer Treiber dieser Entwicklung – oder genauer: die Medienentwicklung treibt.

Hinzu kommt, dass professionelle Aufzeichnungsgeräte heutzutage kostengünstig zu erwerben sind. Zugleich hat die Qualität der Aufzeichnungsmedien enorm zugenommen, sodass man heute mit moderner Kameratechnik selbst weit entfernte Ereignisse sehr detailliert aufzeichnen kann. Relativ neu sind 360° Kameras, die in der Lage sind, alle Ereignisse in einem Raum, also auch die eigene Kameraposition zu erfassen und aufzuzeichnen. So verlockend und vielversprechend ein solches Kamerasystem auch ist, das sogar die Kamera und die/den Filmende*n selbst mit aufzeichnet und somit dessen Interaktionsbedeutung rekonstruierbar werden lässt, so zeigen jedoch erste Versuche in sozialwissenschaftlichen Projekten (und auch eigene Erfahrungen), dass es fast unmöglich ist, diese Videos angemessen zu transkribieren. Hier gibt es noch sehr viele praktische Hindernisse und vieles spricht im Moment dafür, dass der Aufwand, solche Videos zu transkribieren, höher ist als der Nutzen, der damit erreicht werden kann.

Mit dieser Entwicklung stieg das Angebot an technischen computergestützten Möglichkeiten, Videos zu transkribieren und inhaltsanalytisch auszuwerten. Hier hat sich ein eigener und florierender Markt herausgebildet.

Ein ganz entscheidender Treiber für den Aufschwung der Nutzung von Videos in der Wissenschaft ist innerhalb der Wissenschaft selbst zu finden – und zwar in den aktuellen theoretischen Debatten (die im Übrigen nicht nur die Videoanalyse vorangetrieben haben, sondern selbst ihrerseits durch die Videoanalyse befeuert wurden). Hier ist vor allem die theoretische Debatte gemeint, die sich um die Frage zentriert, ob wirklich nur Menschen die Handlungsträger sozialen Geschehens sind – oder auch Dinge, Praktiken und Artefakte. Befeuert durch die Praxistheorie (Schatzki et al., 2000), die Akteur- Netzwerktheorie (Latour, 2010), die Vorstellungen des Neomaterialismus (Barad, 2012; Bennett, 2010) und des Posthumanismus (Haraway, 2003; Wolfe, 2010) wird eine neue postqualitative Forschung (Woodward, 2019) ausgerufen, welche in der Lage ist (so der Anspruch), die Grenzen einer an die menschlichen Kognitionen gebundenen Forschung zu überwinden. Diese Forschung soll *multimodal* und *multisensual* sein (Reichertz, 2020b).

Alle diese Ansätze zielen auf die Aufmerksamkeit von Bewusstseinsprozessen ab und richten die Aufmerksamkeit auf die Dinge und die Körper, auf deren Oberflächen, auf deren Bewegungen im Raum und auf deren Veränderungen – oder anders: auf die Materialität von Praktiken. Praktiken stellen in diesem Verständnis „nichts anderes als Körperbewegungen" (Reckwitz, 2003, S. 290) dar und sie sind „öffentlich beobachtbar" (Hirschauer, 2004, S. 73). Allerdings sind diese Praktiken sprachlos, sie können nur durch verschiedene Methoden zum Sprechen gebracht werden. Die in den Sozialwissenschaften beliebte Methode, die jeweiligen Akteure, welche die Praktiken vollziehen, mittels Interview zu befragen, um so die Praktiken durch eine/n Stellvertreter*in zum Sprechen zu bringen, hilft allerdings in diesen Ansätzen nicht weiter, da durch die sprachlichen Äußerungen die besondere Qualität der Praktiken verloren geht. Also bleibt nur die Selbst- und Fremdbeobachtung. Da diese allerdings sehr flüchtig ist, bleibt nur die Aufzeichnung von Praktiken mittels audiovisueller Medien. Allerdings verschiebt sich hier das Problem nur ein wenig, müssen doch die mit dem Medium aufgezeichneten

Praktiken ebenfalls zum Sprechen gebracht werden oder anders: die Bilder müssen für die wissenschaftliche Theoriebildung versprachlicht werden – was aus unserer Sicht zumindest hinreichend leistbar ist (Reichertz, 2013a). Grundsätzlich wird sich jedoch das Problem, dass sich Handlungen nicht restlos in Medien transformieren lassen, nicht vollends lösen lassen.

Das Besondere dieser Ansätze – und hier insbesondere der Praxistheorie – ist ihre Betonung und genaue Inspektion menschlicher Praktiken sowie der Artefakte und Dinge. Praktiken wie Dingen kommt eine Handlungsmacht zu, welche die Sinnhaftigkeit des Handelns von Subjekten überflüssig macht[4]. Deshalb richtet sich der wissenschaftliche Blick auf Bewegungen, die von außen beobachtbar sind. Da in vielen Bereichen diese Körperbewegungen jedoch von sehr kurzer Dauer sind oder oft so minimal, dass sie dem menschlichen Auge entgehen, hat sich in den letzten Jahren ein ausgeprägtes Interesse an den Mikro- und Nanoprozessen menschlichen Handelns herausgebildet. Bilder (stehende wie bewegte) werden bis zu den kleinsten Einheiten (Frames) zerteilt und dann Schritt für Schritt analysiert.

All dies hat die Nachfrage an Videoanalysen deutlich zunehmen lassen. Das gilt ebenso für die Nachfrage nach praktikablen methodischen Handreichungen, wie eine Analyse vorgenommen werden kann und wie man methodologisch begründet, welche methodischen Schritte in der Videoanalyse unternommen werden.

Trotz all dieser Treiber, die es auf den ersten Blick zu rechtfertigen scheinen, von einem Video-Turn zu sprechen, erscheint uns dieser Begriffsgebrauch jedoch übereilt. Denn gegen einen Video-Turn spricht unseres Erachtens, dass zwar das Interesse und die Literatur zu dieser Methode deutlich angewachsen sind, jedoch die praktische Ausführung der Videoanalyse (in Wissenschaft und Wirtschaft) keinesfalls im gleichen Maße angestiegen ist. Denn für viele bleibt

---

[4] Sicher richtig an der Position praxistheoretischer Ansätze ist, dass soziales Handeln sich nicht allein (und noch nicht einmal wesentlich) dem bewussten Willen der handelnden Subjekte verdankt. Deshalb hat sich die qualitative/interpretative Sozialforschung ihr Problem mit der Handlungspraxis des Subjekts zum Teil selbst eingebrockt – auch weil sie sich in den zurückliegenden Jahren (zu) sehr auf die *Bewusstseinsleistungen* der Subjekte und die *sprachlichen Formen von Wissen* konzentriert hat. Dabei hat sie die *Situation* aus dem Blick verloren, ebenso die *Praktiken des Kommunizierens* und des *Interagierens*. Die *Praktiken des Kommunizierens* und des *Interagierens*, hat die Situation oft aus ihrer Geschichte und ihrer Geschichtlichkeit herausgelöst und damit hat die qualitative und interpretative Sozialforschung praxistheoretischen Ansätzen hinreichend Gründe für den Vorwurf geliefert, die qualitative/interpretative Sozialforschung verfehle mit der Konzentration auf die einzelnen Subjekte, deren soziale Motive und deren mentale Zustände den Gegenstand der Sozialwissenschaften, nämlich die soziale Ordnung.

die Beschäftigung mit der Videoanalyse oft nur ein kleiner Ausflug, der langfristig folgenlos bleibt. Wer nämlich einmal eine Videoanalyse praktisch durchführt, stellt schnell fest, dass sie mit enormem Arbeits- und Kostenaufwand verbunden ist. Das gilt insbesondere dann, wenn die Analyse hermeneutisch angelegt ist, also das Video *move by move*, also sequenzanalytisch, interpretiert werden soll. Hier steigen die Bearbeitungszeiten und damit die Kosten sehr schnell steil in die Höhe und es gibt nach oben keine wirkliche Grenze. Da Forschungszeiten jedoch durch finanzielle Ressourcen, insbesondere bei drittmittelgeförderten Projekten, begrenzt sind, muss man den Aufwand so gestalten, dass einerseits die Analyse hinreichend intensiv ist, andererseits jedoch nicht den finanziellen Rahmen überschreitet.

1.2 Was ist ein ‚Video'?

Bisher wurde wie selbstverständlich der Begriff ‚Video' benutzt, ohne ihn näher zu bestimmen. Das bringt Gefahren mit sich, denen wir dadurch entgehen wollen, dass wir im Weiteren diesen Begriff für uns bestimmen.

Wie bereits beschrieben: Videos sind heutzutage allgegenwärtig. Fast jeder, so er ein Smartphone besitzt, kann Videos an fast allen Orten aufnehmen und sich unterwegs auch ansehen. Aber gerade weil Videos so allgegenwärtig sind und deshalb so vielfältig genutzt werden, ist der Begriff selbst zugleich unbestimmt. Deshalb benötigen wir als ersten Einstieg in das Thema eine handhabbare Umgrenzung des Begriffs. Beginnen wir beim Alltag: Dort bezeichnet das Wort ‚Video' einen (meist kurzen) Film oder auch die (Video-) Kassette, auf der ein Film gespeichert ist. Auch wenn die zweite Bedeutung langsam aus dem Sprachgebrauch verschwindet, ist sie immer noch präsent. Aktuell viel häufiger verwendet wird der Begriff des Videos für digital gespeicherte und über das Internet abrufbare Videos auf Anbieterseiten, wie z. B. YouTube, Netflix, Amazon Prime etc.

Aus Sicht der Technik ist ein ‚Video' ein materielles Speichermedium, auf dem ‚aufgenommene' Ton- und Bildspuren von tatsächlichen oder künstlich geschaffenen Ereignissen festgehalten sind, die sich über eine bestimmte Zeit erstrecken. Diese werden zeitlich strukturiert so fixiert, dass sie immer wieder mit einer bestimmten Technik wiedergegeben bzw. aufgeführt (und kopiert) werden können. Aufzeichnung, Speicherung, Aufführung und Kopie werden mit Hilfe technischer Geräte vorgenommen und können je nach Technik analog, mittlerweile jedoch nahezu ausschließlich digital, erfolgen. Aktuell wird der Begriff des Videos vor allem für die digitale Konservierung von bewegten Bildern verwendet.

Alle Bestandteile der Videotechnik (z. B. Kamera, Festplatte, Display) besitzen aufgrund ihrer Materialität bestimmte Eigenschaften, welche sich in die Aufzeichnung, Speicherung, Kopie und Aufführung jeweils einschreiben und diese strukturieren. Die so fixierten Ton- und Bildspuren sind also immer technische Konstruktionen der jeweiligen Ereignisse und die Aufführung ist keine ‚Wiedergabe' im strengen Sinne des Wortes, sondern eine Neuinszenierung.

Aus technischer Sicht ist ein ‚Video' der materielle Träger, in den zeitlich begrenzte Teile der audiovisuellen Bestandteile einer bestimmten Interaktionssequenz mithilfe digitaler Kameratechnik eingeschrieben werden. Diese besondere und selektive Einschrift[5] ist mit geeigneten technischen Lese- und Darstellungsgeräten immer wieder identisch sichtbar zu machen, abzuspielen oder besser: neu aufzuführen.

Medientheoretisch besteht die Besonderheit des Videos darin, dass es einen „Fluss von Seheindrücken" (Corsten, 2018, S. 801) bewahrt. Im Gegensatz zu Bildern, die einen spezifischen Augenblick registrieren und repräsentieren und somit einen bestimmten Moment eines Ereignisses fixieren, scheint das Video das Ereignis in seiner Zeitlichkeit festzuhalten und späteren Betrachter*innen auch zu zeigen. „Das Bild lässt die Zeit stehen und produziert die Welt als eine zweite Realität in einer Weise, die von uns in der ersten Realität nicht erfahrbar ist – als bleibender Moment, als ‚still-gestellte Welt'. Der Film als Sequenz bewegter Bilder simuliert die Zeitlichkeit als Welt im Fluss" (Corsten, 2018, S. 801). Videos aller Art sind also – so trivial das klingt – bewegte Bilder, und nicht die Summe von *stills*. Kurz: man kann die Bewegung der Bilder nicht in eine Reihe von *stills* auflösen. Auch macht es wenig Sinn, die so isolierten stehenden Bilder ikonographisch oder gar ikonologisch zu interpretieren. Das Besondere des Videos ist das Bewegte, nicht das Eingefrorene.

Videos mögen manchmal auch Kunst sein. Dennoch wäre es ein Kurzschluss, sie auch mit den Methoden der Deutung von Malkunst interpretieren zu wollen (z. B. mit Panofski, 1978; Imdahl, 1980). Auch der Versuch, Fotos mit den Mitteln der Malkunst zu deuten, kann nicht wirklich gelingen. Gemalte Bilder unterscheiden sich kategorial von Fotos und es gilt auch: Fotointerpretationen unterscheiden sich kategorial von Videointerpretation, nicht graduell. Von der Foto-/Bild- zur Videointerpretation ist es kein kleiner Schritt, sondern ein sehr großer. Videointerpretationen bestehen nicht aus der Summe von Einzelbildinterpretationen, sondern

---

[5] Diese Einschrift ist besonders und selektiv, weil sie allein die Ton- und Bildspur der Ereignisse aufzeichnet. Zwar verzerrt diese Art der Aufzeichnung in der Regel *nicht* wesentlich die Töne und Bilder, aber ohne Zweifel besteht die reale Interaktion und Kommunikation aus mehr als nur der visuellen und akustischen Wahrnehmung. Insofern kann sehr wohl das Bild- und Tonmaterial den „Sinngehalt der Praxis" (Loer, 2011, S. 324) verzerren.

1.2 Was ist ein ‚Video'?

sie müssen das Eigene der Bewegtbilddarstellung (z. B. Sequentialität) erfassen können.

In den Sozialwissenschaften versteht man unter ‚Video' in der Regel nicht das Speichermedium, sondern oft nur (und zu Unrecht) das auf dem Speichermedium Aufgezeichnete, also die fixierten Bild- und Tonspuren der aufgenommenen Ereignisse. Dementsprechend ‚übersieht' (im wahrsten Sinne des Wortes) die sozialwissenschaftliche Videoanalyse meist das Medium und richtet ihre Aufmerksamkeit oft nur auf die Analyse dieser Bild- und Tonspuren. Interessant ist deshalb für viele sozialwissenschaftlichen Videoanalysen vor allem das Aufgezeichnete, also das, was man sieht und hört, wenn man das Video abspielt. Viele Analysen konzentrieren sich damit auf das Abgebildete, und wiederholen dadurch einen Fehler, den man auch in der sozialwissenschaftlichen Analyse finden kann.

Wir plädieren hier für eine handlungstheoretisch ausgerichtete Videoanalyse, die Artefakte (und dazu zählen Videos) nicht nur als Produkte von Handlungen begreift, sondern immer auch mit analysiert, wie diese Produkte in Handlungen eingebettet werden. Damit sind solche Analysen immer wissenssoziologisch ausgerichtet – weshalb sich die Analyseverfahren der Methodologie und der Methode der wissenssoziologischen Hermeneutik bedienen. Sozialtheoretisch gründet diese Verfahrensweise auf der Prämisse, dass kommunikatives Handeln die grundlegende Operation der Verhaltensabstimmung darstellt und dass mithilfe eines kommunikativen Mit- und Gegeneinanders die jeweilige Wirklichkeit geschaffen und verändert wird (Keller et al., 2012; Reichertz & Tuma, 2017). Die wissenssoziologisch-hermeneutische Videoanalyse hat also das Ziel, die sich in einem Video schneidenden Handlungskontexte zu rekonstruieren und deren Bedeutung füreinander sichtbar zu machen und zu analysieren. Deshalb verstehen wir hier aus wissenssoziologischer Sicht, die auch die Materialität von Videos berücksichtigt, unter ‚Video' ein technisch von einer handelnden Person initiiertes Artefakt, das insbesondere die im Folgenden dargestellten Merkmale aufweist.

Videos sind mit Hilfe von Technik geschaffene Artefakte, die in bestimmten Kontexten (Kunst, Wissenschaft, Beruf, Wirtschaft) mit bestimmten Absichten von einzelnen Personen oder korporierten Akteuren erzeugt bzw. produziert werden.

- Jede Videoproduktion, auch die sozialwissenschaftlich motivierte, besteht aus (wie rudimentär auch immer) vier Phasen: der Präproduktion (Vorbereitung, Auswahl der Aufzeichnungsgeräte, Thema, Personen, Botschaft etc.), der Produktion (Durchführung der Aufnahme) und der Postproduktion (Bearbeitung, Schnitt und Kommentierung des Produzierten sowie evtl. deren Verwertung

(Veröffentlichung in einem bestimmten kommerziellen, beruflichen, künstlerischen, wissenschaftlichen Kontext).
- Videos bestehen aus der zeitlich strukturierten Abfolge von technischen ‚Aufnahmen' der Ton- und Bildspuren von tatsächlichen oder künstlich geschaffenen Ereignissen. In diese ‚Aufnahmen' hat sich die gesamte beteiligte Videotechnik eingeschrieben.
- Wenn man Videos stoppt, zeigt sich ein Standbild. Dieses Standbild ist keineswegs ein Bild oder gar ein Abbild der gezeigten Ereignisse, sondern ein vom Abspielgerät technisch erzeugtes und mathematisch errechnetes ‚Bild'. Da sowohl der technische Erzeugungsprozess als auch das Berechnungsverfahren permanent erweitert und verändert werden, lässt sich z.Zt. keine verbindliche Beschreibung dieser Prozesse erstellen.
- Videos bestehen immer aus dem Gezeigtem (= Handlung vor der Kamera) und dem Zeigehandeln (= Handlung der Kamera selbst)[6].
- Videos werden nahezu ausschließlich immer geschaffen, um später aufgeführt und betrachtet zu werden.[7] Insofern sind Videos immer auch kommunikative Handlungen und somit auch Beiträge zu dem gesellschaftlichen Diskurs (Vorträge, Schulungen, Aufführung etc.).
- Videos werden häufig dazu geschaffen, um später auf einem bestimmten (meist kommerziellen) Markt gehandelt zu werden. Insofern sind Videos auch Produkte, in die sich die Wertvorstellung und die Tauschlogik des jeweiligen Marktes eingeschrieben haben.
- Videos werden immer in einem bestimmten Kontext veröffentlicht und für diesen produziert. Dies ist relevant für die Interpretation. Es macht z. B. einen Unterschied, ob ein Urlaubsvideo in einem privaten Kreis auf dem Fernseher zuhause angesehen oder ob es auf einem Urlaubsportal als Erfahrungsbericht für alle interessierten Betrachter veröffentlicht oder ob es in einem sozialwissenschaftlichen Seminar vorgeführt wird.
- Videos werden im Prozess der Betrachtung von den jeweiligen Betrachter*innen eigensinnig angeeignet.

---

[6] Natürlich ist jedes Video auch mehr als eine (bewusste) Zeigehandlung mit Zeichen. Zum Ersten, weil es nicht nur etwas bewusst zeigt, sondern weil auch vieles nicht gezeigt und somit versteckt wird (obwohl vieles davon in hermeneutischen Interpretationen sichtbar wird). Zum Zweiten repräsentiert jedes Video mehr als eine Zeigehandlung, da sich vieles auch erst im Video zeigt, z. B. das, was in die Produktionsbedingungen und die Apparatur als Sinn immer mit eingebaut ist und nicht (mehr) gezeigt werden muss, sich aber dennoch zum Ausdruck bringt. Aber auch das kann eine hermeneutische Interpretation zutage fördern.

[7] Manche Videos, z. B. solche von einer Überwachungskamera, werden jedoch meist nur bei Bedarf betrachtet, z. B. nach einem Einbruch.

Alle diese Aspekte der Videoproduktion und Videonutzung können im Weiteren nicht behandelt werden[8] – weshalb wir uns im Wesentlichen darauf konzentrieren, a) die von der Kamera gezeigten Handlungen zu erfassen und zu analysieren und b) die Handlung des Zeigens zu erfassen und zu analysieren. Zu der Handlung des Zeigens gehört der jeweils gewählte Rahmen und die damit verbundene Kontextualisierung, weshalb der Rahmen – oder genauer: die Entscheidung für einen Rahmen – immer mit zu interpretieren ist. Die Handlung des Zeigens und der Rahmen bilden zusammen eine Sinneinheit – und nur, wenn man diese gesamte Sinneinheit mit beiden Bestandteilen erfasst und analysiert, wird man einer sozialwissenschaftlichen Analyse gerecht. Oder anders: Implizit oder explizit einen Rahmen zu wählen, bedeutet, für das Video einen bestimmten sozialen Ort zu beanspruchen, es im Feld des Kulturellen zu positionieren und damit auch eine bestimmte Bedeutung zu reklamieren[9].

1.3 Videorahmungen

Die Fülle von Videos sind im Laufe der letzten Jahrzehnte unterschiedlichen Kategorisierung und somit unterschiedlichen Rahmen zugeordnet worden bzw. ordnen die Produzent*innen ihre Videos diesen Rahmen zu. Wir beziehen uns mit dem Begriff des Rahmens explizit auf Goffman (1977). Rahmen geben demnach an, in welchem Wirklichkeitsbereich wir uns befinden, welche Regeln in diesem Bereich gelten und welche Konsequenzen das dort Geäußerte hat. Rahmen geben eine bestimmte innere Struktur für Handlungen vor und Rahmen selbst ergeben sich aus einer bestimmten äußeren Konstellation – sie müssen kommunikativ in Kraft

---

[8] Das gilt auch für die (je nach Gattung und Produktionsgeschichte vorhandene) *ästhetische Qualität* von Videos. Diese ästhetische Qualität zu erfassen und deren Wirkung zu ermitteln, ist jedoch nicht das Ziel einer sozialwissenschaftlichen Bildinterpretation. Insofern erfasst die hier vorgestellte Videoanalyse das Video in seiner Komplexität, sondern sie fokussiert sich nur auf einen, für eine wissenssoziologisch orientierte Sozialwissenschaft relevanten Aspekt. Sie ist damit komplementär zu den Analysen, die vor allem die Ästhetik eines Videos in den Blick nehmen.

[9] Von dieser Wahl eines Rahmens, also seiner angestrebten Position im Feld des Kulturellen, ist die später durch gesellschaftliche Rezeptions- und Zuschreibungsprozesse praktisch vollzogene Positionierung zu unterscheiden. Die angestrebte Position kann sich erheblich von der realisierten unterscheiden: So kann der künstlerisch anspruchsvolle Film als Kitsch enden und vice versa; auch das Hochzeitsvideo kann am Ende nicht nur den Beginn einer Ehe dokumentieren, sondern ist in einer sozialwissenschaftlichen Studie Beleg für die Eventisierung von Hochzeitsfeiern und die sozialwissenschaftliche Videoethnographie des Kirchentags kann sich wandeln in ein Dokument, das den *visual turn* in der Sozialwissenschaft belegt.

gesetzt werden. Rahmen sind sehr stark verwandt mit den kommunikativen Gattungen (Luckmann, 1986; Knoblauch & Luckmann, 2000). Aber uns scheint es so zu sein, dass das Rahmenkonzept von Goffman offener für interaktive Modulationen und Neugestaltungen von Rahmen ist, dass Rahmen leichter miteinander gekreuzt und neue Rahmen kommunikativ geschaffen werden können. Deshalb bevorzugen wir hier den Begriff des Rahmens. Rahmen sind gesellschaftlich erarbeitet und verbürgt – sie sind Institutionen. Rahmen können in bestimmten Situationen interaktiv ausgefüllt, moduliert oder auch verändert werden. Rahmen bilden das Fundament, auf dem Kommunikation möglich wird.

Weil Rahmen also für die Produktion von Videos Bedeutung haben, macht es Sinn, auch bei der Analyse von Videos diese als Erstes zu berücksichtigen. Die Rahmung gibt nämlich einen entscheidenden Hinweis auf die Bedeutung der Videos. Denn für die Produktion und somit auch für die Analyse von Videos macht es einen bedeutsamen Unterschied, welchem Rahmen das zu analysierende Video angehört – weshalb vor jeder Analyse erst einmal der Rahmen des Videos und die daraus folgenden Konsequenzen für die Interpretation zu bestimmen sind[10]. Obwohl manchmal die Grenzen zwischen den unterschiedlichen Rahmen fließend sind, lassen ich idealtypisch folgende Formen bestimmen:

Professionell erzeugte Filme: Sehr komplexe, oft lange, strategisch geplante Bedeutungseinheiten (Kino- und Fernsehfilme, Fernsehshows, Musikvideos, Animationsfilme etc.), die mit einem erheblichen finanziellen, technischen und kulturellen Aufwand produziert werden. Sie haben eine ausgeprägte und explizite Prä- und Postproduktion und fast alle Aufgaben werden von dafür ausgebildetem Personal übernommen sowie nach kulturellen, ästhetischen und professionellen Standards geschaffen. Ziel der Produktion ist der Verkauf des Produkts auf einem ökonomischen, weltweiten und zeitlosen Markt der Unterhaltungsangebote. Diese Artefakte werden in der Regel von Medienwissenschaftler*innen hinsichtlich ihrer ästhetischen Qualitäten untersucht (Engell, 2010; Schröter, 2012), manchmal auch von Sozialwissenschaftler*innen hinsichtlich ihrer sozialen Auswirkungen (Reichertz, 2000; Englert, 2014a).

---

[10] Dieser Vorschlag beinhaltet, dass vor jeder Interpretation des auf dem Video Gezeigten erst einmal die Rahmenanalyse steht. Natürlich kann man (zu Übungszwecken) auch einmal Videoinhalte analysieren, ohne dies vorab geleistet zu haben. Allerdings spannt sich dann ein sehr großer Interpretationsraum auf, der mit vertretbarem Aufwand kaum zu schließen ist. Sicherlich macht es Sinn, einmal eine solche (völlig kontextfreie) Interpretation zu versuchen, um den Möglichkeitsraum von Bedeutungen zu erkennen, doch widerspricht diese Vorgehensweise dem rationalen Umgang mit begrenzten Zeit- und Geldressourcen. Die Gefahr, dass man vorschnell Lesarten aufgrund der Berücksichtigung des Rahmens nicht erkennt, ist aus unserer Sicht sehr gering.

Videodateien von Videospielen: Sehr komplexe, oft lange, strategische und fiktive Bedeutungseinheiten, die bestimmte Situationen nachbilden, die allein oder gemeinsam gemeistert werden müssen. Sie werden mit erheblichem finanziellem, technischem und kulturellem Aufwand produziert, haben eine ausgeprägte und explizite Prä- sowie Postproduktion und fast alle Aufgaben werden von einem dafür ausgebildeten Personal übernommen und nach kulturellen, ästhetischen und professionellen Standards geschaffen. Ziel der Produktion ist der Verkauf des Produkts auf einem ökonomischen, weltweiten und zeitlosen Markt der unterhaltenden Spielangebote. Diese Artefakte werden in der Regel von Medien- und Sozialwissenschaftler*innen hinsichtlich ihrer ästhetischen Qualitäten untersucht, manchmal auch (meist kritisch) von Sozial- und Erziehungswissenschaftler*innen hinsichtlich ihrer sozialen Auswirkungen (z. B. Herbrik, 2011).

Semiprofessionelle Videoproduktionen: Meist einfache, eher kurze, oft ‚dokumentarisch' daherkommende Bedeutungseinheiten (z. B. Magazinsendungen, Reality-TV), die mit einem eingeschränkten finanziellen, technischen und kulturellen Aufwand produziert werden und aktuelle Probleme aufgreifen oder auf diese hinweisen. Sie haben nur eine rudimentäre Prä- und Postproduktion. Die Aufgaben werden oft unter Zeit- und Kostendruck von semiprofessionellen Akteuren übernommen und eher intuitiv als explizit nach kulturellen oder professionellen Standards geschaffen. Ziel der Produktion ist der Verkauf des Produkts auf einem ökonomischen, lokalen und zeitlich situierten Markt. Diese Artefakte werden in der Regel von Sozialwissenschaftler*innen hinsichtlich ihrer Auswirkungen auf den Diskurs (Themen, Deutungsmuster, Akteurskonstellationen etc.) analysiert (z. B. Reichertz & Englert, 2011; Reichertz, 2007, 2013a; Englert, 2014b).

Private und halbprofessionelle Videoproduktionen zu bestimmten Anlässen: Meist sehr einfache, wenn auch oft lange, dokumentarische Bedeutungseinheiten (z. B. Hochzeit, Taufe, Feier, Urlaub), die bestimmte Situationen oder Anlässe zum Inhalt haben. Sie werden mit sehr beschränktem finanziellem, technischem und kulturellem Aufwand produziert. Sie haben fast keine nennenswerte Prä- und Postproduktion. Die Aufgaben werden von Amateuren oder manchmal auch Halbprofessionellen ausgeführt und meist intuitiv nach eingeschliffenen kulturellen Standards geschaffen. Ziel der Produktion ist die Dokumentation des Geschehens für einen kleinen Adressatenkreis – meist dient sie auch der Archivierung und Wiederaufführung. Diese Artefakte werden in der Regel von Sozialwissenschaftler*innen hinsichtlich der Veränderungen der sozialen Wirklichkeit und der Sehgewohnheiten analysiert (Raab, 2008).

*Video-Tutorials von Amateur*innen:* Meist sehr einfache und kurze dokumentarische Bedeutungseinheiten, die bestimmte Lernanlässe zum Inhalt haben (Wie pflegt man einen Hamster, wie spielt man Schlagzeug, wie schlägt man einen Nagel in die Wand etc.). Zu dieser Sorte von Videos gehören auch alle jene, die den Schulunterricht begleiten und ergänzen und heute aus dem Schulalltag (zumindest aus Sicht der Schüler*innen) nicht mehr wegzudenken sind. In ihnen werden die Inhalte fast aller Schulfächer und aller Jahrgangsstufen (Ausnahme: Sport) von Lehrer*innen, Studierenden oder Mitschüler*innen meist gut erklärt. Diese Videos haben fast keine Prä- und Postproduktion. Die Artefakte werden von Amateuren nach eingeschliffenen kulturellen Standards geschaffen. Ziel der Produktion ist die Belehrung über bestimmte Fertigkeiten und deren Erlernung. Diese Videos zirkulieren im Internet (vor allem auf YouTube oder Facebook) oder werden teilweise sogar live produziert und konsumiert (z. B. über digitale Konferenzsysteme). Diese Artefakte werden in der Regel von Sozialwissenschaftler*innen hinsichtlich der Veränderungen der sozialen Wirklichkeit und dem veränderten Mediengebrauch analysiert.

Kommerzielle Videos als Wege zu Ruhm, Reichweite und Reichtum: In den letzten Jahren hat sich ein eigenes Format vor dem Hintergrund von YouTube und ähnlichen Plattformen entwickelt, auf denen Amateure*innen nahezu jeden Alters Inhalte über das Leben, die Mode, die Politik, die Gesellschaft und die Musik verbreiten, vor allem um -Aufmerksamkeit (z. B. in Form von Klicks und Likes) zu bekommen und dadurch berühmt und reich zu werden. Einige von ihnen wollen jenseits der etablierten Märkte ihre Kunst (Musik, Literatur) an die Öffentlichkeit bringen, um so über diesen alternativen Weg bekannt zu werden. Andere wollen durch den Einblick in ihr persönliches Leben in den jeweiligen Zielgruppen eine Art *Street-Credibility* erwerben, um auf eine Gruppe von *Follower*innen* Einfluss nehmen zu können (Influencer*in zu werden) und damit zu Ansehen und Geld zu gelangen. Diese Gruppe von Videoproduzent*innen verfügt durchaus über ein umfangreiches Wissen über die Produktion von Videos, denn diese Videos haben sowohl eine teils aufwendige Prä- und Postproduktion, vermitteln jedoch aufgrund der aktuellen Anforderungen des Marktes, authentisch zu wirken, so etwas wie eine Scheinamateurhaftigkeit. Hier ist ein eigener Geschäftsbereich entstanden, den nicht nur Influencer*innen nutzen, sondern der auch gezielt von Politik, Marketing- und PR-Agenturen genutzt wird, um für ihre Kund*innen neue und gezielte Wege der Kundenansprache zu finden (*Targeting*). Diese Videos werden von Sozialwissenschaftler*innen vor allem untersucht, um neue Formen der kommerziellen und politischen Einflussnahme zu analysieren.

*Unterhaltungs-Videos von Amateur*innen:* Meist sehr kurze, aber teils komplexe Bedeutungseinheiten, die schon existierendes Videomaterial neu zusammenstellen (*samplen*) oder aber eigenes Können als Sänger*in oder als Unterhaltungskünstler*in zur Schau stellen. Sie haben eine teils aufwendige Prä- und

1.3 Videorahmungen

Postproduktion, wenn auch geringen Materialeinsatz. Die Artefakte werden von Amateur*innen nach eingeschliffenen kulturellen Standards geschaffen. Diese Videos werden mit dem Ziel produziert, im Internet (vor allem in YouTube und Facebook) zu zirkulieren sowie Klicks und Follower*innen und somit Bekanntheit – und manchmal auch ökonomischen Gewinn – zu erreichen. Zu diesen Artefakten gibt es noch sehr wenig Forschung.

Handlungsbegleitende Videos: Da Videokameras die zeitgleiche Wiedergabe des Bildes auf einem Bildschirm ermöglichen, können Menschen ihr Handeln (z. B. beim Tanzen, Sport oder beim Sex) zeitgleich aufzeichnen und durch die Beobachtung des Bildschirms die Aufzeichnung und die Darstellung des Aufgezeichneten gestalten. Hier fallen Kameramann*frau und Darstellende in eins. Diese Produkte können auch ins Netz gestellt oder privat aufgeführt werden. Zu diesen Artefakten gibt es ebenfalls noch sehr wenig Forschung (siehe hierzu: Boll, 2012).

Ad-hoc-Videos von Jedermann: Meist eher einfach strukturierte und eher kurze dokumentarische Bedeutungseinheiten, die bestimmte Momente oder Anlässe zum Inhalt haben (Schlägerei, Begegnung, Modedemonstration, Lächeln, Urlaub, Küssen etc.) – manchmal auch in Form von sogenannten *Selfies*. Sie haben meist keine professionelle Prä- und Postproduktion, sondern werden meist ad-hoc von Jugendlichen mit Smartphones erzeugt. Allerdings können diese Ad-hoc-Videos mit Hilfe frei verfügbarer Apps leicht aufgepeppt werden (Personen erhalten Brillen, Bärte, neue Haarfarben oder aber den Körper einer anderen Person etc.). Ziel der Produktion ist der Austausch der Videos im engeren Freundeskreis (z. B. über WhatsApp). Diese Artefakte werden in der Regel von Sozialwissenschaftler*innen hinsichtlich der Veränderungen der sozialen Wirklichkeit und dem veränderten Mediengebrauch analysiert. Zu diesen Artefakten gibt es noch sehr wenig Forschung.

Dokumentationsvideos: Meist sehr einfach strukturierte und sehr lange dokumentarische Bedeutungseinheiten, die bestimmte Vorgänge in bestimmten Räumen und an bestimmten Orten (Kaufhaus, Straßenkreuzung, Gebäudesicherung, Banken, Arbeitsplatz, Unterricht etc.) aufzeichnen. Die Aufzeichnung erfolgt automatisch durch eine fest montierte Kamera, meist ohne menschliche Steuerung. Sie haben fast keine Prä- und Postproduktion. Ziel der Produktion ist die Beobachtung von menschlichem Verhalten zum Zweck der Analyse und Schulung (z. B. Schulung: Dinkelaker & Herrle, 2009; Rauin et al., 2016; Corsten et al., 2020) oder aber zur Überwachung und gegebenenfalls zur Beweissicherung (z. B. Body Cams – Anstädt et al., 2010). Das gilt in besonderer Weise für die Polizei: alle polizeilichen Vernehmungen von vorsätzlich begangenen Tötungsdelikten und von Personen unter 18 Jahren sollten grundsätzlich seit dem 01.01.2020 mittels

Video aufgezeichnet werden, um die schutzwürdigen Interessen der Beschuldigten zu wahren. Dies hat nicht nur zur Folge, dass die Vernehmungen sehr detailliert dokumentiert werden, sondern insbesondere auch das Verhalten, die Gestik und Mimik von den zu Vernehmenden festgehalten werden, die für eine spätere Urteilsfindung sehr bedeutsam sind. Zudem können Vernehmer*innen mittels Videoanalyse geschult werden, bessere Vernehmungen vorzunehmen (Floren, 2020). Aber auch die Verteidigung gewinnt durch die Videoaufzeichnung – kann sie doch jetzt relativ leicht nachweisen, wo die Vernehmenden unrechtmäßige Mittel einsetzten, um den Beschuldigten zu einem Geständnis zu (ver-)führen. Natürlich sind Sozialwissenschaftler*innen die bevorzugten Ansprechpersonen, wenn es darum geht, zu erläutern, wie man Dokumentationsvideos analysieren kann. Zu solchen dokumentierenden Videos können manchmal auch Aufnahmen von Drohnenkameras gehören[11]: Sie können detailreich und zielgerichtet eingesetzt sein, wenn sie beispielsweise Unfallorte oder Tatorte überfliegend aufzeichnen, um jederzeit später eine Gesamtübersicht und den Blick auf das kleinste Detail zu ermöglichen.

Wissenschaftliche Videographien oder auch: videografisch gestützte Verhaltensbeobachtung von Akteuren im weitgehend natürlichen (Um-)Feld: Meist einfache, dokumentarische Bedeutungseinheiten unterschiedlicher Längen, die bestimmte Situationen oder Orte zum Inhalt haben (Arbeitsplatz, Interaktion im Museum, Verhalten von Passanten, Menschen beim Fernsehschauen etc.). Diese Artefakte haben eher keine Prä- und Postproduktion und werden von Wissenschaftler*innen erzeugt, um von Wissenschaftler*innen nach wissenschaftlichen Standards analysiert zu werden – sind also Forschungsdaten. Ziel der Produktion ist die spätere Analyse des Videos und die Theoriebildung. Diese Artefakte werden mit unterschiedlichen Zielsetzungen von Sozialwissenschaftler*innen analysiert, oft im Rahmen von *workplace studies* (z. B. Heath et al., 2010, vom Lehm, 2018) oder von Video-Interaktionsanalysen (VIA) (vgl. Tuma et al., 2013; Tuma, 2017, 2018).

Videodateien mit mehreren zeitsynchronen Aufzeichnungen (*split screen*): Meist sehr komplexe unterschiedlich lange dokumentarische Bedeutungseinheiten auf unterschiedlichen Zeitebenen (z. B. *user livestreams*), die zwei oder mehrere und im Kontext von MMO Games (*massively multiplayer online games*) mehrere tausend Teilnehmer*innen haben können. Parallel verlaufende Ereignisse oder Handlungen werden auf dem Bildschirm eines Rechners simultan

---

[11] Sowie die Verwendungszwecke von Drohnen sehr vielfältig sind, so können auch die Verwendungsweisen und die Analyse der von ihnen gemachten Videos sehr unterschiedlich sein. Wir vermuten, dass es in zehn Jahren einen eigenen Band zur Analyse von Drohnenvideos geben wird.

1.3 Videorahmungen

auf kleinen *subscreens* dargestellt und gespeichert. Sie haben fast keine Prä- und Postproduktion, erfordern aber einen speziellen und eher hohen technischen Aufwand (sowohl was die Soft-, als auch die Hardware betrifft). Die Artefakte werden von unterschiedlichen Quellen gespeist und dann softwaregestützt auf einem Bildschirm mit mehreren *subscreens* zusammengeführt. Ziel ist entweder die Optimierung von gemeinsamen internetgestützten Spielerlebnissen durch die Vermehrung der Kommunikationskanäle oder aber die wissenschaftliche Analyse dieser Internetnutzung. Zu diesen Artefakten gibt es noch sehr wenig Forschung (z. B. Kirschner, 2013).

Die hier genannten Rahmungen bei Analysen auseinanderzuhalten und die Analyse jeweils auf die Rahmen abzustimmen, ist wichtig, weil die einzelnen Rahmen eigene Produktionsbedingungen und auch deshalb teilweise eigene und eigenständige Bildsprachen (und andere Vorstellungen von den impliziten Zuschauer*innen) entwickelt haben. Sie schaffen eigene Genres/Formate und dieses Format dient dann Produzent*innen wie Nutzer*innen als Deutungsrahmen. Diese Rahmen eröffnen und begrenzen kommunikatives Handeln und sie weisen dem Handeln meist auch ein gewisses Gewicht zu. Die Rahmen legen nahe, was jeweils kommuniziert werden darf und was nicht und welche Folgen es hat. Diese Rahmen sind gesellschaftlich erarbeitet und verbürgt – sie sind Institutionen.

So unterscheiden sich Videoaufnahmen, egal ob sie von Professionellen oder Gelegenheitsfilmenden erstellt wurden, deutlich von den Filmproduktionen, denen immer ein explizites und vorab entwickeltes Drehbuch zugrunde liegt. Videoproduktionen verfügen dagegen eher selten über ein Drehbuch und einen Einstellungsplan, was zur Folge hat, dass sehr viel mehr über Schnitt und Montage eine Erzähllinie gebastelt wird. Gelegenheitsfilmer verzichten sogar völlig darauf, ihre Aufnahmen nachzubearbeiten und ihnen damit eine eigene Erzähllinie zu geben.

Die beiden zuletzt genannten Rahmen nehmen eine besondere Rolle ein, da diese Videos von Wissenschaftler*innen zum Zwecke wissenschaftlicher Forschung erstellt wurden und somit auch die wissenschaftlichen Standards und Relevanzen von Wissenschaft beinhalten. Die übrigen oben genannten Gattungen sind nicht von Wissenschaftler*innen zum Zwecke der Analyse geschaffen worden, sondern sie wurden unbehelligt von wissenschaftlichen Anfragen und Ansprüchen in der Lebenspraxis erstellt und sie kursieren dort auch als Ausdruck dieser Praxis. Die Videos sind konstitutiver Teil der Lebenspraxis.

Wie unschwer zu erkennen ist, verzichten wir ausdrücklich auf die Unterscheidung zwischen der Analyse von Videos, die von Nicht-Wissenschaftler*innen erstellt wurden und der Analyse von Videos, die von Wissenschaftler*innen produziert wurden. Hubert Knoblauch erachtet diesen Unterschied als wesentlich (Knoblauch, 2011), weil die einen von Akteuren mit kommerziellen oder praktischen Zielen produziert, während die anderen von Wissenschaftler*innen zum Zweck der Analyse von Sozialverhalten hergestellt wurden und somit nicht wirklich vergleichbar seien. Zuzustimmen ist Knoblauch, dass es in der Tat einen Unterschied macht, ob Videos zu kommerziellen/privaten oder zu wissenschaftlichen Zwecken hergestellt werden. Aber wir glauben nicht, dass dies für die grundsätzliche Anlage und Vorgehensweise der Videointerpretation eine Bedeutung hat. Der Produktionskontext, das ist der Rahmen, in dem Videos produziert werden, wenn man so will: das ist die gesamte Handlung der Kamera. Dieser Produktionskontext findet sich bei kommerziellen, privaten und ebenso wissenschaftlichen Videos.

Es wäre aus unserer Sicht ein großes Versäumnis, diesen Rahmen außer Acht zu lassen oder gar selektiv vorzugehen: Bei den kommerziellen Videos den jeweiligen Rahmen mit zu interpretieren, bei den wissenschaftlichen jedoch nicht. Nichts spricht in unseren Augen dafür, dass nicht auch der wissenschaftliche Rahmen für das, was später auf dem Video festgehalten wird, eine Bedeutung hat. Auch die wissenschaftliche Perspektive der Kamera schreibt sich in das Aufgezeichnete ein. Zwar können wir nicht gleichzeitig, um eine Formulierung von Peter Berger und Thomas Luckmann (Berger & Luckmann, 1969) erneut aufzugreifen, im Bus sitzen und zugleich diesen Bus schieben, aber für Videoanalysen können wir sehr wohl das Geschehen im Bus interpretieren und die Handlung derer, die das Geschehen im Bus interpretieren. Wissenschaftler*innen arbeiten nämlich, wie kommerzielle oder private Produzent*innen von Videos, in einem normativen Feld und dieses normative Feld hat Auswirkungen auf deren Arbeit und Produkte. Gerade Wissenssoziolog*innen sind gut beraten, wenn sie den wissenschaftlichen Forschungsprozess selbst mitreflektieren und mitanalysieren, für welche Themen sie Videos einsetzen, welche Ausschnitte der Wirklichkeit mit Videos eingefangen werden und nach welchen impliziten Vorstellungen sie darüber entscheiden, was in der Welt für die Forschung von Bedeutung ist. Und natürlich sollte mitanalysiert werden, wie diese Videos in der wissenschaftlichen Präsentation von Forschung verwandt werden.

Kurz: für die Anlage der Videoanalysen ist aus unserer Sicht nicht entscheidend, wer sie produziert hat. Der Umstand, dass Wissenschaftler*innen Videos produziert haben, befreit (sie) nicht davon, auch die wissenschaftlichen Rahmenbedingungen mit zu reflektieren. Wissenschaftler*innen stehen gerade nicht jenseits der Gesellschaft, sondern sind ein Teil von ihr. So wie die Medien ein kulturelles System sind, das sich in ihre Produkte einschreibt, so ist auch Wissenschaft ein kulturelles System, das sich in ihre Produkte einschreibt.

1.4 Was ist hier eigentlich los und was ist die Frage?

Bilder, Filme und Videos begegnen den Forscher*innen nie unvorbereitet. Sie kommen nicht daher und treffen einen zufällig. Bilder wie Videos (und alle anderen Daten) werden entweder von Forscher*innen gesucht und eingesammelt, oder aber sie werden von ihnen selbst produziert – nach den Standards, die man für relevant hält. Diese Unterscheidung ist grundlegend. Was man an Daten sammelt oder erschafft, hängt nun von der Fragestellung und den daraus resultierenden Relevanzen ab. Deshalb muss man als Erstes seine Fragestellung offenlegen – und das möglichst präzise und konkret. Wer keine Frage hat, weiß nicht wonach er sucht und findet nichts. Und wer seine Frage nicht offenlegt, der täuscht bestenfalls nur sich selbst.

In unserem Fall haben wir uns im Rahmen eines DFG-Forschungsprojekts zur Rolle der Medien bei der Herstellung von Innerer Sicherheit in einem Forschungsabschnitt mit den Fragen beschäftigt, welche Normen im Fernsehen *on air* thematisiert werden und ob das Fernsehen selbst diese Normen bewertet (Bidlo et al., 2011, auch Englert & Reichertz, 2016). Zu diesem Zweck haben wir vom deutschen Fernsehen ausgestrahlte Sendungen, in denen Innere Sicherheit in irgendeiner Art thematisiert wird, digital aufgezeichnet und auf einer Festplatte gespeichert. Ein besonderer Typ solcher Fernsehsendungen, nämlich Videoproduktionen, sind jene, die vorgeben, den Alltag von Personengruppen, die im Bereich der Inneren Sicherheit tätig sind (Polizisten, Zöllner, Detektive, Kontrolleure etc.), zu dokumentieren. Videoproduktionen sollen hier alle die professionellen wie nicht-professionellen Aufnahmen heißen, die mit Hilfe digitaler Videokameras aufgezeichnet wurden und deren Bild deshalb (im Unterschied zu fotografischen Filmkameras) sofort als Bilder und als digitale Datei verfügbar ist. Einen Teil einer solchen digitalen Datei, auf der eine von einer eigenständigen Produktionsgesellschaft erstellte Sendung zum Alltag deutscher Kontrolleure gespeichert ist, möchten wir hermeneutisch ausdeuten. Ziel der hermeneutischen Deutung ist die (Re-)Konstruktion der sozialen Bedeutung des Videos in dem gesellschaftlichen Kontext, in dem es zu seiner Ausstrahlung wahrgenommen wird. Das ist der Rahmen unseres Handelns. Ohne Rahmen macht nichts Sinn.

Dazu gehört auch die Klärung der Frage, welche Bedeutung hier eigentlich gedeutet werden soll. Geht es um die Rekonstruktion der *Intention* der Produzent*innen des Videos oder der möglichen Auftraggeber*innen, also um das, was einzelne Macher*innen bewusst mit der Gestaltung des Videos erreichen wollen? Oder geht es darum, die notwendigerweise singuläre und *subjektive Zuschreibung von Bedeutung* im Moment der Rezeption zu ermitteln, also das zu bestimmen, was im Augenblick der Aneignung im Bewusstsein des Rezipienten geschieht?

Oder will man gar (dem Programm der *Cultural Studies* folgend – hierzu Bromley et al., 1999; eine interessante, nicht nur von den *Cultural Studies* inspirierte Einführung in die Filmanalyse liegt mit Mikos 2003 vor) den kommunikativen und interaktiven Umgang mit dem Video, also die Aneignung und die weitere Verwendung des Videos bestimmen, also klären, ob das Aneignen des Videos irgendwelche Folgen hatte und wenn ja, welche, und durch welche Faktoren diese Folgen bedingt waren?

Die ersten beiden, im Kern subjektiven und von der individuellen sowie sozialen Biografie geformten Bedeutungsvorstellungen, sind soziologisch von geringem Belang und zudem nicht zugänglich. Deshalb fallen sie hier als Zielpunkte der Analyse aus. Auch soll hier nicht die Suche nach der dritten Bedeutung aufgenommen werden, nämlich dem sozialen Umgang mit dem Video und der in der kommunikativen Aneignung erschaffenen Bedeutung, die durchaus soziologisch relevant und mittels Ethnographien prinzipiell ermittelbar ist.

Insgesamt soll hier und jetzt auch die ‚Abnehmerseite' eines Videos, also die Ermittlung der Aneignung von Bedeutung in konkreten Kommunikationssituationen, außen vor bleiben – wohl wissend, dass vor allem die im Aneignungsprozess geschaffene Gebrauchsbedeutung (siehe hierzu Hall, 1999; Hepp & Winter, 2008; Krotz, 2007, aber natürlich auch Iser 1972 und Eco 1987) die sowohl soziologisch wie medienpolitisch relevante Bedeutung ist.

Auch soll es hier vorrangig *nicht* um das Produkt, das Artefakt ‚Video' und die in ihm eingelassene (semantische) Bedeutung gehen, also um die (Re-)Konstruktion des Inhalts eines bestimmten Videoausschnitts. Stattdessen interessiert uns die Frage, *was das Video von dem Zuschauenden will, was es im Schilde führt, wie es versucht, Kommunikationsmacht (vgl. Reichertz, 2010b) aufzubauen und mit welchem Ziel es Kommunikationsmacht aufbaut.*

Um sofort einem naheliegenden Missverständnis zu begegnen: Hier wird *nicht* die Perspektive von Mitchell geteilt, der danach fragt, was das Bild will, sich jedoch für das Begehren der Bilder interessiert (vgl. Mitchell, 2008, S. 46 ff.). Mitchell macht dabei das Bild zum Subjekt, zum eigenständigen Akteur. So interessant und fruchtbar diese Perspektive, die Bilder wie Personen behandelt, auch ist, sie wird hier nicht verfolgt. Hier geht es stattdessen insbesondere um die Kamera, nicht um das Bild. Die Kamera hat tatsächlich ein Leben, sie kommuniziert, indem sie etwas auf eine bestimmte Art und Weise zeigt. Kameras zeigen nicht nur Handlungen, sondern durch ihr Zeigen vollziehen sie selbst Handlungen, sie leisten Welt-Deutungen und bieten diese auf einem Markt (der Bedeutungen) an, sie bauen Beziehungen zum Zuschauenden auf und nutzen sie, sie haben Interessen und verfolgen sie. Es gibt kein unschuldiges (Kamera-)Bild und es gibt auch kein unschuldiges Video. Uns geht es hier also um die gesellschaftliche Botschaft eines bestimmten Videos, was es oder genauer, deren (korporierter) Akteur, von dem Zuschauenden will. Dabei geht es nicht darum, die bösen Absichten vermeintlich schlecht gesinnter Medienakteur*innen zu entlarven und anzuprangern, sondern die ‚Kamera' wird hier begriffen als soziales System von Akteur*innen, die mit bestimmten sozialen Praktiken der filmischen Darstellung versuchen, auf die Mediennutzer*innen einzuwirken. Die aufgezeichneten und versendeten Bilder können auf den Nutzer*innen keinen Zwang ausüben, sondern sind sich einschmeichelnde Angebote, die genutzt werden wollen. Mehr dazu weiter unten.

Zu der Darstellung des Rahmens eines Videos gehört neben der Fokussierung einer bestimmten zu analysierenden Bedeutung auch, dass die von uns untersuchten Videos Daten sind, die *nicht* von Wissenschaftler*innen zum Zwecke der Analyse geschaffen wurden, sondern sie wurden unbehelligt von wissenschaftlichen Fragen und Ansprüchen von der untersuchten Praxis erstellt und sie kursieren dort als Ausdruck dieser Praxis. Die von uns untersuchten Videos sind konstitutiver Teil der untersuchten Praxis. Das macht sie zu recht guten Daten für unsere Frage, da wir ja wissen wollen, was jemand über diese Praxis denkt oder wie jemand sich darüber äußert oder wie jemand sie beurteilt. Hätten wir diese angestrebt, hätten wir mit Interviews gearbeitet.

Zu der Bestimmung des Rahmens gehört es darüber hinaus (wie weiter oben bereits ausgeführt), das Video selbst einzuordnen. Es ist, das kann und muss man hier bereits sagen, keine audio-visuelle Aufzeichnung von Wirklichkeit (z. B. einer Hochzeit) mithilfe einer Kamera, die Laien erstellt haben, um das Ereignis für eine bestimmte Gruppe (auch generationsübergreifend) zu konservieren. Sondern das hier untersuchte Video wurde von einem kommerziellen privatwirtschaftlichen Unternehmen in der Absicht angefertigt, die Rechte an der Ausstrahlung an einen Fernsehsender zu verkaufen. Es geht also um wirtschaftliches Handeln, nicht um private Erinnerungsarbeit.

Gute Daten sind das Eine, eine gute Methode, das Video zu *protokollieren,* also angemessen zu transkribieren, ist das Andere. Obwohl es gerade bei der Transkription von stillen und bewegten Bildern angesichts neuer Software deutliche Fortschritte gibt, gilt der Befund Oevermanns aus dem Jahre 2000 immer noch: „Für die Notierung visueller Sequenzen, z. B. in Filmanalysen, ergeben sich nach wie vor große ungelöste Probleme" (Oevermann, 2000b, S. 115). Für die Methode der Videoprotokollierung wird es keine generelle Lösung geben können, sondern abhängig von der eigenen Fragestellung, sind unter Nutzung vorhandener Systeme fallspezifisch angemessene Verfahren der Datentranskription zu entwickeln. Auch dazu weiter unten mehr. Ebenfalls abhängig von der Fragestellung sind im nächsten Schritt angemessene Methoden der *Datenauswertung* auszuwählen oder zu entwickeln. Angesichts der oben genannten Fragestellung halten wir den Einsatz des Verfahrens der hermeneutischen Wissenssoziologie für sinnvoll. Allerdings bedarf es einer auf das Datenmaterial abgestimmten Modifikation.

Vorüberlegungen zur Besonderheit der genutzten Daten

Forschung fängt immer damit an, sich ihrer Voraussetzungen und ihrer Prämissen reflexiv zu vergewissern. Diese beziehen sich (egal wie implizit) immer auf ein erstes Verständnis vom untersuchten Gegenstand, von den Methoden der Datenerhebung, -protokollierung und Datenauswertung und natürlich auf die gesamte Anlage der Forschung. Auch wenn man nie alles offen legen kann, kann man doch zumindest das ausdrücken, was der/die Leser*in benötigt, um die Nachvollziehbarkeit der Deutungsarbeit beurteilen zu können.

2.1 Abschied von der Offenheit um jeden Preis

Jede wissenschaftliche Interpretation von Daten läuft Gefahr, das Neue mit den Augen des Altbekannten zu betrachten – weshalb man dann oft auch nur noch das bereits Bekannte sieht. Deshalb macht es Sinn, bei der Ausdeutung der Daten ‚offen' für Neues zu sein bzw. Vorkehrungen dafür zu treffen, dass man nicht nur das Alte wiederentdeckt. Dieser in der gesamten qualitativen Sozialforschung anzutreffende Argwohn gegen das eigene theoretische Vorwissen bzw. das Kontextwissen hat in manchen Kunstlehren Ausdruck in dem Postulat gefunden, völlig auf theoretisches Vorwissen bzw. völlig auf Kontextwissen zu verzichten. Das hat einerseits oft, wenn es versucht wurde, nicht nur zu systematischem Dilettantismus geführt (wie man sich stattdessen seinen *Common-Sense*-Vorurteilen überlassen hat), andererseits hat sich gezeigt, dass der Verzicht auf Wissen kontraproduktiv ist. Entscheidend ist, wie man mit Wissen in der Forschung umgeht.

Deshalb muss das ‚Offenheitspostulat' qualitativer Forschung präzisiert werden. Offenheit bedeutet in dieser Präzisierung, dass man nicht vor der Forschungsarbeit das untersuchte Feld mit fixen Hypothesen überzieht, es bedeutet, offen für das möglicherweise Neue zu sein und zu bleiben. Offenheit in der qualitativen Forschung heißt jedoch nicht, dass Forscher*innen im Hinblick auf den untersuchten Gegenstand, die Methodologie und die Methode, bewusst ‚dumm' bleiben, sich vorab also nicht informieren. Wer dumm an die Forschung herangeht, bleibt dumm.

In seinem viel gerühmten Artikel hat Ronald Hitzler ausdrücklich von der „künstlichen Dummheit" gesprochen, nicht von der tatsächlichen (vgl. Hitzler, 1991). Künstliche Dummheit weiß viel, weil sie sich vorher umfassend informiert hat, was sie wie untersuchen will. Sie klammert aber die Gültigkeit dieses Wissens aus und bleibt so offen für Altes und Neues (siehe auch Reichertz, 2003). Künstliche Dummheit kennt auch den *State of the Art* zum Untersuchungsgegenstand, zur Methode und zur Methodologie. Mit dieser systematischen Vergrößerung des eigenen Wissens vor der Forschung vergrößert man zugleich den verfügbaren Raum der guten Gründe, etwas zu tun – und erspart sich dann später auch die leidigen Diskussionen über das, was als ‚akzeptiert' gilt. Das ist hilfreich bei der Interpretation sowie bei der späteren Theoriebildung. Wer sich vor der Arbeit nicht schlau macht, wird außer den eigenen Vor-Urteilen nichts finden, läuft zudem Gefahr, die Kuckucksuhr neu zu erfinden und darf sich über das Kopfschütteln der *Scientific Community* nicht wundern.

2.2 Vom *still* zum *move*

Stills sind stehende, stille Bilder: Fotografien. Auch wenn *stills* in Serie produziert wurden (z. B. Warhol) oder Plakate von Filmen sind, so sind *stills* dennoch immer Fotografien, die man gemacht hat, damit eine/ein Betrachter*in sie *einzeln* betrachtet. *Stills* stehen für sich, sind Einzelbilder. Das verbindet sie mit Gemälden. Auch diese wurden und werden als selbstversorgte Einheiten produziert, weshalb Gemälde wie *stills* in der Regel symbolisch hoch verdichtet sind – was man besonders schön an den *Untitled Film Stills* von Cindy Sherman (Sherman, 1998), aber auch an der fotografischen Neuinszenierung alter Gemälde sehen kann (Sherman, 2006). Alles daran zählt, nichts ist zufällig, alles ist mit Bedeutung versehen.

Filme und Videos ergeben sich zwar aus der Reihung einzelner Bilder, aber sie sind nicht die Summe der Einzelbilder. Deshalb wäre es ein Kategorienfehler, Filme oder Videos als die Aneinanderreihung von *stills* anzusehen und

2.2 Vom *still* zum *move*

entsprechend zu interpretieren. Laufende Bilder sind Daten eigener Art. Die Bedeutungsebene dieser Daten ist nicht das einzelne Bild, sondern die sinnvolle Handlung. Eine Parallelisierung soll das verdeutlichen: Phonem und Graphem sind die kleinsten bedeutungsdifferenzierenden Einheiten beim Sprechen bzw. beim Schreiben. Dennoch interpretiert kein/keine Sozialforscher*in (im Übrigen zu Recht) Gesprochenes als Phonem für Phonem oder Geschriebenes als Graphem für Graphem[1], sondern Sinneinheit für Sinneinheit oder Satz für Satz. Es geht immer um die bedeutungs*tragenden* Sinneinheiten. Selbst die Sequenzanalyse geht immer von Sinneinheiten aus und nicht von Laut- oder Schreibeinheiten.

Die entscheidende Frage ist, was die grundlegende Sinneinheit für die Videoanalyse ist. Gewiss hängt das letztlich von der jeweiligen Fragestellung ab, aber grundsätzlich kann man mit guten Gründen die Position vertreten, dass nicht das *still* die elementare Grundeinheit des Videos bzw. des Films ist, sondern ein (bewusster oder nicht-bewusster) Handlungsakt, ein Interaktions- oder Kommunikationszug, der für das folgende Geschehen Konsequenzen hat, oft auch *turn* genannt. Der relevante Zug könnte auch ‚*move*' genannt werden (vgl. Goffman, 2005, S. 94) und vieles spricht dafür, es im Zusammenhang mit der Videoanalyse auch zu tun[2]. Mit *move* ist dann eine relevante Bewegung im Spiel, im Handlungsgeschehen, gemeint, also eine Bewegung, die im Abstimmungsprozess der Handelnden Bedeutung und Folgen hat (man denke auch an die Unterscheidung von Geertz zwischen Augentick und Augenzwinkern; vgl. Geertz, 1983). Ein *move* ist alles, was zum Ersten sinnhaft ist und zum Zweiten den weiteren Verlauf der Ereignisse beeinflusst. Bei der Analyse von Videos gibt es zwei Akteure und entsprechend auch zwei Arten von *moves,* die getrennt zu erheben und zu deuten sind: Die *moves* der Akteure vor der Kamera und die *moves* der Kamera *als Akteur.*

Eine Videoanalyse kann dann nicht mehr Bild für Bild abschreiten und jedes Bild einzeln interpretieren, sondern sie muss dann *move* für *move* vorgehen. Die Grundeinheit ist dann das laufende Bild bzw. die Handlungseinheit. Eine solche Umstellung vom *still* zum *move* hat weitreichende Konsequenzen. Eine dieser Konsequenzen wäre, die Nutzung der klassischen Verfahren der Bildanalyse (Ikonographie, Ikonik) zu überprüfen und (wie bereits weiter oben gesagt) stattdessen vermehrt die Verfahren der Filmanalyse und Filmsemiotik zu nutzen sowie sich

---

[1] Gewiss gibt es auch Fälle, in denen das aufgrund der Fragestellung sinnvoll und notwendig ist, so z. B. bei der Dialektforschung oder bei der Stimmerkennung, aber innerhalb der sinnverstehenden qualitativen Sozialforschung kommt es nicht vor.
[2] Es geht hier damit nicht um kleinste *Beobachtungs*einheiten, Kineme und Kinemorpheme (vgl. Birdwhistell, 1952), sondern um kleinste *Handlungs*einheiten.

zudem mit der Kunst der Filmregie zu beschäftigen und deren Kenntnisse zu nutzen.

Ohne Zweifel hat die hermeneutische Bildinterpretation von den verschiedenen Ansätzen der kunstgeschichtlichen Bildhermeneutik viel lernen können (vgl. Bätschmann, 1986). Das gilt insbesondere für die Arbeiten von Panofski und Imdahl (vgl. Panofski, 1978; Imdahl, 1980; Gehlen, 1960 auch Kaemmerling 1979). Diese Kunstlehren wurden jedoch entwickelt, um Werke der *Malkunst* zu interpretieren, und dort haben sie auch ihre Bedeutung. *Kunst* ist nun zweifellos eine eigene Sinnprovinz, mit eignen Regeln, eigenen (und für die jeweilige Zeit) festen (und oft auch explizit kanonisierten) Ausdrucksformen und einem eigenen Diskurs darüber, was angemessen, innovativ, ausdrucksvoll und was Kunst ist. Kunst ist in einen Diskurs eingebettet und bedient sich bestimmter Praktiken und jedes neue Kunstwerk bezieht sich auf frühere Diskurseinträge und frühere Praktiken. Kunst fängt nie bei null an, sondern hat immer eine in sie eingelassene Geschichte. Manche Maler*innen reflektieren im Malen die Geschichte der Malerei, arbeiten bewusst mit Farben und Formen, lösen sie auf, verfremden sie, thematisieren sich selbst, spielen mit den Ausdrucksregeln und Praktiken, schaffen neue. Manche nutzen die Geometrie und setzen geometrische Muster bei der Bildgestaltung bewusst ein, andere verzichten darauf. Fra Angelica malte anders als Caravaggio, und dieser anders als Vermeer und Gericault. Monet hatte anderes im Sinn als Kandinski und Malewitsch anderes als Rothko.

Aber nicht jedes Bild ist auch Kunst. Auch bei Bildern gibt es Unterschiede. Neben dem Kunstwerk gibt es das Gebrauchsbild des/der Hobbymaler*in, die Malereien von Kindern und das gedankenlose Gekritzel auf einem Blatt Papier. Und wer wollte solche Bilder mit der Ikonographie oder der Ikonik deuten?

Manche Fotograf*innen reflektieren beim Fotografieren die Geschichte der Malerei, arbeiten bewusst mit Farben und Formen, lösen sie auf, verfremden sie, thematisieren sich selbst, spielen mit den Ausdrucksregeln und Praktiken, schaffen neue. Lewis Hine fotografierte anders als Man Ray, dieser anders als Brassai und Liselotte Strelow. Und Jürgen Teller und Nan Goldin haben anderes im Sinn als Helmut Newton und Bettina Rheims, Nina Lüth, Bert Heinzlmeier oder Barbara Müller.

Aber nicht jedes Foto ist auch Kunst. Auch bei Fotos gibt es Unterschiede. Neben dem Kunstwerk oder der Werbefotografie gibt es das Influencer-Foto zur Veröffentlichung auf einem Social Media-Kanal, das Gebrauchsbild des Hobbyfotografierenden, die Schnappschüsse in weinseliger Laune und das gedanken- und ziellose Geknipse mit der Digitalkamera. Und wer wolle behaupten, solche Fotos ließen sich gewinnbringend mit der Ikonographie oder der Ikonik deuten?

Gemälde und stehende Fotos unterscheiden sich kategorial – weshalb man nur mit großer Vorsicht Methoden der Gemäldeinterpretation auf die Interpretation von *stills* übertragen sollte. Noch sehr viel vorsichtiger sollte man sein, wenn man diese Methoden auf die Analyse von alltäglichen Amateuraufnahmen für den Hausgebrauch anwendet, auf zufällige Schnappschüsse oder aber auf Fotos, die Migrantenkinder mit Einwegkameras gemacht haben, die man ihnen zu Forschungszwecken in die Hand gedrückt hat (vgl. Marotzki & Niesyto, 2006, S. 193). Hier geraten ikonographische Interpretationen an den Rand der Plausibilität, während die Deutung der planimetrischen Komposition im Rahmen der Ikonik ihre Nützlichkeit noch unter Beweis zu stellen hat[3].

2.3 Videos sind keine Filme und sind auch nicht so zu behandeln

Von den stehenden Bildern unterscheiden sich noch einmal die *laufenden* Bilder kategorial. Erst einmal muss man bei den laufenden Bildern zwischen *Filmen* und *Videoproduktionen* unterscheiden. Filme werden hier verstanden als eine besondere Kunstform, die mithilfe von Bewegtbildern, verschiedenen Kameratechniken und Tönen operiert. Filme folgen in der Regel einem dezidierten und im Detail geplanten Drehbuch (Mamet, 2009), Videoproduktionen dagegen stützen sich meist lediglich auf grobe Ablaufpläne oder großschrittig entworfene Storyboards[4]. Aber auch innerhalb von Filmen und Videos gilt es, Verschiedenes auseinander zu halten. Denn auch hier gibt es Filme und Videos von Professionellen, die ihre Kunst gelernt haben und sich mit ihrer Arbeit auf ‚ihren' Diskurs beziehen, die Geschichte des Films reflektieren, bewusst mit Farben und Formen spielen, Regeln auflösen, verfremden, sich selbst thematisieren, mit den Ausdrucksregeln jonglieren, neue schaffen. Und natürlich gibt es auch hier die Halbprofessionellen und die Amateur*innen und auch solche, die ohne Sinn und Verstand auf den Aufnahmeknopf drücken und hin- und herzoomen. Aber auch hier macht es weder Sinn, die Bewegung der Bilder in *stills* aufzulösen,

---

[3] Wie ‚dünn' die Ergebnisse solcher Bildinterpretationen geraten, kann man gut in dem Band von Marotzki & Niesyto 2006 sehen.

[4] Ein Beispiel könnte hier ein YouTube-Video über das Thema ‚Heimwerken' sein, in dem erklärt wird, wie in einer Küche eine Arbeitsplatte montiert wird oder sogenannte ‚Meme-Videos', die bekannte gesellschaftliche Phänomene in einen neuen Kontext setzen, um zu irritieren: „Ein Internet-Meme ist die humoristische/sarkastische Reaktion der Internetgemeinde auf ein (mediales) Ereignis" (Marx & Weidacher, 2014, S. 134; hierzu z. B. auch Johann & Bülow, 2018 oder Shifman, 2014).

noch macht es viel Sinn, diese stehenden Bilder ikonographisch oder ikonologisch zu interpretieren. Videos mögen manchmal auch Kunst sein. Dennoch wäre es ein Kurzschluss, sie auch mit den Methoden der Deutung von Malkunst deuten zu wollen. Und: Bild- und Videointerpretation unterscheiden sich kategorial, nicht graduell. Von der Bild- zur Videointerpretation ist es kein kleiner Schritt, sondern ein sehr großer (vgl. auch Hietzge, 2009). Videointerpretationen bestehen nicht aus der Summe von Einzelbildinterpretationen, sondern sie müssen das Eigene der Bewegtbilddarstellung erfassen können. Eine hermeneutische Film- und Videoanalyse muss also nach anderen, angemesseneren Deutungswegen suchen. Dabei muss sie die Produktionsbedingungen von Filmen und Videos in den Blick nehmen und berücksichtigen, weil nur so der dadurch geschaffene Möglichkeitsraum von Filmen und Videos erfasst werden kann. Gemälde unterscheiden sich von Videos auch dadurch, dass z. B. der/die Maler*in ganz andere Gestaltungsmöglichkeiten hat und hatte – als ein/eine *freelancer*in*, der/die unter Zeitdruck ein Video, z. B. auf dem Markt der Fernsehsender anbietet. Und da sich die Erstellung von Videos immer an einem/einer impliziten Zuschauer*in (nach dem Vorbild des/der impliziten Leser*in von Umberto Eco) orientieren, sind bei der Analyse die Bedingungen alltäglicher Aneignung zu reflektieren – weil nur über sie der/die implizite Zuschauer*in und seine Besonderheiten für die Analyse fruchtbar gemacht werden können.

Allerdings gilt es auch bei Filmen und Videos zu unterscheiden: Kino- und Fernsehfilme haben andere Produktionsbedingungen und auch deshalb teilweise eigene und eigenständige Bildsprachen (und andere Vorstellungen von den impliziten Zuschauer*innen) entwickelt. Dennoch überwiegen hier die Gemeinsamkeiten, weshalb das methodische Vorgehen ähnlich angelegt sein kann. Videoaufnahmen, egal ob sie von Professionellen oder Gelegenheitsfilmenden erstellt wurden, unterscheiden sich dagegen deutlich von den Filmproduktionen, denen immer ein explizites und vorab entwickeltes Drehbuch zugrunde liegt. Videoproduktionen verfügen dagegen eher selten über ein Drehbuch und einen Einstellungsplan, was zur Folge hat, dass sehr viel mehr über Schnitt und Montage eine Erzähllinie gebastelt wird. Gelegenheitsfilmende verzichten sogar völlig darauf, ihre Aufnahmen nachzubearbeiten und ihnen eine eigene Erzähllinie zu geben.

Weil es kein geschriebenes Drehbuch gibt, setzt der/die Autor*in des Videos keine vorab entworfene Narration in Bilder um, sondern hält das Sichtbare und Hörbare von der ‚vorfilmischen Wirklichkeit' scheinbar nur fest – weshalb ja Videoproduktionen oft (zu Unrecht) für dokumentierende Realitätsaufzeichnungen gehalten werden *(Reality-TV)*. Als Ausweis dieser Sonderstellung des

2.3 Videos sind keine Filme und sind auch nicht so zu behandeln

Videos verletzt es z. B. oft ausdrücklich das seit der Gebrüder Lumière grundlegende Prinzip allen Films, nämlich die Regel, dass die Akteur*innen vor der Kamera nicht in die Kamera blicken dürfen. Videos verletzen systematisch diese 180°-Regel: Die Beobachteten registrieren oft die anwesende und aufzeichnende Kamera, thematisieren sie, sprechen zu ihr, rechtfertigen ihr Handeln vor der Kamera. Eine andere grundlegende Praktik des Films ist der Verzicht auf *voice over*-Kommentare. Der Tonraum des Films ist der vor oder der neben der Kamera. Aus dem Raum neben der Kamera können zwar Töne eindringen – sie kommen aus dem *off*, aber dieser *off*-Ton entstammt noch der gleichen Zeit wie die Handlung vor der Kamera. Er begleitet die gezeigte Handlung. Dagegen ist die Kamera – oder besser: die Frau/der Mann hinter der Kamera – prinzipiell still[5]. *Voice over*-Kommentare werden später im Schnittraum hinzugefügt. Es ist die ‚Stimme des Herrn', die einordnet, bewertet. Sie gehört dem/der Schöpfer*in des Videos und der im Video gezeigten Welt. Deshalb sind *voice over*-Kommentare so etwas wie ‚Gottes Stimme' im Video.

Da sich das wirkliche Leben nicht in Geschichten ereignet und das Abfilmen des Lebens im Verhältnis 1:1 nur wenige Zuschauer*innen zum Anschauen motiviert, entwickelt die Videokamera, wenn sie für Fernsehproduktionen unterwegs ist, (meist *ex post*) eine Geschichte, die sie mittels Filmschnitt erzählt. Damit ist das Video ein typisches *blurred genre* (Geertz, 1983), das Elemente aus der Reportage und dem Film enthält, ohne dass man genau angeben kann, in welchem Verhältnis Film und Reportage in einem konkreten Video jeweils gemischt sind. Die Spannbreite solcher Videos erstreckt sich von der Fernsehsendung *Auf Streife* (echte Polizist*innen mit geänderten Namen, inszenierte und dramatisierte Fälle und Lai*innen, denen man zwar die Hauptlinien der Handlung vorgibt, jedoch keinen Text, auch *Scripted Reality* genannt) bis zu *Goodbye Deutschland: Die Auswanderer* (echte Auswandernde, reale Ereignisse, erzählender Schnitt) und der hier interessierenden *24-Sunde-Reportage*. Eine reine Dokumentation von Leben kann nur als Idealtyp entworfen werden, von dem sich tatsächlich realisierte Produktionen systematisch unterscheiden. Selbst die Kamera, die 24 h lang aus einer festen Position das Geschehen auf einer Kreuzung aufzeichnet, ist keine Dokumentation, sondern dem so gerichteten Kamerablick ist immer schon eine Annahme darüber eingeschrieben, die sagt, was sehenswert und was nicht sehenswert ist. Filmen ist also eine andere Geste als Videographieren und das muss bei der Deutung Berücksichtigung finden.

---

[5] All dies gibt es zweifellos auch beim Film. Doch dort wird es als Stilmittel eingesetzt, um den Film als Film zu thematisieren.

Das Bestehen auf die In-Rechnung-Stellung der Produktions- und Herstellungsbedingungen von Videos soll nicht heimlich die Absicht der Autoren*innen wieder ins Spiel bringen. Es geht gerade nicht um die Rettung der Autorintention. Es geht darum zu zeigen, dass durch Produktions- und Herstellungsbedingungen eigene Möglichkeitsräume geschaffen werden, die auch inhaltliche Rahmen kreieren. Sie schaffen ein eigenes Genre und dieses Genre dient dann Macher*innen wie Nutzer*innen als Deutungsrahmen. Diese Rahmen, wie im vorhergehenden Kapitel dieses Buches bereits erläutert, eröffnen und begrenzen kommunikatives Handeln, und sie weisen dem Handeln meist auch ein gewisses Gewicht zu (z. B. Witz, Prüfung, Gebet, Entschuldigung). Die Rahmen legen nahe, was jeweils kommuniziert werden darf und was nicht und welche Folgen es hat. Diese Rahmen sind gesellschaftlich erarbeitet und verbürgt – sie sind Institutionen. Rahmen können in bestimmten Situationen interaktiv ausgefüllt, moduliert oder auch verändert werden. Rahmen bilden das Fundament, auf dem Kommunikation möglich wird.

2.4 Abschied vom ikonischen Pfad

Vielleicht sagt ein Bild mehr als 1000 Worte – auch wenn das Bild nie wirklich spricht, sondern aktiv zum Sprechen gebracht werden muss. Und vielleicht stellen sich die Wahrnehmung des Visuellen und auch dessen Erkennen (auf) einen Schlag her und nicht sequentiell, Schritt für Schritt. Wenn überhaupt, gilt dies aber nur für einfache und wenig komplexe Bilder, also für die, die sich in der Tat mit einem Blick erfassen lassen (wie es z. B. im Idealfall für ein Logo gilt). Auf keinen Fall gilt dies für komplexe Bilder, Infografiken oder Fotos. Sie sind zu komplex, um sie mit einem Blick zu erfassen. Man muss sie mit dem Blick abtasten. Auch wenn man manchmal geneigt sein sollte, bestimmte Bilder, wie z. B. die Infografik (wie die Schrift) von links nach rechts und von oben nach unten zu lesen, wissen wir doch, dass dies meist nicht sehr hilfreich ist. Stattdessen schweift der Blick umher, nimmt zuerst etwas (für den Blick gerade) wichtig Erscheinendes in den Fokus, gleitet dann zu einem anderen Punkt, verharrt vielleicht an einem weiteren, schaut weiter oder bricht seine Betrachtung einfach ab oder beginnt von Neuem. Bilder werden also keinesfalls auf einmal, auf einen Blick erfasst, sondern stets in einem zeitlichen Nacheinander, sequentiell. Sie müssen nach und nach, sukzessiv ‚entschlüsselt' werden und dieser Entschlüsselungsweg bildet einen Pfad. Allerdings ist dieser Pfad der Umcodierung nicht als ‚ikonischer Pfad' verbindlich von dem/der Autor*in (Maler*in, Fotograf*in, Grafiker*in, Filmenden) für den/die Betrachter*in vorgegeben, sondern der Pfad

2.4 Abschied vom ikonischen Pfad

ist im Wesentlichen von dem/der Betrachter*in abhängig und ist nicht wie die Schrift in exakt untereinander angeordneten Reihen aufgebaut. Auch wenn bei der Bildaneignung vieles simultan wahrgenommen wird, stellt sich nicht alles auf einen Schlag ein, sondern baut sich auf. All das ist empirisch für die Analyse von Werbebildern mithilfe diverser *eyetracking*-Verfahren hinreichend gut belegt.

Dass es Blick-Pfade durch Bilder gibt, ist in der Literatur weitgehend unstrittig. Strittig ist dagegen, ob es nur einen, von dem/der Autor*in angelegten Pfad gibt, dem auch der/die Interpret*in zu folgen hat. Der Begriff des ‚ikonischen Pfades' wird dabei überwiegend innerhalb der objektiven Hermeneutik verwendet, um zumindest eine grundlegende Sequentialität des Bildes zu postulieren und damit die Möglichkeit der Sequenzanalyse. Der/die Autor*in bzw. der/die Maler*in wird dabei verstanden als derjenige/diejenige, der/die durch seine Komposition einen Pfad oder mehrere Wege in seinem/ihrem Werk vorgibt, die „den Blick wie ein ikonischer Pfad durch das Bild" (Loer, 1992, S. 349, auch Ackermann, 1994, S. 203) führen. Und: „Sequentialität der sinnstrukturierten Welt ist also im simultanen, ikonischen Text nicht aufgehoben, sondern tritt nur in anderer Gestalt auf: räumlich" (Loer, 1996, S. 51). Und daraus folgt, dass die Auslegung den Pfaden folgen muss, „die im Bild selbst durch Komposition und Anordnung seiner Darstellungselemente sinngemäß gelegt sind, und sie muss dabei auch die Sequentialität berücksichtigen, mit der diese Elemente im Herstellen aufeinanderfolgten, weil diese Sequentialität in der synchronen Darbietung eine Darstellungsdifferenz hinterlässt" (Oevermann, 2000b, S. 107 f.).

Verständlich ist das Beharren auf der inneren Sequentialität eines Bildes, gewährleistet doch (gemäß dem Konzept der objektiven Hermeneutik) nur das ‚Anschmiegen an die Sequenzstruktur der Sache', dass diese dadurch ‚selbst zum Sprechen gebracht' werden kann und somit die Gültigkeit der Bedeutungsrekonstruktion gesichert ist. Gibt man das Prinzip der Sequentialität auf, dann muss man (nicht nur der/die objektive Hermeneut*in) auf die Sequenzanalyse verzichten, also auf das Instrument der Deutungsarbeit, das als besonders wertvoll gilt.

Demgegenüber ist zu erwarten, dass jeder/jede Betrachter*in mit seiner/ihrer eigenen Landkarte durch das betrachtete Bild geht. Möglicherweise hat der/die Autor*in des Bildes bestimmte ikonische Pfade mehr oder weniger deutlich vorgezeichnet, doch ob der/die Betrachter*in diese sieht und ihnen folgt, das ist seine/ihre Sache: er/sie kann jederzeit die Wanderung auf den ikonischen Pfaden (wenn es sie nun geben sollte) abbrechen und neue Wege gehen. Kurz: er/sie macht sich immer und auf jeden Fall sein eigenes Bild.

Dieser Prozess des Pfad-Schaffens ist in der Regel nicht von einem, seine Blickbewegung planenden Ich bewusst gesteuert, sondern er/sie vollzieht sich als Ausdruck einer auch sozial erworbenen Fähigkeit und Praxis, sich Grafiken anzueignen, einer Sehkultur. Sehen ist dabei Bestandteil einer kulturellen Praxis, die sich fraglos versteht. Der erfassende Akt wird als nicht von mir gesteuert erfahren. Gewiss kann ich mich später diesem Akt als Ausdruck meines Ichs und meiner Kultur reflexiv zuwenden. Das ist dann eine Reflexionserfahrung. Dieser Akt der Erfassung ist nun als erfassender Akt erneut nicht vom Ich gesteuert. Die bewusste Wahrnehmung des nicht-bewussten Ausgangspunkts der Wahrnehmung macht letzteren zwar sichtbar, lässt aber den Ausgangspunkt der reflexiven Zuwendung im Dunkeln.

Kurz: Bei der Analyse von *stills* macht es wenig Sinn, nach einem verbindlichen Pfad zu suchen. Alle Versuche, im Bild eine verbindliche Sequenz zu entdecken, müssen als gescheitert angesehen werden – was auch bedeutet, dass es wenig Sinn macht, bei der Analyse von Einzelbildern mit der Sequenzanalyse zu arbeiten.

2.5 Zur Protokollierung von Bildern und Filmen

Die Frage nach dem ikonischen Pfad ist nur eine Unterkategorie der allgemeinen Frage nach der angemessenen Protokollierbarkeit von Bildern und Filmen. Im Kern muss nämlich geklärt werden, ob und wie man Inhalte bestimmter Speichermedien (Bewusstsein, Bild, Film, Sprechen, Text) verlustfrei (also identisch) in strukturell andere Speichermedien transformieren kann – in diesem Fall, ob man die in Bildern jeder Art (Gemälde, Fotos, Grafiken, Filme, technische Bilder) kodierten Inhalte *verlustfrei,* also identisch, in textkodierte Inhalte transformieren kann. Die verlustfreie Übertragung ist deshalb so wichtig, weil die Protokollierung das Datenmaterial der Analyse darstellt. Und fehlt den Daten etwas Wichtiges, dann fehlt es auch in der Analyse.

Die Frage nach der angemessenen Protokollierbarkeit von audio-visuellen Darstellungen, der im Übrigen eine implizite Bild- und Wirkungs- bzw. Aneignungstheorie zugrunde liegt, sind unseres Erachtens einerseits trivial, andererseits so schon falsch gestellt. Trivial ist sie, weil keine Abbildung mit dem Original identisch sein kann (Karte – Territorium), schon gar nicht, wenn die Abbildung mithilfe eines anderen Mediums erfolgt. Die Materialität des Mediums schreibt sich immer und unlöschbar in die Inhalte ein.

Falsch gestellt ist die Frage, wenn damit adressiert werden soll, eine Bild- oder Filmdeskription sei nur dann gelungen, wenn der individuelle Eindruck des Bildausdrucks bei dem/der Betrachter*in (Simultanität, Vorsprachlichkeit) richtig wiedergegeben werde. Eine solche Forderung ist einerseits Ausdruck einer

2.5 Zur Protokollierung von Bildern und Filmen

spezifischen Wirkungs- bzw. Aneignungstheorie, andererseits einer Forschungsfrage verpflichtet, die außerhalb der klassischen soziologischen Forschung liegt. Dies verweist darauf, dass die Frage nicht grundsätzlich beantwortet werden kann, sondern immer nur innerhalb eines bestimmten Forschungskontextes, also unter Berücksichtigung der Frage und des Erkenntnisinteresses und damit fallweise. Hier kann man viel von der in den 1960er und 1970er Jahren geführten Debatte darüber lernen, ob und wann die Texttranskription von sprachlicher Interaktion angemessen ist und wann nicht (die Welt ist mehr als Text).

Aus Sicht einer handlungstheoretisch und wissenssoziologisch orientierten qualitativen Sozialforschung ist die Frage nach der angemessenen Protokollierbarkeit falsch gestellt, weil sie impliziert, es ginge der Sozialforschung im Wesentlichen darum, die auf dem Bild befindlichen, geordneten und miteinander verbundenen Flächen, Punkte, Formen, Farben verlustfrei in einen grammatisch, semantisch und pragmatisch korrekten Text zu verwandeln. Natürlich kann das nicht gelingen, und selbst wenn es gelänge, hätte man doch nichts, was für die qualitative Sozialforschung von Bedeutung wäre. Gleiches würde passieren, wenn man versuchen würde, die Töne eines Musikstücks möglichst verlustfrei in Text zu transformieren. Solange man bei dem Transformationsversuch bei den Einheiten bleibt, die Ausdruck der Materialität des Mediums sind (also den Medieneinheiten), kommt man nicht sehr weit – das ist schon weiter oben gesagt worden. Bilder, ebenso wie die mentalen Bilder, die entstehen, wenn wir Bilder betrachten, sind mit Sprache und Sprechen nicht wirklich greifbar.

Wer das Wort ‚rot' mit dem Medium ‚Bild' darstellen will, hat ein ernstes Problem, weil die Transformation des Wortes nicht darin bestehen kann, das Wort auf die Leinwand zu malen oder es abzufotografieren. Denn dann wäre es immer noch Schrift und nicht Bild. Wer die semantische Bedeutung des Wortes ‚rot' darstellen will, der hat das Problem nicht. Der malt einen roten Fleck und muss jetzt nur noch ikonographisch klarmachen, dass er die Farbe meint und nicht den Fleck.

Löst man sich also bei dem Problem der Erzeugung einer Repräsentation von den Medieneinheiten und fragt nach der Möglichkeit, die Bedeutung der Medieneinheiten mithilfe eines anderen Mediums zu repräsentieren, dann wandelt sich die Frage von der Formulierung, ob man etwas verlustfrei (also identisch) in ein anderes Medium transformieren kann, in die Frage, ob man die mithilfe eines Bildmediums *von einem menschlichen Akteur* zum Ausdruck gebrachte Bedeutung auch mithilfe eines anderen Mediums hinreichend genau, und insbesondere erkennbar zum Ausdruck bringen kann. Mit *erkennbar* ist nun nicht gemeint, dass die im bildlichen, in ihrer materialen Konkretheit vollzogene Ausdruckshandlung in ihrer Einzigartigkeit erkennbar werden soll, sondern die in der Ausdruckhandlung sozial typisierte Handlung – und die hätte man so gewonnen. Ohne Zweifel sind ein Bild und ein Video anderes als die jeweilige sprachliche Beschreibung, aber die entscheidende Frage ist, ob es gerechtfertigt ist, zu sagen, dass ein Mann an seiner Pfeife zieht, wenn das Video Bilder eines Mannes zeigt, der gerade an seiner Pfeife zieht. Und natürlich ist das gerechtfertigt. Denn alles, was Bedeutung hat, kann auch (mit Sprechen oder Schreiben) ausgedrückt werden. Denn die Leitwährung von Bedeutung ist das Sprechen (und nicht die Sprache). Auch wenn Bilder ohne Zweifel eigen sind, lassen sich die Eigenheiten (und das sehen wir anders als Mitchell, 2008, S. 67) von Bildern in sprachliche Bedeutung ‚ummünzen'.

2.6 Den Handlungs- und Kommunikationscharakter von Bildern betonen und (re-) konstruieren

Akteur*innen greifen bei der Gestaltung ihres Handelns und ihrer Kommunikation unentwegt und notwendigerweise auf Handlungstypen, Kommunikationsgattungen, Formateund Rahmen etc. zurück, um sich zu orientieren und andere eine Orientierung zu bieten – wo man ist, wie man etwas meint und wie man etwas versteht. Diese Nutzung gesellschaftlicher Typisierungen von Situationen hilft dabei, Handlungen anderer und auch die eigenen zu identifizieren oder sie anderen verständlich zu machen – und sich selbst, aber auch den sozialen Ort des anderen zu finden. Dieser gesellschaftliche Bestand an Situations- und Handlungstypisierungen ist Ergebnis der Geschichte einer Interaktionsgemeinschaft – oder besser: er besteht aus, im Laufe der Geschichte sedimentierten, abgelagerten, Handlungsmustern und -abfolgen, die sich in dieser Gemeinschaft bis zu diesem Zeitpunkt als ‚erfolgreich' *(the fittest)* bewährt haben.

Diese Handlungstypen organisieren einerseits die Erfahrung mit dem Anderen und der Welt und natürlich auch mit Kommunikation (vgl. Goffman, 1977, S. 19). Sie finden andererseits aber auch Anwendung bei jeder Art symbolischer wie nichtsymbolischer Interaktion. Dabei wirken sie nicht handlungsnormierend (erst recht nicht handlungsdeterminierend) über eine ihnen eigene strukturelle Kraft, sondern sie geben bewährte Interpretations- und Handlungsmuster vor, an die man sich (wenn auch mit für den/die einzelnen Akteur*innen typischen Abschattierungen) anschließt, will man in der jeweiligen Interaktionsgemeinschaft verstanden werden und verstanden bleiben.

Handlungstypen müssen also, gerade wegen ihrer Veränderbarkeit im Laufe jeder Interaktion, immer wieder neu bekräftigt und ratifiziert werden. In welchem

Typus man sich gerade befindet, darüber gibt die Geschichte der Interaktion, also der Kontext, Auskunft. Wenn man nicht weiß, in welchem typischen Kontext man sich befindet, kann man über die Bedeutung von Interaktionszügen nichts sagen. Handeln ist immer auch symbolisch. Um zu ‚handeln' muss man an der gesellschaftlichen Praxis teilhaben. Um Handeln zu erkennen und zu verstehen, muss man ebenfalls an der jeweiligen gesellschaftlichen Praxis teilhaben. Die Bedeutung der *Bewegung* ergibt sich dabei nicht aus der Semantik von Elementen, sondern immer nur aus der Praxis der Verwendung. Das ‚Sich-Bewegen' in typisierter Form ist die Aufführung einer bestimmten gesellschaftlichen Handlung in einem bestimmten gesellschaftlichen Drama. Die Aufführung kann bewusst sein oder auch nicht. Aber zweifellos hat Handeln Bedeutung und beeinflusst das kommunikative Geschehen maßgeblich mit.

Gewichtige Teile des Handelns resultieren aus der gesellschaftlichen Semiotisierung des Körpers, aus den Typisierungen von Körperbewegungen, aus dem inkorporierten Habitus, aus der Interaktionsdynamik, aus dem Machtverhältnis der Handelnden zueinander. Oder wie es Belting formuliert: Unsere „Körper sind gleichsam lebende Medien, weil sie Bilder empfangen und zugleich sich selbst als Bilder aufführen" (Belting, 2008, S. 8). Entscheidende Teile des Handelns sind weder dem unbewussten Verhalten noch dem bewussten Handeln zuzuordnen, sondern sind dem *Tun* zuzurechnen, also dem Bereich, welcher der Reflexion zwar prinzipiell zugänglich ist, doch im Alltag meist mit Recht unthematisiert bleibt, bleiben muss. Kommunikatives Tun adressiert hier zum einen das früher einmal bewusste kommunikative Handeln, das erst routiniert wurde und sich im Laufe der Lebensgeschichte dann sedimentierte und ‚unbewusst' aufgerufen werden kann. Zum anderen adressiert es aber auch – und das ist der wesentliche Punkt – die über die Teilnahme am interaktiven, wie kommunikativen Wechselspiel in den Körper eingeschriebenen gesellschaftlichen Praktiken der Bedeutungsproduktion.

Eine Interpretation von sozialen Handlungen zielt darauf ab, diese gesellschaftliche Bedeutung von Handlungen zu finden und zu rekonstruieren. Deshalb versteht sich diese Hermeneutik auch immer als eine *Hermeneutik des Sozialen*. Der Ausdruck ‚sozial' ergibt sich daraus, dass es allein um die Bedeutung geht, welche durch eine Handlung innerhalb einer bestimmten Interaktionsgemeinschaft erzeugt wird, betrachtet man sie aus der Perspektive des ‚generalisierten Anderen' der jeweiligen Interaktionsgemeinschaft (also nicht aus der Perspektive des konkreten Akteurs) (vgl. Mead, 1983). Ein solcher Bedeutungsbegriff löst sich völlig von der Akteursintention, also dem vom Akteur subjektiv Gemeinten. Dieses, nämlich das subjektiv ‚wirklich' Gemeinte, ist unwiederbringlich verloren.

In der sozialwissenschaftlichen Bildanalyse ist der Handlungscharakter des bildlichen Ausdrucks bislang zu wenig beachtet worden. Viele Kunstlehren greifen bei der Analyse von Bildern die Traditionen der kunstwissenschaftlichen Deutung auf – selbst dann, wenn das zu analysierende Bild explizit nicht das Ergebnis eines künstlerischen Schaffensprozesses ist. So wertvoll solche Ansätze (je nach Fragestellung) sein können, konzentrieren sie sich doch zu stark auf das Bild selbst, die formale Komposition oder gar die künstlerische Absicht des/der Bildproduzent*in. Der Bildausdruck als kommunikative Handlung gerät dabei eher selten in den Blick.

Sozialwissenschaftliche Ansätze der Bildinterpretation sollten dagegen, insbesondere, wenn sie in praktischen Kontexten produziert wurden und praktischen Zwecken dienen, den Handlungs- und Kommunikationscharakter von bildlichen Ausdruckshandlungen in den Blick nehmen. Wer sich bildlich ausdrückt, der kommuniziert, und weil er kommuniziert, handelt er. Allerdings taucht bei bildlichen Ausdruckshandlungen die ‚(Kommunikations-)Handlung' auf zwei Ebenen auf: Auf der Ebene der Darstellung und der Ebene des Darstellens. Eine bildliche Ausdruckshandlung besteht nämlich in der Regel (also nicht immer) aus einer auf dem Bild dargestellten sozial typisierten und damit erkenn- und beschreibbaren Handlung (z. B. Maria hält ihren toten Sohn im Arm) und aus einer durch das Bild sichtbar gewordenen Form einer sozial typisierten und damit erkenn- und beschreibbaren Handlung der Bildgestaltung (bestimmte Interpretation des Pietà-Motivs).

Da es immer um sozial typisierte Handlungen geht und deren sozial typisierte Bedeutung (also immer nur um *types* und nicht um *tokens*), stellt sich die Frage nach der Transformierbarkeit von Bedeutung neu und anders. Dann ist aber die Fassung der Bedeutung eines bildlichen Ausdrucks im Textausdruck kein grundsätzliches, sondern ein eher handlungspraktisches Problem. Stellt man also um, von dem, was auf dem Bild gezeigt wird, hin zu dem, was durch den bildlichen Ausdruck an Handlung gezeigt und gesetzt wird, dann ist eine Transformation vom Bild in Text möglich, da Text wie Bild Ausdrucksmedien für sozial Typisiertes sind. Das daraus resultierende zentrale Problem besteht dann in der Bilddeutung und nicht in der angemessenen Vertextung. Allerdings kann ein Vertextungsversuch – oder noch besser: eine systematische Vertextungspartitur – hilfreich dabei sein, die Bedeutung zu ermitteln.

Insofern ist die ‚Vertextung' von bildlichem Ausdruckshandeln einerseits Mittel, andererseits Ergebnis der sozialwissenschaftlichen Bildanalyse. Zu einer solchen ‚Vertextung' (die natürlich auch mit Symbolen arbeiten kann) gibt es bei der wissenschaftlichen Interpretation keine Alternative: Eine Berücksichtigung des ‚Vorsymbolischen', welche vorgeblich der Eigensinnigkeit des Bildes und den visuellen Kompetenzen Rechnung tragen soll (vgl. Bohnsack, 2009, S. 139; Keppler, 2006, S. 104), ist nicht nur ohne jeden Halt, sondern auch im wahrsten Sinne bedeutungslos. Ohne Zweifel gibt es jenseits des Symbolischen etwas, aber was genau soll das sein, und: Wie soll es bei der Interpretation Berücksichtigung finden? Was jenseits der Symbole ist, darüber müssen (um eine verwandte Formulierung Wittgensteins zu entleihen) die Sozialwissenschaftler*innen schweigen.

2.7 Vom Bildinhalt zum/zur Bildgestalter*in

Viele sozialwissenschaftliche Bild- oder Videoanalysen konzentrieren sich vor allem auf die Bildinhalte: Was ist auf dem Material zu sehen und was bedeutet das Gezeigte? Implizit wird dabei davon ausgegangen, dass die Interpret*innen selbst die Ereignisse sehen würden, die sie interpretieren, als seien sie selbst Zeug*innen der Ereignisse, als könnten sie die Ereignisse beobachten. Oft gerät bei einer solchen Deutungskunst aus den Augen, dass sie nicht sieht, sondern dass ihr stattdessen etwas von anderen gezeigt wird, mit bestimmten Absichten, nach bestimmten Mustern, mit bestimmten Mitteln.

Das wirft die Frage auf, wer ist eigentlich der/die handelnde und kommunizierende Akteur*in im Film/Video? Entgegen dem ersten Augenschein gibt es nicht nur den/die Handelnde*n, den/die die Kamera zeigt, sondern auch den/die Handelnde*n, der/die die Kamera in der Hand hält und die Kommandos gibt. Letzterer/letztere bestimmt durch seine/ihr Aufzeichnung, was vom Handeln vor der Kamera bleibt. Was letztlich also zählt, ist das Handeln der Kamera. Was man als Zuschauer*in später sieht, ist nur das, was die Kamera uns sehen lässt. Die Kamerahandlung ist also keine Zeigegeste in dem Sinne, dass sie sagen würde: „Schaut dort einmal hin!" und die Angesprochenen schauen in die angezeigte Richtung und machen sich alle ihr eigenes Bild. Die Kamera schafft vielmehr selbst ein Bild, das sie dem/der Betrachter*in vor die Augen hält. Die Geste der Kamera zeigt sich nicht, sondern sie schafft mit bestimmten Zeichen eine eigene Weltansicht, sie drückt sich in besonderer Weise aus, sie will etwas von dem/der Zuschauer*in und sie setzt sich immer in Relation zum/zur Zuschauer*in und sie spricht zum/zur Zuschauer*in – selbst dann, wenn sie keine Worte benutzt. Die Handlung der Kamera besteht also nicht im Zeigen, sondern im *Kommunizieren*. Deshalb muss die Analyse von Kamerahandlungen immer auch *Kommunikationsanalyse* sein.

Immer handeln und kommunizieren also (mindestens) zwei Parteien: die *vor* der Kamera und die *hinter* der Kamera (diejenigen, die aufnehmen, die das Aufgenommene bearbeiten und damit abschließend entscheiden, was sehenswert und was unwichtig ist). Allerdings gibt es genre-, medien- und kulturabhängig unterschiedliche Verhaltensweisen der beiden Akteure. Manchmal versucht sich die Kamera unsichtbar zu machen, z. B. mittels Standkamera, die immer nur ein Objekt in den Blick nimmt und ihren Standort nicht verändert. Oder aber sie folgt fast unmerklich den Bewegungen oder den Blicken der Handelnden vor der Kamera. Die Kamera scheint dann nur zu beobachten, das ‚Objektive' aufzuzeichnen. Ihre Bewegungen sind motiviert durch das ‚Subjekt' vor der Kamera.

Die Kamera kann aber auch ganz anders. Sie kann sich nach eigenen scheinbar *subjektiven* Relevanzkriterien bestimmten Dinge vor der Kamera zuwenden, sie genauer betrachten. Sie kann sich aber auch vom Geschehen abwenden und sich anderen Dingen widmen. Sie kann so tun, als besäße sie ein eigenes Leben *(living camera)*. Sie kann scheinbar *autonom* entscheiden, was sie als nächstes in den Blick nimmt. Sie kann auch Bewegungen vollziehen, die Menschen oder dem menschlichen Blick nicht möglich sind – sie kann also die Fesseln menschlicher Beweglichkeit und Körperlichkeit abstreifen. Sie kann hektisch und alarmiert auf sich selbst aufmerksam machen (Wackelkamera, Zoom, hektischer Schnitt, Farbwechsel etc.) oder sie kann sich dezent im Hintergrund halten. Es gibt nur eine Sache, was die Kamera nicht wirklich kann: Sie kann sich nicht unsichtbar machen, so sehr sie es auch versuchen mag.

Noch eines ist sehr wichtig: Die Kamera zeichnet nicht wirklich das Geschehen vor der Kamera auf, sondern sie schafft, sie konstruiert, sie komponiert einen eigenen, zwei- (mittlerweile auch drei-) dimensionalen Bild- und Tonraum, wobei der Tonraum größer, weiter sein kann als der Bildraum. Die Kamera erschafft ein bestimmtes Bildfeld (Kadrierung[6]), indem sie wortwörtlich einen Rahmen um das Bild macht. Dadurch werden in bestimmten Grenzen, den Bildrändern, bestimmte Personen und Gegenstände aus einer bestimmten Perspektive zueinander in eine bestimmte Position und eine bestimmte Beziehung gebracht oder in den *terms* von Goffman: Die Kadrierung zeigt, was die (Vorder-)Bühne ist, welches Ensemble dort in welchen Kulissen mit welchen Requisiten wie agiert und welches Stück gerade aufgeführt wird. Die Kadrierung legt damit aber auch fest, was außerhalb ist. Sie zeigt dabei nicht den ‚vorfilmischen' Raum, sondern komponiert einen filmischen Raum und ordnet dort alles so an, wie es für den/die Urheber*in

---

[6] „Kadrierung/Kadrage/Cadrage (von frz. *Cadre,* ‚Rahmen', ‚Einfassung'), die exakte Komposition eines von einem Kameraobjektiv aufgenommenen Bildes, einschließlich der Bestimmung der Bildgrenzen und der Position von Figuren und Gegenständen" (Steinmetz, 2006, S. 25). Damit wählt die Kadrierung aus, welche Elemente im Bild enthalten sind und welche nicht. Im Englischen wird ‚Kadrierung' mit ‚Framing' übersetzt.

2.7 Vom Bildinhalt zum/zur Bildgestalter*in

der Kadrierung Sinn macht. Die Kadrierung trennt das Sichtbare vom (Noch-)Nicht-Sichtbaren. Die Kadrierung schließt ab. Deshalb ist die Kadrierung auch Festlegung – dennoch immer beweglich (siehe auch Agotai, 2007, S. 47–95). Zeigt das *still* einen abgeschlossenen Raum, so bewegt sich die Kamera meist (nicht immer) in einem offenen Raum, den sie durchschreiten kann.

Ist die Kadrierung, also die Entscheidung, was alles von den zeigbaren Dingen in der Welt zu einem bestimmten Zeitpunkt gezeigt wird, die erste entscheidende Selektion bei der Komposition von Filmen und Videos, so ist die *Montage* die zweite. Die Montage setzt nun nicht nur Bildspur und Tonspur miteinander in Beziehung, sondern die Montage wählt vor allem aus, welche von den gezeigten Dingen in der Zeit weiter verfolgt werden. Die erste Wahl geht quer zu der Zeit (syntagmatisch), die zweite entlang der Zeit (paradigmatisch).

Filmanalyse kann und darf sich also nie auf die Bild- und Bildinhaltsanalyse bzw. auf die Analyse der vor der Kamera ablaufenden Aktionen beschränken, da die Kamerahandlung stets konstitutiver Bestandteil des Films ist. Sie hat sich durch eine Fülle nonverbaler Zeichen (aber auch verbaler Zeichen, Fragen eines Reporters aus dem *off* oder Kommentar mittels *voice over*) in den Film bzw. in dessen Kopie eingeschrieben, sie hat im Film einen bedeutsamen Abdruck hinterlassen. In jeder audio-visuellen Darstellung von Handlungen finden sich damit immer zwei Komplexe von Zeichen: Zum einen die Zeichen, welche auf die Regeln der abgebildeten Handlungen, zum anderen die, welche auf die Regeln der Handlung der Abbildung verweisen. Letzteren gilt es, vor allem bei der Analyse von Videos sehr viel mehr Aufmerksamkeit zu schenken.

Grundzüge einer hermeneutisch-wissenssoziologischen Videoanalyse 3

Da wir im Weiteren versuchen werden, ein Video mit dem Verfahren der hermeneutischen Wissenssoziologie zu interpretieren, soll das (eingesetzte und zu erprobende) Auswertungsverfahren hier kurz skizziert werden – wobei die allgemeine Kunstlehre der hermeneutischen Wissenssoziologie (Hitzler et al., 1999, 2019) im Hinblick auf die Besonderheit des Datenmaterials modifiziert werden muss.

3.1 Die gezeigte Handlung und die Handlung des Zeigens

Die hermeneutische Wissenssoziologie interpretiert, das ist eine zentrale Besonderheit dieses Ansatzes, ausschließlich Handlungen, also auch *Sprech-* und *Darstellungshandlungen*. Bei der Analyse von Bildern, Fotos, Filmen und Grafiken ergibt sich allerdings die Frage, welches Handeln überhaupt Gegenstand der Untersuchung sein soll. Hier gilt ganz allgemein – und dies im Anschluss an Peters 1980 und Opl 1990 – zwischen der *gezeigten Handlung (also der im Bild gezeigten Handlung)* und der *Handlung des Zeigens (also der mit dem Bild*

Elektronisches Zusatzmaterial Die elektronische Version dieses Kapitels enthält Zusatzmaterial, das berechtigten Benutzern zur Verfügung steht. https://doi.org/10.1007/978-3-658-33599-1_3

© Der/die Autor(en), exklusiv lizenziert durch Springer Fachmedien Wiesbaden GmbH, ein Teil von Springer Nature 2021
J. Reichertz und C. J. Englert, *Einführung in die qualitative Videoanalyse*, Qualitative Sozialforschung,
https://doi.org/10.1007/978-3-658-33599-1_3

zeigenden) zu unterscheiden[1]. Diese Unterscheidung gilt sowohl für die stehenden wie für die laufenden Bilder[2]. Mit der *Handlung vor der Kamera,* wird das Geschehen bezeichnet, das mithilfe des Bildes aufgezeichnet und somit im Bildfeld gezeigt wird. Mit der *Kamerahandlung* wird der Akt der Aufzeichnung und Gestaltung bezeichnet, also der Akt des Zeigens durch die Gestaltung des Bildes (plus die Gestaltung des von dem Bild Aufgezeichneten). Die Kamerahandlung selbst muss wiederum unterteilt werden in die Arbeit der Kamera *vor* der Aufnahme (Präproduktion), *während* der Aufnahme (Produktion) und *nach* der Aufnahme (Postproduktion).

Zur Handlung der Kamera anhand der Bildgestaltung gehört bei Filmen und bei Videos vor allem a) die Wahl der Einstellung *(take),* b) die Auswahl und Gestaltung des Bildausschnitts *(Kadrierung),* c) die Art und das Tempo des Filmschnitts, d) die Art und Weise, wie Bild und Ton und wie einzelne Einstellungen miteinander verbunden werden *(Montage),* e) die Kommentierung des Abgebildeten durch Filter, eingeblendete Grafiken, Texte, Töne oder Musik, f) die Auswahl und Ausrüstung des Aufzeichnungsgeräts (Kamera) und g) die Gestaltung der Filmkopie (Format, Qualität). All dieses Agieren, also Einstellungen, Kadrierung, Schnitt und Montage greifen in der Regel auf kulturell erarbeitete Muster und Rahmen der Bild- oder Filmgestaltung (ikonografische Topoi, Filmästhetik, Filmsemiotik) zurück, weshalb das Agieren der Kamera sich immer auch auf

---

[1] Durchaus vergleichbar mit dieser grundsätzlichen Unterscheidung ist der Vorschlag Bohnsacks, bei der dokumentarischen Interpretation von Bildern zu unterscheiden zwischen dem, *was* dargestellt wird, und der Art und Weise, *wie* etwas dargestellt wird (vgl. Bohnsack, 2003a, S. 155–172, 2003b).

[2] Jost et al. bestätigen diese Unterscheidung, allerdings bezeichnen sie diese Analysekategorien als ‚Dargestelltes' und ‚Darstellendes' (Jost et al., 2013, S. 24). Wir nehmen im Folgenden eine leichte Modifizierung dieser Bezeichnungen zur Schärfung des Betrachtungsgegenstandes vor, um den bereits erläuterten ‚korporierten Akteur' in unsere Überlegungen zu den Analyseebenen einzubeziehen. Der korporierte Akteur hinter der Kamera handelt nicht ausschließlich absichtsvoll, sondern greift in seiner Arbeit ebenso auf routiniertes Tun (Reichertz 2009 zur Unterscheidung zwischen kommunikativem *Handeln* und kommunikativen *Tun)* zurück. Das können z. B. bewährte Schnittformen sein, weil in einer Sendung bereits immer eine Überblendung gesetzt wurde oder bestimmte Trends, wie eine schnelle Abfolge von unterschiedlichen Kadrierungen, die als erzählerisches Mittel genutzt werden. Der Einbezug des kommunikativen Handelns und Tuns schließt Videoformate aktiv in die Analyse ein, in denen nicht wie im Film nach einem festen Drehbuch geplant gehandelt wird (also nur geringe Arbeiten vor der Aufnahme), sondern in denen Menschen spontan unter Rückgriff auf bestimmte Routinen agieren. Dieses spontane Agieren erfolgt z. B. *in Reality TV*-Formaten oder auch im *Scripted Reality,* jedoch auch in der Postproduktion, wenn der Schnitt in einem Video auf eine bestimmte Art und Weise gesetzt wird, weil es gerade modern ist oder weil es in dieser Art Sendung ‚schon immer so geschehen ist'.

anderes, zeitlich früheres Handeln der Kamera bezieht (Inferenz statt Referenz – vgl. Brandom, 2000, 2001). Da die impliziten oder expliziten Entscheidungen über die wesentlichen Elemente der Bildgestaltung oft (bei kommerziellen Filmen immer) zeitlich der Handlung im Bild vorangehen bzw. diese dominieren, bildet die Bildgestaltungshandlung, also die Kamerahandlung, den für die (alltägliche und wissenschaftliche) Interpretation dominanten Rahmen, in den das Geschehen im Bild, und damit das Geschehen vor der Kamera, unauflöslich eingebunden ist.

Allerdings findet sich für die Bildgestaltungshandlung bei näherer Betrachtung oft kein personaler Akteur, da z. B. im Falle eines Filmes der/die Regisseur*in in der Regel nicht für alle Kamerahandlungen zuständig ist. Meist sind an der Kamerahandlung auch Kameraleute, Maskenbildner*innen, Tontechniker*innen, Kulissenschieber*innen, Ausleuchter*innen, Kabelträger*innen, Kreative, Text- und Songschreiber*innen, betriebseigene Medienforscher*innen und viele andere mehr beteiligt. Das (durch Professionsstandards angeleitete) Zusammenspiel all dieser Funktionen bringt schlussendlich das zustande, was als ‚Film', ‚Show' etc. gesendet wird oder als Bild, Grafik, Werbeanzeige oder Webseite veröffentlicht wird. Wird im Weiteren von dem Akteur der Bildgestaltung gesprochen, dann ist immer ein *‚korporierter Akteur'* (= Summe aller Handlungslogiken, die an der Bildgestaltung mitwirken) gemeint.

Stets kommentiert der ‚korporierte Akteur' durch die Handlung der Bildgestaltung das Geschehen vor der Kamera. Jede Auswahl von ihm kommentiert und interpretiert das Abgebildete. Auch der Versuch, mit der audio-visuellen Darstellung nur das wiederzugeben, was den abgebildeten Dingen (scheinbar von Natur aus) anhaftet, ist ein Kommentar, allerdings ein anderer als der, wenn die Kamera z. B. durch Schärfentiefe, Verzerrungen etc. auf sich selbst weist. Im ersten Fall versucht der ‚korporierte Akteur' sein Tun und die Bedeutung seiner Handlungslogik zu leugnen bzw. zu vertuschen, im zweiten Fall schiebt er sich zwischen Abgebildetes und Betrachter*in und bringt sich damit selbst ins Gespräch.

Aus diesem Grund geht es bei der Analyse audio-visuellen Materials um die Auffindung der sozialen Bedeutung des Agierens der Kamera *plus* der durch sie eingefangenen Handlungen vor der Kamera – und nicht allein um die Rekonstruktion der Bedeutung des gezeigten Geschehens.

3.2 Sequenzanalyse – Feinanalyse – Kalibrierung

Da es bei der Deutung von Videos, in dem hier entwickelten Sinne, um die Deutung von audio-visuell dokumentierten pfadabhängigen Handlungen geht, macht es auch wieder Sinn, systematisch die *Sequenzanalyse* einzusetzen. Denn im

Gegensatz zu dem *still* gibt es bei Videos einen Pfad – sogar mindestens zwei Pfade, nämlich den Pfad der Handlungen vor der Kamera und den Pfad der Handlung der Kamera selbst. Die Sequenzanalyse deutet beide Handlungsstränge *move* für *move*, zeichnet die Pfade nach, den die Handlungen vor der Kamera und das Handeln der Kamera selbst geschaffen haben.

Aber mit der Entscheidung, dass eine Sequenzanalyse möglich ist, sind noch nicht alle Entscheidungen gefallen. Es mag zwar die eine Sequenzanalyse geben, doch im Kern bedeutet der Begriff erst einmal nur, dass die Daten im Laufe ihres Entstehungsprozesses, also entlang des Entstehungspfades, interpretiert werden sollen und dass man keinesfalls Daten aus einem späteren Prozesszeitpunkt nutzen darf, um einen früheren Zustand zu erklären.

Jede Sequenzanalyse muss dann aber (ob implizit oder explizit, das ist ohne Belang) die interessierenden Analyseeinheiten mit der Fragestellung kalibrieren. Nicht jede Sequenzanalyse muss auch eine Feinanalyse sein, also die kleinsten sinntragenden Einheiten als Analyseeinheit wählen. Was die kleinste Einheit ist, das muss vorab immer erst bestimmt werden, indem man Fragestellung und Einheit aufeinander abstimmt, kalibriert. Denn nicht jede Sequenzanalyse setzt immer und notwendigerweise an dem scheinbar ersten Wort an und lässt alles Weitere außen vor. Geht es in der Frage um den grundsätzlichen Aufbau von Bedeutung oder gar um die Praktiken, wie Sozialität angezeigt und hergestellt wird, dann sind gewiss die kleinsten Kommunikations- und Interaktionseinheiten von Bedeutung für die Analyse. Geht es in der Frage jedoch um die soziale Bedeutung bestimmter Bedeutungseinheiten bzw. Handlungszüge in einer sozialen Interaktion, dann muss die Feinanalyse nicht so fein sein: Dann arbeitet die Sequenzanalyse mit größeren Einheiten. Bevor also bestimmt werden kann, wie fein die Sequenzanalyse eingestellt werden soll, muss eine Kalibrierung erfolgen. Ohne Kalibrierung gibt es keine Orientierung für den/die Interpret*in, auf welche Einheiten sich seine/ihre Interpretation stützen soll, und dann kann er/sie auch nicht mit der Arbeit beginnen.

Der Akt der Kalibrierung und dessen Notwendigkeit werden bei Sequenzanalysen gerne unterschlagen – manchmal explizit mit dem Hinweis, eine solche Abstimmung der Daten auf die Fragestellung sei das berühmte und grundsätzliche verbotene Einbeziehen des Kontextes in die Analyse und das führe doch zur Subsumtion. Letztere sei unbedingt zu vermeiden. Eine solche Erklärung verdammt jede Art von Vorkenntnis als Kontextwissen, ohne zum einen verschiedene Formen von Vorkenntnissen zu unterscheiden und zum anderen sich den wirklichen Deutungsprozess zu betrachten und zu analysieren. Verständlich ist eine solche Erklärung, geht doch damit das leise Versprechen einher, man könne auf diese Weise dem unbeliebten hermeneutischen Zirkel entgehen. Denn

3.2 Sequenzanalyse – Feinanalyse – Kalibrierung

das machte lange Zeit den Charme der Sequenzanalyse aus, dass sie scheinbar ohne Vorabtheorie über den Gegenstand auskam: Man nehme ohne Ansehen auf die Bedeutung immer die erste Einheit einer Datenmenge und verfolge dann den Entwicklungsprozess – so eine gängige Regel der Sequenzanalyse.

Zwar kann man explizit so das Vorgehen beschreiben, doch bei der Durchführung einer Sequenzanalyse müssen implizit oder explizit immer noch weitere Entscheidungen getroffen werden. Hier ist es hilfreich, mindestens zwischen vier Arten von ‚Kontextwissen' zu unterscheiden: 1) Dem *Wissen um die Welt*, in der man (Forscher*in und Gegenstand) lebt, also dem Wissen, dass Menschen sterblich sind, dass Fernseher Bewegtbilder übertragen, dass es bestimmte ikonische Topoi gibt und dass bestimmte kommunikative Handlungen bestimmte Bedeutungen haben. 2) Dem Wissen um den *äußeren Kontext*, also dem Wissen, wie z. B. eine bestimmte Fernsehsendung produziert wurde, wer das Geld dafür gestellt hat, wer was zu wem gesagt hat, wie der Schnitt wirklich zustande kam und etliches mehr. 3) Dem Wissen um den *inneren Kontext*, also dem Wissen, was sich in und durch die Analyse aufgebaut hat, wie z. B. das Wissen darum, was in der analysierten Einheit vorher A zu B gesagt hat etc. 4) Dem Wissen um eine *wissenschaftliche Erklärung* des untersuchten Phänomens, also dem Wissen, was bereits in der wissenschaftlichen Literatur vorzufinden ist und das vorgibt, das infrage stehende Phänomen bereits zu erklären.

Das Verdikt, kein Kontextwissen zuzulassen, weil es sonst zu grundsätzlich unproduktiven Subsumtionen kommt, bezieht sich allein auf das Wissen um den *äußeren Kontext* und mit Maßen auf das Wissen um die *wissenschaftlichen* Erklärungen. Wissen aus dem äußeren Kontext ist zu Recht nicht mit einzubeziehen, weil es den ad-hoc-Erklärungen der beteiligten Akteur*innen einen zu starken Platz einräumt und das Wissen um die bereits vorhandenen wissenschaftlichen Deutungen ist nur *einzuklammern,* keineswegs nicht zur Kenntnis zu nehmen. Wer, und das war weiter oben bereits begründet, dumm in die Analyse geht, kommt in der Regel auch dumm aus ihr heraus.

Unser Plädoyer für die Zurkenntnisnahme von Weltwissen – und dazu gehört auch das Wissen, welche Dinge für welche Zwecke bedeutsam sind – möchte explizit in Erinnerung rufen, dass jede hermeneutische Interpretation, also auch die Sequenzanalyse, den hermeneutischen Zirkel nicht wirklich aufbrechen kann. Auch für Sequenzanalysen braucht man Vorwissen, man muss das Ganze kennen, um dann angeben zu können, was in der Analyse der Fall sein soll. Das ist kein Unglück, weil hermeneutische Zirkel keine Kreise, sondern Spiralen sind, die sich auf ein Zentrum hin verdichten, also sich nicht leer immer nur um sich selbst drehen. Hermeneutik ist immer ein gerichteter Prozess und keine Kreisbewegung.

Die Sequenzanalyse wird nun von hermeneutisch arbeitenden Wissenssoziolog*innen deshalb besonders gerne angewendet, weil sie ein ausgesprochen unpraktisches Verfahren ist. Die strikte Durchführung einer Sequenzanalyse (also der extensiven hermeneutischen Auslegung von Daten in ihrer Sequentialität) kostet nicht nur immens viel Zeit, sondern sie zerstört im Prozess der systematischen und gesteigerten Sinnauslegung alle Selbstverständlichkeiten der eigenen Perspektivik, der eigenen Sprache und Sehgewohnheiten. Strikte Sequenzanalysen führen dazu, dass alle geltenden oder für uns gültigen Vorurteile, Urteile, Meinungen und Ansichten in der Regel schnell zusammenbrechen. Die Sequenzanalyse dient also gerade nicht dazu, sich an den Gegenstand anzuschmiegen, sondern die Sequenzanalyse ist vielmehr ein Verfahren zur Zerstörung der gesamten sozialen Vorurteile der Interpret*innen – auch wenn dies nicht immer gelingt. Ist die Perspektivik mittels Sequenzanalyse einmal zerstört, entwirft der/die Forscher*in Schritt für Schritt Aussagen zu dem untersuchten Gegenstandsbereich und prüft, ob sie sich sukzessiv zu einer Sinnfigur verdichten lassen.

Die Sequenzanalyse ist unpraktisch und verlässt damit den Bereich alltagsweltlicher Interpretation. Sie führt durch ihre Zerstörung der *Common-Sense*-Gewissheiten von Alltag und Wissenschaft den/die Interpret*in jedoch nicht in einen Raum von a-historischen, quasi universellen Bedeutungen, über den jeder im Prinzip verfügt – sie befreit den/die Interpret*in ebenso wenig von seiner Kultur. Sie macht den/die Interpret*in nur seiner Kultur fremd. Dennoch bleibt er/sie Teil seiner/ihrer Kultur. Nur hat der/die Interpret*in deren Selbstverständlichkeit für eine bestimmte Zeit ausgesetzt. Und der Blick wird frei für den ‚Sinn' der Selbstverständlichkeiten. Insofern überschreitet diese Art der Deutung systematisch den Inhalt des Alltäglichen, kann sich jedoch grundsätzlich nicht von den Deutungspraktiken des Alltags lösen.

Zu dem Unpraktischen der Sequenzanalyse gehört auch, dass sie sehr viel Zeit in Anspruch nimmt. Wie lange man schlussendlich für eine umfassende Analyse braucht, dafür gibt es kaum eine Grenze nach oben. Entscheidend für den notwendigen Aufwand sind immer die *Fragestellung,* die *Anzahl* der gezeigten Personen und manchmal auch die *Qualität* des Videomaterials. Erfordert die Fragestellung eine Analyse des Mikro- und Nanobereichs sozialer Interaktion, dann steigen die Bearbeitungszeiten algorithmisch. Gleiches gilt, wenn auf dem Videomaterial nicht zwei, drei oder vier Personen zu sehen sind, sondern hunderte oder gar tausende. Gleiches gilt, wenn die Aufnahmen unscharf oder verwackelt sind.

Pragmatisch kann man jedoch davon ausgehen, dass man für eine Stunde Videoanalyse etwa 30 Stunden Analyse benötigt. Die Analyse setzt sich aus zwei Teilen zusammen: der Transkription und der Interpretation in einer Gruppe. Die Transkription ist bereits ziemlich aufwendig. Je nach Feinkörnigkeit kann man durchschnittlich mit dem Faktor 20 rechnen. Für eine Minute wird man ca. 20 Minuten benötigen. Dann kommt später die Analyse des Videotranskripts hinzu und hier ist davon aus zugehen, dass man erneut mit dem Faktor 10 bis 20 rechnen kann – also alles in allem ziemlich viel Aufwand. Daraus folgt, dass man nie das gesamte Material ausgiebig analysieren kann, sondern dass man in einer ersten Phase feinanalytisch und damit zeitintensiv vorgeht und dann in einer zweiten Phase nur noch bestimmte Stellen genauer untersucht, nämlich solche, die dem Anschein nach Widersprüche bzw. Brüche enthalten. Das gesamte Material wird dann vor allem inhaltsanalytisch gesichtet und ausgewertet.

3.3 Das methodische Vorgehen

Methodisch verfolgt eine hermeneutische Wissenssoziologie einen *idealtypischen* mehrphasigen Weg, der im Folgenden beschrieben wird. In der konkreten Forschungspraxis fließen die einzelnen Phasen oft ineinander.[3] In der Anfangsphase wird das digital fixierte audio-visuelle Datenmaterial in etwa folgender Weise für die Analyse aufbereitet. Wenn technisch möglich, sollte der Videoausschnitt immer als Ganzes zur Verfügung stehen:

1. Einzelne Bilder des Videos werden offen kodiert, um zu ermitteln, welche Kategorien und Elemente das Notationssystem erfassen soll.
2. Es wird ein sekundengenaues Protokoll der verschiedenen Einstellungen *(takes)* erstellt.
3. Durch Sichtung der *takes* wird das Handeln der Kamera bzw. werden zusammenhängende Handlungszüge (moves) der Kamera ermittelt. Diese Handlungszüge bzw. Bedeutungseinheiten sind die zentralen Analyseeinheiten. Die ‚Feinheit' dieser Analyseeinheiten richtet sich nach der Fragestellung des Projekts.
4. Parallel dazu werden auf einer Partitur alle wesentlichen, also alle handlungsrelevanten Teile und Elemente der Kamerahandlung in beschreibender oder kodierter Form abgetragen.

---

[3] Im Folgenden wird ausschließlich die hermeneutische Interpretation des Videos näher beschrieben. Dieser kann sich nach abschließender Ausdeutung des Videos eine Kontexualisierung anschließen, z. B. wenn es sich um ein YouTube-Video handelt, das kommentiert worden ist, können im Anschluss an die Ausdeutung ebenfalls Kommentare neben dem Video einbezogen werden.

5. Auf einer Partitur werden parallel dazu alle wesentlichen, also alle handlungsrelevanten Teile und Elemente der Handlung vor der Kamera in beschreibender oder kodierter Form abgetragen.

Die so entwickelte Gesamtpartitur enthält damit (neben dem Bild in der obersten Linie) eine nach den bestimmten Relevanzkriterien sprachlich oder zeichenhaft kodierte und somit auch fixierte Version des beobachteten Videos. Sie ist ein formalisiertes Protokoll dieser Beobachtung. Die Relevanzkriterien variieren dabei mit der Forschungsfrage und sie können und sollten während der Forschungsarbeiten überprüft und gegebenenfalls weiterentwickelt werden. Neben dieser Partitur gehört auch das Video zu dem auszuwertenden Datenmaterial. Es ist immer der letzte Bezugspunkt der Deutung, der zu Rate gezogen wird, wenn eine Notation unklar ist. Grundlage der Deutung ist folglich nicht die erstellte Partitur, sondern es gibt immer zwei Daten: die Partitur *und* das Video.

Das von dem/der Betrachter*in erstellte Protokoll enthält nur zum Teil das Protokoll einer Bildbeobachtung, es dokumentiert auch den Akt des wissenschaftlichen Sehens, also die Handlung des Deutens und Sequenzierens. Der Deutungsakt gerinnt zu geregelten Wörtern und Sätzen, die in dieser Form für die Analyse und den Diskurs bereit sind und in dieser Form auch immer wieder für andere bereitstehen. Insofern muss die Deutung von audio-visuellen Daten – ganz im Sinne einer wissenssoziologischen Hermeneutik – immer auch die Deutung der Akte des Deutens beinhalten (siehe vor allem Soeffner, 2004).

Die hier vertretene hermeneutische Wissenssoziologie betrachtet die von dem/der Beobachter*in erstellte Filmpartitur als eine Art Feldprotokoll. Dieses kann entlang verschiedener Relevanzpunkte interpretiert werden (siehe auch Reichertz, 2000). Dazu gehört auch, dass während der Interpretation, wenn etwas unklar ist, immer wieder neu das Bild bzw. das Video unter einer bestimmten Aufgabenstellung ‚befragt' und neu verschriftlicht bzw. die Partitur ergänzt wird *(theoretical sampling)*. Die Erstellung einer Videopartitur ist nicht nur ein Akt der Ummünzung des Bildlichen ins Sprachliche und Symbolische, sondern immer zugleich ein Akt der Ausdeutung. Fixierung und Interpretation sind untrennbar miteinander verwoben. *Deshalb ist die Erstellung einer Partitur erst am Ende, wenn die Deutung am Ende ist.*

Demnach werden Beobachtungspartituren und das Video in einem gerichteten hermeneutischen (und auch selbstreflexiven) Deutungsprozess in mehreren Phasen so lange gedeutet und erneut kodiert, bis am Ende eine Deutungsfigur ermittelt wird, die alle Elemente der Beobachtung des Videos und der Partitur zu einem bedeutungsvollen Ganzen integriert.

Der Prozess der Datenauslegung folgt dabei nachstehender Logik: Die erstellte Partitur des zu untersuchenden Videos wird im ersten Schritt der Dateninterpretation ‚offen kodiert', will sagen: Das Dokument wird als Protokoll von Handlungen extensiv und genau analysiert. Entscheidend in dieser Phase ist, dass man noch keine (bereits bekannte) Bedeutungsfigur an die Partitur heranführt, sondern mithilfe der Partitur und des Videos möglichst viele, mit der Partitur und dem Video kompatible, Lesarten konstruiert. Diese Art der Interpretation nötigt den/die Interpret*in, sowohl die Daten als auch seine/ihre (theoretischen Vor-)Urteile immer wieder aufzubrechen, was ein gutes Klima für das Finden neuer Lesarten schafft.

In der Phase des offenen Kodierens sucht man nach größeren Sinneinheiten für das Handeln vor der Kamera und die Kamerahandlung, die natürlich immer schon theoretische Konzepte beinhalten bzw. mit diesen spielen und auf sie verweisen. Hat man solche gefunden, sucht man in der nächsten Phase der Interpretation nach höher aggregierten Sinneinheiten und Begrifflichkeiten, welche die einzelnen Teileinheiten verbinden. Außerdem lassen sich jetzt im Sinne eines *theoretical sampling* (Strauss, 1994) gute Gründe angeben, weshalb man welche Bilddaten neu bzw. genauer nacherheben sollte. Man erstellt also neue Beobachtungsprotokolle, wenn auch gezielter. So kontrolliert die Interpretation die Datenerhebung, aber zugleich, und das ist sehr viel bedeutsamer, wird die Interpretation durch die nacherhobenen Daten falsifiziert, modifiziert, erweitert oder bestätigt.

Am Ende ist man angekommen, wenn ein hochaggregiertes Konzept, eine Sinnfigur, gefunden bzw. mithilfe des Protokolls und des Videos konstruiert wurde, welches alle Elemente zu einem sinnmachenden Ganzen integriert und im Rahmen einer bestimmten Interaktionsgemeinschaft verständlich macht. Die Validität der auf diese Weise gewonnenen Ergebnisse resultiert zum einen aus der Nachvollziehbarkeit der Dateninterpretation und zum anderen aus der methodisch kontrollierten Verbindung von Fragestellung, Fall, Datenerhebung und Datenauswertung.

3.4 Wie sollte eine gute Videopartitur aussehen?

In den letzten Jahren gab es eine Reihe von Publikationen, in denen die Möglichkeiten der angemessenen Videotranskription und Videoanalyse erörtert und auch verschiedene (vor allem computergestützte) Systeme vorgestellt wurden (so z. B. Joost, 2008; Korte, Faulstich, 1991; Bohnsack, 2009, sehr hilfreich: Moritz, 2010).

Aktuelle *Programme* für die *Notation* und *Analyse* von Videos sind unter anderen (siehe hierzu auch Moritz, 2011, 2014a, b): *Atlas*.ti von Thomas Muhr,

Videograph von Beate Nienaber und Sylvia Pauleikhoff, *AKIRA* von Rolf Klöpfer, *MaxQDA* von Verbi Software, die *Feldpartitur* von Christine Moritz, *ELAN* vom Max Planck Institute for Psycholinguistics der Universität Nijmegen, *Videana* von Dr. Ralph Ewert, *Observer* von der Noldus Information Technology (USA/NL), *CEVA* von Andy Cockburn und *Interact* von der Mangold International GmbH.

Die Mehrzahl dieser Programme ist bereits sehr ausgefeilt. Dennoch ist die Lage weiterhin recht unübersichtlich und einheitliche Standards sind noch in weiter Ferne. Dies ist gewiss auch so, weil die jeweiligen Notationssysteme aus einer bestimmten Fachperspektive und aus sich daraus ergebenden Relevanzen resultieren. Deshalb müssen sie auf die jeweilige Fragestellung angepasst werden oder wie Mead zu Recht formuliert: „Das Ausmaß, das die Analyse annimmt, hängt von den Erfordernissen des Problems ab" (Mead, 1983, S. 321). Jede Untersuchung benötigt ihre eigene Schärfentiefe. Für unsere Videoanalyse halten wir folgende Fähigkeiten des Notationssystems für wichtig:

1. Die Notation von Videosequenzen sollte grundsätzlich in der Partiturschreibweise erfolgen.
2. Neben der Videopartitur kommt bei der Deutung dem Video eine zentrale Bedeutung zu. Dies bedeutet, dass das Video in der Partitur nicht nur als einzelnes *still,* sondern auch als laufendes Bild bei der Analyse stets verfügbar sein sollte. Angesichts der neuen Möglichkeiten der digitalen Bildaufzeichnung könnte man unseres Erachtens nach bei der Auswertung und auch bei der Ergebnispräsentation sehr gut mit digitalisierten Bildsequenzen arbeiten.
3. Die Erstellung der Partitur ist nicht allein Datenfixierung, sondern immer auch Datenanalyse. Deshalb sollte eine Partitur immer ein Arbeitsmittel sein, das nicht nur eine Notation erlaubt, sondern immer auch eine Deutungsarbeit ermöglicht und erleichtert. Die Partitur sollte entsprechend erweiterbar sein.
4. Da bei unserer Interpretation die *moves* die kleinsten Sinneinheiten sind, sollte das Notationssystem in der Lage sein, *moves* auch als solche zu erheben und zu symbolisieren. Ein Notationsverfahren sollte demnach *move* für *move* protokollieren und nicht mehr Bild für Bild. Auf der Ebene der Kamerahandlung können diese *moves* auch größere Handlungszüge sein.
5. Partituren sollten immer *Bedeutungseinheiten* erfassen. Die Leitwährung dieser Bedeutungseinheiten ist die bedeutungsvolle Sprache. Eine Codierung von Bildern mit Hilfe von rein deskriptiven Protokollsätzen, die sich scheinbar jeder Sinnschließung enthalten (z. B. Akteur A macht eine vertikale Mikrobewegung mit dem linken oberen *musculus rectus superior*) zum einen grundsätzlich nicht möglich (wie schon die Debatten um den Wiener Kreis gezeigt haben) und zum anderen ist sie völlig unübersichtlich und hilft bei der Interpretation nicht

weiter. Gleiches gilt für die Notation mit Hilfe von einer Fülle vorab genau definierter Ikons. Eine solche Notation bringt nämlich nicht nur bei der Präsentation von Untersuchungsergebnissen Probleme mit sich, sondern auch bei der Analyse der Daten selbst, da die Bedeutung der Bilder sich im Dickicht der Zeichen verliert. Statt des Bildes hat man nun eine formelhafte Repräsentation des Bildes, wobei in der Interpretation die Formeln wieder in sprachliche Bedeutung rückübersetzt werden müssen, da die Formeln immer nur Kürzel für sprachliche Formulierungen sind.

Unseres Erachtens wird in Zukunft ernsthaft zu diskutieren sein, wie weit man die Verschriftlichung von audio-visuellem Material treiben kann oder zugespitzt: treiben darf. Gegen die Forderung zur vollständigen Verschriftlichung spricht nicht nur, dass die möglichst exakte schriftliche Fixierung bzw. Codierung audiovisueller Daten schon allein wegen der Vielzahl parallel ablaufender *moves* nie zu Ende kommen kann und auch zugleich zu fast sinnleeren ‚Protokollsätzen' führt, sondern auch, dass die Bedeutungsfülle des Audio-visuellen unwiederbringlich verloren geht. Was wie intensiv von den Bildern in Sprache gefasst werden soll, hängt jedoch ganz wesentlich von der Fragestellung ab: Es versteht sich von selbst, dass man die Erfassung der Ausdrucksformen von Gemütsbewegungen ganz anders versprachlichen muss (siehe hierzu: Ekman 2007 und sein Facial Action Coding System, kurz: FACS) als die Bestimmung der narrativen Strukturen in Videos. Es gilt also auch hier: So wenig wie möglich.

3.5 HANOS – Das Notationssystem für unsere Videoanalyse

Die für eine Analyse relevanten Analysekriterien und Kategorien ergeben sich in der Regel erst während der Interpretation. Man fängt damit an, dass man zu Beginn tentativ Kriterien und Kategorien, die sich bei früheren und ähnlichen Analysen als hilfreich erweisen haben, erneut anwendet und prüft, ob sie sich am Analysematerial bewähren – was bedeutet, dass man sie darauf hin betrachtet, ob sie für die Bedeutungserschließung fruchtbar sind. Sind sie das nicht bzw. nicht hinreichend, entwickelt man am Material neue Kriterien sowie Kategorien und differenziert bzw. modifiziert sein Notationssystem. In unserem Fall hat sich ein System auf diese Weise ergeben, das vor allem das Handeln der Akteure in den Blick nimmt. Deshalb haben wir es HANOS (= HAndlungsorientiertesNOtationsSystem) genannt.

Wesentlich ist bei diesem System, dass wir das Handeln der Kamera in den Vordergrund gestellt haben und entsprechend räumen wir der Notation der handelnden Kamera sehr viel Platz ein. Später erfolgt dann erst die Notation der Handlung vor der Kamera. Hier haben wir uns wesentlich von der dramatologischen Perspektive Goffmans auf soziale Begegnungen inspirieren lassen (Goffman, 2008).

Die Tab. 3.1 verdeutlicht die Verschränkung des Handelns durch die Kamera mit der Handlung vor der Kamera. Die Zusammenstellung der Komponenten und Fragen in der Tabelle ist nicht abschließend und kann durch weitere Fragen und Möglichkeiten zu agieren, sowohl durch als auch vor der Kamera ergänzt und modifiziert werden, wie z. B. durch Englert 2014b bereits geschehen.

3.6 Der Bedeutungsbegriff einer hermeneutischen Wissenssoziologie

Eine Interpretation von audiovisuellen Daten aller Art mithilfe der hermeneutischen Wissenssoziologie zielt (wie oben beschrieben) auf die Findung der gesellschaftlichen Bedeutung von (kommunikativen) Handlungen ab. Der Ausdruck ‚gesellschaftlich' ergibt sich nun daraus, dass es allein um die Bedeutung geht, welche durch eine Handlung innerhalb einer bestimmten Interaktionsgemeinschaft, betrachtet man sie aus der Perspektive des ‚generalisierten Anderen' der jeweiligen Interaktionsgemeinschaft (also nicht aus der Perspektive des konkreten Akteurs), erzeugt wird (vgl. Mead, 1983). Ein solcher Bedeutungsbegriff löst sich völlig von der Akteursintention, also dem vom Akteur subjektiv oder ‚innen' Gemeinten.

Alle Sozialwissenschaftler*innen gehen unseres Wissens nach davon aus, dass alles symbolgebundene Handeln (und dazu zählen auch Bilder jeder Art), also Kommunikation, für andere Menschen Bedeutung besitzt. Diese Bedeutung wird (und auch da sind sich wohl die meisten Sozialwissenschaftler*innen einig) in der Regel konstituiert durch spezifische Verfahren und Regeln, die Ausdruck der Grammatik, Semantik und vor allem der Pragmatik einer Sprach- und Interaktionsgemeinschaft sind. *Grammatik* meint hier die manchmal mehr, manchmal weniger kodifizierten Regeln der Verknüpfung von Zeichen, die auf Bedeutungseinheiten verweisen, *Semantik* die Verweisungen auf den gesellschaftlich geschaffenen Raum von Bedeutungseinheiten und den dadurch eröffneten Raum logischer, legaler und legitimer Gründe. *Pragmatik* meint dagegen (durchaus im Sinne Brandoms) das Geflecht von Unterstellungen, Erwartungen und Verpflichtungen, das sich in einer spezifischen Gesellschaft aus Handlungen mehr

3.6 Der Bedeutungsbegriff einer hermeneutischen Wissenssoziologie

Tab. 3.1 HANOS (Quelle: eigene Darstellung)

HANDELN DER KAMERA	Handelnde Kamera (Was macht die Technik der Kamera während der Produktion mit dem Geschehen vor der Kamera?)	Stand-/Handkamera	Welche Kamera wird eingesetzt?
		Aufbau der Aufnahme	Was befindet sich im Vorderung, Mittelgrund, Hintergrund, Split Screen?
		Kadrierung	Welcher Bildausschnitt wurde gewählt?
		Einstellungsgröße	Weite, Totale, Halbtotale, Nah, Groß, Detail
		(Selektive) Bildschärfe	Was ist scharf gestellt, was nicht?
		Zoom	Wie wird gezoomt? Herauszoomen, Hereinzoomen, Justierung?
		Kameraschwenk	In welche Richtung schwenkt die Kamera wie?
		Kamerafahrt	In welche Richtung fährt die Kamera?
		Perspektive	Welche Perspektive wurde gewählt? Augenhöhe, Frosch-, Vogelperspektive?
		Autonomie	Folgt die Kamera den Bewegungen der Akteur*innen oder geht sie eigene Wege autonom?
		Licht	Gibt es Auffälligkeiten beim Kameralicht?
		Tempo	Langsame Bewegungen oder schnelle?
		Farbe	Farbig oder schwarz/weiß?
	Kommentierende Kamera (Wie kommentiert der korporierte Akteur in der Postproduktion das Geschehen?)	Voice over-Kommentar	Was spricht die Kamera/der korporierte Akteur wie?
		Stimme aus dem Off	Ist eine Stimme während der Aufnahme aus dem Off zu hören?

(Fortsetzung)

Tab. 3.1 (Fortsetzung)

		Verfremdungen	Wird etwas wie verfremdet?
		Geräusche und Soundeffekte aus der Postproduktion	Sind Geräusche und Soundeffekte aus der Postproduktion vorhanden? Welche?
		Grafik aus der Postproduktion	Gibt es Auffälligkeiten in der Grafik aus der Postproduktion?
		Text aus der Postproduktion	Wurde in der Postproduktion Text eingefügt, z. B. Untertitel? Welcher Text?
		Spezialeffekte	Gibt es Spezialeffekte? Welche?
		Visuelle Effekte	Gibt es visuelle Effekte? Welche?
	Montierende Kamera (Wie werden die *takes* in der Postproduktion zu einer Sequenz zusammengefügt?)	Schnitt	Wecher Schnitt lässt sich beobachten? Harter Schnitt, Überblendung?
		Zeitlupe/Zeitraffer	Sind Zeitlupe oder Zeitraffer vorhanden?
HANDLUNG VOR DER KAMERA	Bühne (Ort und Zeit)		Ort: Wie lässt sich der Ort beschreiben, an dem das Geschehen vor der Kamera spielt? (z. B. Großstadt in Deutschland, auf der Straße)
			Zeit: In und zu welcher Zeit spielt das Geschehen vor der Kamera? (z. B. Mittelalter und nachts)
	Geräusche		Geräusche: Sind Geräusche zu hören, z. B. Ticken einer Uhr, Sturm?
	Setting		Was ist gerade los? Was ist der Handlungsrahmen, z. B. Aufruhr oder Beten?
	Requisiten		Ort: Welche Gegenstände kennzeichnen den Ort?
			Text: Ist vor der Kamera Text zu lesen, z. B. auf Gegenständen?
			Person: Welche Requisiten kennzeichnet eine Person, z. B. Kleidung?
	Akteur*innen		Person: Welches Alter, Geschlecht, Aussehen besitzt eine Person?

(Fortsetzung)

3.6 Der Bedeutungsbegriff einer hermeneutischen Wissenssoziologie

Tab. 3.1 (Fortsetzung)

		Sozialer Typus: Welchen sozialen Typus sind die Akteure vor der Kamera, z. B. Polizist, Arzt?
		Tätigkeit vor der Kamera: Was tun die Akteure vor der Kamera, z. B. sich bewegen, stillstehen, den linken Arm heben?
		Typ des Handelns: Welche Art und Weise kennzeichnet das Agieren der Akteure vor der Kamera, z. B. bedächtig, hektisch?
		Nonverbale Kommunikation: Was kommunizieren die Akteur*innen mithilfe ihrer Körper und Bekleidung, z. B. fröhlich, verärgert, arm, reich, gebildet?
	Symbolische Interaktion	Sprechen: Was sagen die Akteur*innen?
		Sprechtempo: Wie schnell/langsam sprechen die Akteur*innen?
		Gestik: Was bedeuten die Gesten?
		Mimik: was bedeutet die Mimik?
	Agieren	Was: Was wird wie mit wem getan?
		Sinn: Was ist der subjektiver Sinn?

oder weniger verbindlich ergibt (vgl. Brandom, 2001, auch Habermas, 1999, S. 138 ff.).

Die Bedeutung einer gestalterischen Handlung ist somit nicht über eine irgendwie geartete Semantik bestimmbar, sondern konstituiert sich wesentlich über die (von dem/der Sprecher*in aufgrund seiner Erfahrung mit der Interaktionsgemeinschaft erwartbaren) sozialen Folgen, also über die Pragmatik. Zwar greift der/die Sprecher*in bei der ‚Planung' seiner Sprechhandlung auf frühere Erfahrungen zurück, also auf Formen, die früher einmal erfolgreich waren. Realisiert und ratifiziert wird jede sprachliche Bedeutung aber erst durch die Antwort-Handlung: Eine (sprachliche) bestimmte Handlung bedeutet in einer bestimmten Interaktionsgemeinschaft also, dass einerseits der/die Sprecher*in anderen Erwartungen anträgt, aber auch, dass andere berechtigt sind, an den/die Handelnde*n bestimmte Ansprüche zu stellen. Oder anders: Weil man weiß oder doch zu wissen glaubt, was eine Sprechhandlung in einer bestimmten Interaktionsgemeinschaft nach sich zieht, handelt man so, wie man handelt.

Die Grammatik, Semantik und Pragmatik einer Gruppe sind sozial erarbeitet und sozial verbürgt bzw. werden sozial sanktioniert und bilden einen gewichtigen

Teil der Kultur einer Gruppe. Diese Kultur wird durch die Gruppe und speziell dafür eingerichtete Institutionen an neue Mitglieder weitergegeben. Durch jede Handlung, also durch jeden Gebrauch, wird die Grammatik, Semantik und Pragmatik einer Gruppe nicht nur aufgerufen, sondern auch bestätigt und fortgeschrieben (Dynamik der Sprache).

Wissenschaftliches Deuten beruht auf der Prämisse, dass eine Bedeutungs*rekonstruktion* nur dann gelingen kann, wenn der/die Interpret*in hinreichend an der Kultur der Bedeutungs*produktion* teilhat, also auf der Unterstellung von der teilweisen oder vollständigen Einheit der Kultur von Interpret*innen und Interpretierten[4]. Damit ist ebenfalls, aber nicht nur (noch nicht einmal hauptsächlich) die Unterstellung gemeint, dass der/die Interpret*in die Kultur des Interpretierten teilt (dass sie eine gemeinsame Kultur haben), sondern vor allem die meist (wider besseren Wissens) gehegte Hoffnung, die Bedeutungsgrenzen sprachlicher Handlungen mit den Sprachgrenzen gleichzusetzen: Also die Hoffnung, dass der Mythos von der kulturellen Identität mehr als ein Mythos ist, dass sprachliche und nichtsprachliche Handlungen in der gesamten Sprach- und Interaktionsgemeinschaft (an jedem Ort, in jeder Schicht, in jedem Alter) das Gleiche bedeuten. Die implizite These von der Einheit der Kultur ist das Fundament, auf dem jede Interpretation ruht. Gerät sie ins Wanken, verlieren auch wissenschaftliche Interpretationen ihren Halt.

Nur weil der/die Interpret*in selbst über diese Verfahren und Regeln verfügt, sie in sich aufrufen und auch die Angemessenheit von Bedeutungsproduktionen beurteilen kann, kann er auch deren gesellschaftliche Bedeutung erkennen, festhalten und niederschreiben. Fraglos kann dies nur im Hinblick auf die *soziale* Grammatik, Semantik und Pragmatik von (Sprach-)Handlungen gelingen. Nie kann man und (so weit wir das sehen) will auch niemand ernsthaft die *individuelle* Grammatik, Semantik und Pragmatik (sofern es sie überhaupt gibt bzw. geben kann), erfassen – sie wären auch für das soziale Handeln ohne Belang.

Die Interpretationskompetenz resultiert in dieser Sicht aus der hinreichenden Einheit der Kultur von Forscher*innen und Beforschtem – eine Einheit, die durchaus fraglich ist, wie uns – um nur ein paar zu nennen – die Historiker*innen, die

---

[4] Eine besonders scharfe, hinsichtlich ihres Geltungsanspruches allerdings völlig überzogene Formulierung dieser Unterstellung findet sich bei einem jüngeren Vertreter der objektiven Hermeneutik: „Die *Verbindlichkeit* der Textinterpretation gründet sich auf die *Regelgeleitetheit* sozialen Handelns. Der Geltungsanspruch, den die objektiv hermeneutische Bedeutungsexplikation erhebt, stützt sich auf die Inanspruchnahme geltender Regeln. *Soziales Handeln konstituiert sich entlang dieser Regeln und die Interpretation der Protokolle dieses Handelns erfolgt unter Rückgriff auf unser Regelwissen*" (Wernet, 2000, S. 13).

Ethnolog*innen, die Kulturwissenschaftler*innen und nicht zuletzt auch die Wissenssoziolog*innen lehren. Es ist weder überraschend noch besonders neu, dass sich Sozialwissenschaftler*innen, wenn sie die Arbeit des Deutens beginnen, auf die Kultur einer Sprach- und Interaktionsgemeinschaft aus der Sicht des ‚man', des ‚Dritten' oder in den Worten von Mead aus der Sicht des ‚generalisierten Anderen' beziehen (müssen): Was bedeutet es, also welche Folgen hat es (so die typischen Fragen der Interpreten*innen), wenn ‚man' in einer bestimmten Gesellschaft in einer bestimmten Situation in einer bestimmten Weise sprachlich oder nichtsprachlich in der gegebenen Weise handelt, und was versteht *man* darunter bzw. wie würde jedes *sprachbegabte* und *vernünftige* Mitglied dieser Gesellschaft darauf reagieren?

Oft übersieht der/die Forscher*in dabei allerdings, dass die Rede von der Deutung aus der Perspektive des ‚generalisierten Anderen' eine euphemistische und unsoziologische Formulierung dafür ist, dass etwas eine vorherrschende bzw. eine herrschende Lesart von (Sprach-)Handlungen ist, zu der es in bestimmten Untergruppen der Gesellschaft auch eine Fülle (so würde Stuart Hall es ausdrücken) subversiver und auch gleich wirkmächtiger Lesarten gibt (vgl. Hall, 1999). Kultur bildet in dieser Sicht der Dinge keine Einheit (z. B. Burke, 1998, S. 247 ff.; Geertz, 2000, S. 218 ff.), folglich auch keine Einheit, an der ein/eine Wissenschaftler*in teilhaben kann, sondern stattdessen eine Vielfalt, die lediglich wegen diverser ‚Familienähnlichkeiten' (Wittgenstein, 1971, S. 57) für einheitlich gehalten wird.

Um nicht missverstanden zu werden: Keineswegs soll hier behauptet werden, sozialwissenschaftliches Deuten sei unmöglich, wir wollen nur sagen, dass man beim Interpretieren wie beim Auspacken von altem, wertvollem Porzellan vorgehen sollte: Mit großer Vorsicht und noch größerem Feingefühl.

3.7 Deuten bedeutet implizites Wissen explizit machen

Auch wenn Deuten eine Kunstlehre ist und keine Technik, also immer einzelfallspezifisch vorgeht und nicht komplett operationalisierbar ist, so ist sie doch nicht Künstler*innen oder Experte*innen vorbehalten, sondern Deuten ist eine basale Fähigkeit, über die alle Menschen verfügen und über die sie im Alltag immer wieder – und immer wieder problemlos – verfügen. Wissenschaftliche Deutungslehren, also die Hermeneutiken, sind allesamt Systematisierungen dieser Fähigkeit, über die jeder verfügt. Deuten besteht also nicht aus einer Art hermeneutischer Super-Logik, einer Art forcierter Interpretationskunst, sondern

Deutungen sind aus logischer Sicht meist qualitative Induktionen, Deduktionen und nur manchmal Abduktionen. Aber auch letztere sind keine Kunst.

Im Kern besteht jede Deutung darin, dass man etwas, das dem aktuellen expliziten menschlichen Ausdruck eingelassen ist, deutlich(er) macht – kurz: Das Implizite des Gezeigten expliziert. *Deuten heißt explizit machen* (siehe auch Brandom, 2000, siehe dazu auch Mead, 1983, S. 296 ff.). Weil Deuten immer darin besteht, etwas Implizites explizit zu machen, beruht Deutung immer auf Wissen, über das der/die Deuter*in bereits verfügen muss. Deshalb gilt auch: Wer nichts weiß, kann nicht interpretieren, und derjenige, der wenig weiß, wird wenig explizit machen können. Die Fähigkeit zur Deutung wird also nicht maßgeblich von der Fähigkeit vom logischen Denken bestimmt (das wird sie nur ganz wenig), sondern von dem Wissen, über das der/die Deuter*in aufgrund seiner Ausbildung und Sozialisation verfügt. Es spricht im Übrigen nichts dagegen, dass man dieses Wissen während der Analyse systematisch vergrößert, dass man also auch das Internet nutzt, sich über ‚Dinge' zu informieren, die in den Daten auftauchen. Zeigen die zu untersuchenden Bilder z. B. die Stadt Halle, dann macht es durchaus Sinn, das Netz einmal nach Informationen, also Wissen, über Halle zu durchsuchen. Denn nichts spricht dafür, dass nur das jeweils eher zufällig vorhandene Wissen der jeweiligen Interpret*innen ‚am Tisch' geeignet sein sollte, menschliche Kommunikation und Interaktion hermeneutisch zu deuten – außer man ist der Ansicht, dass jeder/jede Interpret*in schon immer über all das Wissen verfügt, das er/sie für eine Deutung benötigt. Für diese Ansicht fehlen jedoch die guten Gründe.

Sehr viel mehr spricht dafür, all das Wissen zu nutzen, was am Interpretationstisch – und aus vorheriger Recherche – verfügbar ist. Deshalb sollten die hermeneutischen Interpretationen immer in einer Gruppe stattfinden. Zum Ersten, weil nur die Gruppe die Güte der Deutung bewerten, evaluieren kann. Denn nur in der Gruppe kann ein echter Kampf um die Akzeptanz der besten Lesart stattfinden. Mit sich selbst verschiedene Lesarten zu diskutieren, gleicht dem Vorhaben, mit sich selbst Schach zu spielen. Zum Zweiten ist die Gruppe vonnöten, weil das Wissen der Gruppenmitglieder das Deutungswissen der Gruppe vermehrt – aber dennoch nie vervollständigt. Der Vorschlag, den wir hier unterbreiten lautet, auch das Netz als Mitglied in die Gruppe der Interpret*innen aufzunehmen. Das Netz und seine umfangreichste Suchmaschine säßen dann immer als stille, aber stets präsente Interpreten mit am Tisch. Natürlich verfügen das Internet und Suchmaschinen nicht über die alltäglich verfügbare Fähigkeit des Deutens, aber beide sind hilfreich, um implizites Wissen abzurufen, wenn die anderen Deuter*innen wissen, welches Wissen gerade benötigt wird. Ein bisschen überspitzt,

3.7 Deuten bedeutet implizites Wissen explizit machen

aber im Kern zutreffend, könnte man solchen, die Körper- und Bewusstseingrenzen erweiternden Deutungsgruppen ein *extended mind* (Clark & Chalmers, 1998, S. 7) zusprechen. Da vielfältiges Wissen so bedeutsam für die Ausdeutung von Daten ist, bilden folgenden Bedingungen ein gutes Klima für gute Deutungen: a) ein vielfältiges Wissen von der (sozialen) Welt, b) die Fähigkeit, sich vielfältiges Wissen noch während der Deutung anzueignen, c) die Einsicht, dass die eigene Kultur nur eine Realisierung aller möglichen Kulturen ist und d) die Erfahrung, zwischen verschiedenen Kulturen zu leben *(marginal man)*. Interpreten, die ihre eigene Welt für die einzig sinnvolle Welt halten, werden bei der Deutung Anderer wenig Sinnvolles entdecken.

Bei der Deutung gilt es, zwischen verschiedene Wissenssorten zu unterscheiden. Manchmal, also nicht immer, ist es nützlich, diese Wissenssorten in der Deutung systematisch abzuarbeiten. Fast alles Wissen, das wir beim Deuten verwenden, ist sozialen Ursprungs. Nur begrenzt sozialen Ursprungs ist das Wissen um die Bedeutung basaler Gesichts- und Körperausdrücke und Intonationsmuster. Auch wenn das übrige deutungsrelevante Wissen sozialen Ursprungs ist, bedeutet das nicht, dass alles im festen Griff des Bewusstseins ist. Viel Wissen, das einmal bewusst war und dann routinisiert wurde, ist unter die Bewusstseinsschwelle abgesunken, anderes war nie bewusst und wurde durch die Teilhabe an sozialen Praktiken erworben und inkorporiert. All dies Wissen kann man entweder reflexiv wieder heben oder in der Praxis der Deutung einsetzen.

Bei den verschiedenen Wissenssorten gibt es erst einmal das *Weltwissen*. Es sagt uns, dass Trambahnen in der Regel aus Metall oder gar Stahl sind, dass es zu üblen Verletzungen führt, wenn man sich ihnen in den Weg stellt, dass sie sich erst dann bewegen können, wenn der Motor in Ordnung ist und Treibstoff oder Strom zugeführt wird. Zu diesem Weltwissen gehört auch, dass die Trambahn sich in einem Raum-Zeit-Kontinuum bewegt, das durch physikalische Gesetze bestimmt ist. Die Zeit springt nicht und der Raum hat keine Löcher – zumindest solange wir uns mit mäßiger Geschwindigkeit bewegen.

Zu diesem Weltwissen gehört zudem – auch wenn es eine eigene Untergruppe bildet – das Wissen, dass Trambahnen (auch Straßenbahnen genannt) eine Erfindung des 19. Jahrhunderts sind und auch heute noch in Städten eingesetzt werden, um dort die lokale Mobilität über Tage zu gewährleisten. In Trambahnen gibt es (so wissen wir) Sitz- und Stehplätze, und wer mitfahren will, der muss einen festen Preis bezahlen. Zu diesem Wissen gehört auch, dass die Trambahn einen/eine Fahrer*in benötigt und – da seit den 1970er Jahren in Deutschland die Schaffner*innen abgeschafft sind – es dort immer wieder Kontrolleur*innen gibt, die an einer Station einsteigen und während der Fahrt zwischen zwei Stationen die

Fahrgäste danach fragen, ob sie einen gültigen Fahrschein haben oder nicht. Zu diesem Wissen gehört aber auch, dass Trambahnen meist der Stadt gehören und die Bahn selbst und das Personal (direkt oder indirekt) aus der Stadtkasse bezahlt werden, dass die Städte wie die Länder und der Bund über Steuern finanziert werden, die alle Bürger*innen zu zahlen haben, dass die politischen Vertreter*innen über Wahlen ermittelt werden und dass es in anderen Ländern anders geregelt ist. Vieles von diesem Wissen ist uns klar, anderes diffus, vieles wissen wir gar nicht.

Die zweite Gruppe des Wissens, die es bei der Deutung zu beachten gilt, ist das Wissen um die *Regeln und Praktiken der Interaktion und Kommunikation*. Zu diesem Wissen gehört erst einmal das gesamte Wissen über die Grammatik, Semantik und Pragmatik von Interaktionen und Kommunikationen. Wir wissen, was es bedeutet, wenn uns jemand etwas mit der ausgestreckten Hand zeigt, wir wissen, dass das Wort ‚Stuhl' keinen Sessel bezeichnet, wir wissen, dass mit den Augen zu zwinkern eine kokette Form der Kontaktaufnahme sein kann, wir wissen, was es bedeutet, wenn uns jemand um etwas bittet, wir wissen, welche Folge es hat, der Bitte nicht zu entsprechen. Wir wissen auch, dass man mit Worten jemanden herabsetzen oder emporheben kann und dass nicht jeder die gleiche Macht in der Kommunikation besitzt.

Zu diesem Wissen über Regeln und Praktiken der Interaktion und Kommunikation gehört zudem, auch wenn es eine spezielle Untergruppe darstellt, das Wissen darum, dass es bestimmte kommunikative Gattungen gibt und dass in diesen Gattungen bestimmte Regeln das Geschehen beeinflussen. Wir wissen z. B., dass Kontrolleur*innen, wenn sie einen Fahrgast ansprechen, nicht erst „Guten Tag, Frau X" sagen müssen, sondern durchaus ihre Kontrolltätigkeit mit den Worten: „Ihre Fahrscheine" beginnen können und ihr Eingreifen auch ohne Verabschiedung, z. B. „Dann noch einen schönen Tag. Tut mir leid, dass ich Sie gestört habe" beenden können, ohne als unhöflich zu gelten. Dieses Wissen um die Normalität von Kommunikationen und die in ihnen herrschenden Maxime (vgl. hierzu ausdrücklich: Grice, 1993) unterscheidet sich wesentlich von dem übrigen Wissen um die Welt. Grice hat die Implikationen, die aus ihnen resultieren, *Implikaturen* genannt.

Nur wer weiß, dass Menschen zu Beginn von Kommunikationen ritualisierte Begrüßungsfloskeln benutzen und dass „Guten Tag" eine solche ist, weiß, was die Worte bedeuten, welchen Ort und welche Folgen sie haben. Wer ohne dieses Wissen interpretiert, wird sich an dem ‚Guten Tag' die Zähne ausbeißen. Und nur wer weiß, dass mit den Worten „Guten Abend, meine Damen und Herren" meist ein anwesendes Publikum begrüßt wird, das in der Regel dann nicht kollektiv antwortet: „Guten Abend, Frau X", der wird das Fehlen der Erwiderung der Begrüßung nicht als gesichtsverletzenden Interaktionszug deuten. Und nur wer weiß, dass Fernsehmoderatoren*innen meist zu Beginn ihrer Moderation „Guten Abend, meine Damen und Herren" sagen, wird wissen, dass die Zuschauer*innen selbst dann, wenn sie wollten, nicht antworten könnten. Und nur der-/diejenige, der/die weiß, dass Fernsehzuschauer*innen sich in deutschen Landen durch die fehlende Möglichkeit der Begrüßungserwiderung weder strukturell noch tatsächlich beleidigt fühlen, kann die Beziehung bestimmen, die Fernseh*persona* und Zuschauer*innen in parasozialer Interaktion miteinander eingehen.

Aber nicht nur für die Interaktion und Kommunikation vor der Kamera gibt es Gattungen und dazugehörige Praktiken, sondern auch für das Agieren der Kamera. Die Kamera, die der/die Zuschauer*innen nie wirklich sehen und das Bild, das der/die Zuschauer*in ebenfalls nicht wirklich sieht – außer er besucht die Archive und betrachtet Kamera wie Bildmaterial, kommuniziert in einer bestimmten, historisch gewachsenen Bildsprache und die Bedeutung der Bildsprache variiert mit der jeweiligen Gattung. Wenn eine Kamera uns eine Trambahn zeigt und die Bahn ist in der Mitte des Bildes und nicht am Rand zu sehen, dann ist die Bahn nicht zufällig in der Mitte, sondern sie ist dort – und das wissen wir, weil die Maxime „Be relevant!" für uns auch und gerade im Film gilt[5] –, weil sie für das weitere Geschehen wichtig ist. Etwas in der Mitte, oben oder unten, am Rand oder klein oder groß zu zeigen, das bedeutet im Film etwas, nicht immer auch im Video, aber meist. Was es bedeutet wissen wir, weil wir an dieser Praxis, wenn auch oftmals nur als Zuschauer*innen, teilhaben. Ohne dieses Wissen würden wir Bilder wie Landschaften betrachten und nicht wie Parks.

3.8 Interpretieren in einer Gruppe

Das Verstehen des Sinns von Videos ist, wie das Verstehen von Interaktionen, Kommunikationen und Artefakten, grundsätzlich für jede Art von (Sozial-) Forschung sowohl *konstitutiv* als auch *problematisch*. Dies gilt allerdings insbesondere für die qualitative Sozialforschung und hier noch einmal mehr für all die Praktiken des Verstehens von Sinn und Bedeutung, welche sich explizit auf die Hermeneutik berufen. Dies vor allem, weil jeder Verstehensarbeit die jeweils eigene historische wie soziale Bedingtheit vorgehalten und somit deren Validität

---

[5] Ausgesprochen interessant und ebenso wichtig wäre eine Untersuchung, ob alle Grice'schen Konversationsmaxime auch für den Film und das Video gelten oder ob es besondere Regeln gibt und wie diese bei einer Auslegung zu berücksichtigen sind. Ebenfalls interessant wäre die Untersuchung der Frage, was das Watzlawick'sche Axiom, dass man nicht nicht kommunizieren kann, für die Analyse des Agierens der Kamera bedeutet.

infrage gestellt werden kann. Das Validitätsproblem ist deshalb für jede Verstehenspraxis konstitutiv, weshalb in den letzten Jahrzehnten auf verschiedene Weise versucht worden ist, diesem Problem mit einer Reihe, teils recht unterschiedlicher Maßnahmen zur *Qualitätsverbesserung* und *Qualitätssicherung* zu begegnen (siehe ausführlich hierzu Reichertz 2013 und 2016).

Ein ganz wesentliches Mittel der Qualitäts*verbesserung* ist die weit verbreitete Praxis, das Verstehen von Sinn nicht einem/einer einzelnen Interpret*in zu überantworten, sondern dessen ‚Beschränktheiten' durch die Hinzuziehung weiterer Interpret*innen aufzubrechen, um so auch eine ‚multiperspektivische Interpretation' der Daten zu ermöglichen (Schröer et al., 2012).

Gemeint ist damit, dass mehrere ausgebildete Wissenschaftler*innen gemeinsam das Material miteinander (in einem Kampf um die beste Lesart) interpretieren (= Gruppeninterpretation) und ihre Ergebnisse immer wieder einer wissenschaftlichen Kritik aussetzen – was auch bedeutet, dass die qualitative Forschung nicht mehr nur auf den Schultern von Einzelkämpfer*innen ruht, sondern durch die kooperative und konkurrierende Teamarbeit gekennzeichnet ist, in der es dann auch nicht (nur) darum geht, die in der Gruppe vorhandenen Interpretationsangebote auf eine Zentralperspektive, also eine Lesart, zu reduzieren. Vielmehr geht es darum, das Interpretationswissen und die Interpretationskompetenz der an der Gruppe beteiligten Interpret*innen durch die Verschränkung ihrer jeweiligen Interpretationsperspektive zu weiten.

Interpretationsgruppen bestehen in der Regel aus vier bis zehn (Nachwuchs-) Wissenschaftler*innen, die wiederholt für eine bestimmte Zeit in einem Raum (dieser kann auch virtuell sein[6]) zusammen Daten interpretieren. In der Regel gibt es dabei einen/eine *Moderator*in* (meist der/die Ranghöchste*r/Erfahrenste*r in der Gruppe), der/die die Deutungsarbeit anleitet, indem er/sie Textstellen vorschlägt, gezielt Fragen stellt, Lesarten sammelt und verdichtet und oft auch angibt, wann eine Textstelle hinreichend ausgelegt ist, so dass man zum nächsten Datum weitergehen kann.

---

[6] Allerdings sind solche Online-Videokonferenzen, die insbesondere während der Corona -Pandemie zum Einsatz kam, meist Krücken, die nur dann angeraten sind, wenn eine Interpretation in Kopräsenz nicht möglich ist. Wie sehr die Dynamik der Interpretation, aber auch deren Güte auf die körperliche Anwesenheit und das kommunikative Mit- und Gegeneinander der Teilnehmer*innen der Interpretationsgruppe angewiesen sind, das hat sich erst deutlich gezeigt, als dies während der Corona -Pandemie nicht mehr möglich war. Ganz offensichtlich braucht es, um in einen *Flow* der Interpretation zu erreichen, das körperliche Miteinander, braucht es auch den Zwischenruf, die Unterbrechung, das Einander-Anschauen, die körperliche Neuaufführung von zu interpretierenden Handlungen und natürlich den bestätigenden oder ablehnenden Augenkontakt.

3.8 Interpretieren in einer Gruppe

Sich zu dritt oder zu viert hinzusetzen und anzufangen, unstrukturiert das Material zu interpretieren, ist wenig fruchtbar und oft sehr frustrierend. Ohne Moderation läuft die Arbeit von Interpretationsgruppen schnell ins Leere. Und: je größer die Gruppe, desto schwieriger wird die Aufgabe der Moderierenden. Die Moderierenden haben verschiedene Mittel, einerseits den Fluss der Interpretation, aber vor allem auch die Differenziertheit der Interpretation anzuregen. Das kann man z. B. dadurch erreichen, dass man immer wieder explizit nach Begründungen und Differenzierungen fragt und diese einfordert. Andererseits kann man aber immer wieder Interpretationen aus der Gruppe aufgreifen, sie zuspitzen oder vereinseitigen, um so die Klärung und Ausdifferenzierung der Lesarten weiter zu treiben. Manchmal kann es auch sinnvoll sein, als Moderierende kontrastierende *Clear Cases* oder Vignetten zu entwerfen. *Clear Cases* oder Vignetten sind kleine Geschichten, die dabei helfen, den Fluss der Interpretation anzuregen und bestimmte Aspekte der Interpretation zu vertiefen. *Clear Cases* oder Vignetten sind nach diesem Verständnis immer im Sinne von Weber Idealtypen, und zwar Idealtypen für Personen, Idealtypen für das Handeln oder Idealtypen für Situationen. Es gehört zum Geschick der Moderierenden, während der Interpretation zu improvisieren und solche *Clear Cases* zu konstruieren und an bestimmten Stellen des Interpretationsgeschehens ins Spiel zu bringen. Dabei darf man jedoch nicht übersehen, dass diese Idealtypen nicht nur helfen, eine Position in einem bestimmten Handlungsfeld abzugrenzen und deutlich zu machen, als etwas weiter auszudifferenzieren, sondern sie helfen oft auch dabei, überhaupt auf einen Gedanken zu kommen, insbesondere dann, wenn man mit mehreren *Clear Cases* gleichzeitig argumentiert und versucht, die Besonderheiten und Unterschiede der einzelnen Fälle im Gegensatz zu dem Fall in den zu interpretierenden Daten zu rekonstruieren.

Entweder wird die Interpretationssitzung *protokolliert* oder aber mit Tonband *aufgezeichnet,* was eine Fülle von neuem Material für die Textauslegung schafft. Will man sich später für die Anfertigung eines Berichts oder eines Artikels den Interpretationsgang wieder in Erinnerung rufen, dann sollten allerdings (erst einmal) nur die Protokolle der Interpretationssitzungen genutzt und die jeweiligen Mitschnitte nur im Zweifelsfall hinzugezogen werden.

Obwohl Interpretationsgruppen manchmal auch nur einmal zusammenkommen und sich wieder auflösen können, ist die Mehrzahl von ihnen meist über eine gewisse Zeit stabil. Entweder werden sie von den jeweiligen (Seminar-) Leiter*innen zusammengerufen oder aber mehrere Studierende tun sich für eine bestimmte Zeit oder ein bestimmtes Projekt zusammen, um gemeinsam zu interpretieren. Oft treffen sie sich regelmäßig, um an dem Material kontinuierlich weiter zu arbeiten. Deshalb bilden sich schnell bestimmte soziale

Formen des Umgangs miteinander aus (lokale Ordnungen), aber auch gemeinsame Sichtweisen, wie man etwas wahrzunehmen und zu deuten hat (Denkstile).

Deuten selbst ist ein sukzessives Erarbeiten einer oder mehrerer Lesarten von Textstellen oder ganzen Texten (Abstraktion). Gemeinsam deuten heißt:

- die Beteiligten äußern abwechselnd (ohne feste Ordnung durch Selbstauswahl, angeleitet durch einen/eine Moderator*in mit besonderen Rechten und Pflichten) sukzessiv Lesarten;
- sie geben Gründe an, weshalb etwas für sie eine Deutung ist und weshalb die Lesart aus ihrer Sicht zutreffend ist;
- es kommt sukzessive zu einer gegenseitigen kommunikativen ‚Validierung' (auch: Konstruktion), ob die Gründe angemessen und hinreichend sind und
- zum Schluss kommt es zu einer impliziten oder expliziten (endgültigen) Ratifizierung der Lesart(en) durch die Gruppe (oder Teile der Gruppe).

Auf der Grundlage dieser Ratifizierung, die oft auch nur vorläufig ist und jederzeit wieder zurückgenommen werden kann, werden weitere Daten interpretiert. Am Ende ist man angekommen, wenn die Interpretation aller oder hinreichend vieler Daten zu *einer* Sinnfigur führt, mit der alle oder hinreichend viele Daten verstanden (manchmal auch erklärt) werden können.

Daten in einer sogenannten ‚Interpretationsgruppe' (in diesem Setting nach diesem Procedere) zu interpretieren ist in Deutschland eine weit verbreitete Praktik innerhalb der qualitativen Sozialforschung. Das Ziel dieser Interpretationsgruppen ist es, ‚belastbares' Wissen über das Handeln und die alltäglichen Praktiken von Menschen, über deren Werte, Normen und Kultur, über deren Typisierungen und den Prozess des Typisierens, über deren spezifische Typen, Regeln und Gesetze – kurz: über deren kommunikative Konstruktion der sozialen Welt, zu generieren. Insofern sind Interpretationsgruppen erst einmal spezifische Medien/Mittel oder soziale Techniken der Wissensgenerierung oder genauer: der kommunikativen Generierung sozialwissenschaftlichen Wissens über die soziale Welt, also der kommunikativen Konstruktion von Wirklichkeit (Keller et al., 2013; Reichertz & Tuma, 2017).

Der Kontext des Videos: Die Sendung *24 Stunden Reportage*

4

Bei dem im Nachstehenden analysierten Video handelt es sich um den digitalen Mitschnitt eines kleinen Teils der Fernsehsendung *24 Stunden Reportage,* die vom Privatsender *SAT.1* am 07.02.2010 ausgestrahlt wurde. Da Ausschnitte immer Teile eines Mosaiks sind, und das ganze Bild nur sichtbar wird, wenn man zumindest andeutungsweise alle Teile benennt, sollen, da es uns ja um das gesamte Bild geht, vor der Analyse des Einzelteils erst einmal die gesamten Sinneinheiten bzw. Handlungszüge der Sendung vorgestellt werden. Gewiss könnte man den Ausschnitt auch deuten, ohne den Produktions- und Ausstrahlungskontext zur Kenntnis genommen zu haben, und die objektive Hermeneutik favorisiert eine solche Vorgehensweise, aber dann ginge es um eine andere Frage als die, um die es hier geht.

Zur Erinnerung: Es soll in unserer Analyse vorrangig *nicht* um das Produkt, das Artefakt ‚Video' und die in ihm eingelassene (semantische) Bedeutung gehen, also um die (Re-)Konstruktion des Inhalts eines bestimmtes Videoausschnitts, sondern uns interessiert die Frage, *was das Video von dem/der Zuschauer*in will, was es im Schilde führt, wie es versucht, Kommunikationsmacht* (Reichertz, 2009b) *aufzubauen und mit welchem Ziel es Kommunikationsmacht aufbaut.*

Die *24 Stunden Reportage* wird von dem Privatsender *SAT.1* nicht in Eigenproduktion hergestellt, sondern von einer externen Produktionsfirma produziert (laut einer schriftlichen Auskunft von *SAT.1*). Die Themenfindung und die Aufbereitung des Stoffes liegen oft zu hundert Prozent bei der externen Firma. Die *24 Stunden Reportage* wurde zum Zeitpunkt der ursprünglichen Untersuchung seit der ersten Folge am 06. Januar 1993 wöchentlich bis zu zweimal ausgestrahlt. Die wöchentlichen Sendetermine, die im Zeitraum von 2009 bis 2010 liegen, waren dienstags und sonntags – jeweils von 23.30 Uhr bis 00.30 Uhr auf *SAT.1*. Dabei gilt die Sendung *24 Stunden* als ein Vorläufer der untersuchten *24 Stunden Reportage*. Beide Sendungen verfolgen die gleichen Ziele: „Das Leben schreibt oft die schrägsten Geschichten. Wir bringen sie auf den Schirm! Jede Woche neu! Näher dran geht kaum: ‚24 Stunden' zeigt Menschen, wie sie sind" (www.SAT.1.de, 2010).[1]

Die behandelten Themen der ca. 900 Folgen sind vielfältig: Von der Hundetherapie über die Arbeit von Gerichtsvollzieher*innen, Trambahnkontrolleur*innen, Partyfieber auf Mallorca, Detektivarbeit, Zollkontrolle bis zu Sondereinsätzen der Polizei – es scheint, als gehe kein Thema an der Sendung *24 Stunden Reportage* vorbei. Ein Blick auf einen zweimonatigen Ausschnitt des Themenspektrums aus dem Jahr 2010 zeigt dessen Vielfältigkeit, selbst wenn einige wenige Wiederholung in der untenstehenden Tabelle zu finden sind[2], siehe Abb. 4.1.

Auf der Homepage der Sendung fasst die Sendungsbeschreibung alle diese Themen unter der Kategorie „Alltag und mehr" (vgl. www.SAT.1.de, 2010) zusammen. Die *24 Stunden Reportage,* welche durch ein bis drei Kamerateams erstellt wird, verfolgt das Ziel „[…] über einen kurzen, überschaubaren Zeitraum Menschen [in Deutschland] in alltäglichen oder außergewöhnlichen Situationen [zu beobachten]" (www.SAT.1.de, 2010). Dabei werden die Erzählungen „[…] chronologisch montiert und mit sparsamen Texten versehen" (www.SAT.1.de, 2010). Hierbei steht nach eigenen Angaben des Senders nicht die Information, sondern die Unterhaltung im Vordergrund der Fernsehsendung. Das lässt sich zumindest aufgrund des Internetauftritts schließen: „Die Redaktion von ‚24 Stunden' will vor allem eins: informativ, wahrhaftig, unaufgeregt und mit einem kleinen Augenzwinkern unterhalten" (www.SAT.1.de, 2010)[3].

---

[1] So begann auch die anfangs als einmalige Dokumentationssendung im Kontext von *24 Stunden* ausgestrahlte Folge über zwei Polizisten aus Bochum, welche durch eine eigene Sendung als *Toto & Harry* bekannt wurden.

[2] An dieser Stelle wird auf die Aktualisierung der Sendungsinformationen absichtlich verzichtet, da die damals gelaufene Sendung in dem beschriebenen Kontext ausgestrahlt und interpretiert wurde. Interpretation sind immer auch Interpretationen in ihrem konkreten gesellschaftlichen Kontext, sodass die heutige Interpretation der Sendung evtl. zu einem neuen Ergebnis führen könnte.

[3] Ein solches Tun wird von der eigenen Branche durchaus positiv bewertet. Unter anderem erhielt die Sendung den Axel Springer-Nachwuchspreis und den Deutschen Fernsehpreis (vgl. www.Sat.1.de 2010).

4 Der Kontext des Videos: Die Sendung *24 Stunden Reportage*

Datum	Thema
03.01.2010	Neues vom Ramschkönig - Luxusurlaub aber billig!
04.01.2010	Das Liebesschiff - Segeltörn Kurs Ehehafen
05.01.2010	Eure Pleite - unser Geschäft - Die Firmenbestatter
10.01.2010	Curry-Wurst war gestern! Fast Food Fighting
11.01.2010	Beißen - Kläffen - Ungehorsam - Mein Hund braucht Therapie
12.01.2010	Süß-Sauer auf Dauer - Unser Hochaus in Thailand
17.01.2010	112 - Die Feuerwehr - Arlam im Barmbek
19.01.2010	Nach uns die Müllflut - Mietnomaden auf der Flucht
24.01.2010	Piste mit Schuss - Der Chirurg wartet schon
25.01.2010	Zusammen sind wir zehn! Großfamilie sucht Wohnung
26.01.2010	Jede Menge Laster - Der Trucker-Clan gibt Gas
31.01.2010	Such & Schnüffel - Deutschlands Detektive
01.02.2010	Gastronomen im Wettstreit
02.02.2010	Erwischt - Im Netz der Fahnder
07.02.2010	Cops & Kontrolleure - Wir wachen über euch
08.02.2010	Die Unterhaltsfahnder
09.02.2010	Hau weg das Zeug! Kids im Vollrausch
14.02.2010	Dein Leben in meiner Hand
15.02.2010	Die Party-Fabrik: Feiern und Feiern lassen
16.02.2010	Ran an den Ramsch! Das Geschäft der Preisprofis
21.02.2010	Wahsinn Berlin - Heimat ist woanders
22.02.2010	Weg mit dem Speck - Abnehmen auf die harte Tour
23.02.2010	Lockruf der Reeperbahn - Die Anmacher vom Kiez
28.02.2010	Soko übernehmen Sie! Einsatz für die harten Jungs
07.03.2010	Töff-Töff-TÜV - Prüfer für Istanbul
08.03.2010	Raus aus dem Knast - Zurück in die Freiheit!
09.03.2010	Die Billigbauer - Viel Haus für wenig Geld
14.03.2010	Raus aus dem Knast - Zurück in die Freiheit!
21.03.2010	Was geschah wirklich? Die Tricks der Ermittler
23.03.2010	Wohnen und wüten - Jagd auf Mietschmarotzer
28.03.2010	Was geschah wirklich? Die Tricks der Ermittler

Abb. 4.1 Ausschnitt des Themenspektrums der *24 Stunden Reportage* aus 2010. (Quelle: eigene Darstellung)

Die Videoanalyse 5

Videoanalysen zu lesen, ohne das Ausgangsmaterial (und zwar als Video!) gesehen zu haben, ist wenig fruchtbar – um es einmal vorsichtig zu formulieren. Hat man nur stehende Bilder zur Verfügung, dann weiß man als Leser*in zum einen nicht, was nun wirklich auf dem Video zu sehen ist, zum anderen kann man die Güte der Interpretation nicht beurteilen. Deshalb ist es zwingend, während der Lektüre immer wieder das Video zu betrachten, anzuhalten und sich einzelne Einstellungen immer wieder anzusehen und selbst zu analysieren. Das hier untersuchte Video (und alle Materialien dazu) kann unter folgendem Link https://link.springer.com/chapter/10.1007/978-3-658-33598-4_5 eingesehen werden.[1] Wir empfehlen, das etwa zweiminütige Video auf den eigenen Rechner herunter zu laden und während der Lektüre der nachstehenden Analyse immer wieder aufzurufen. Tipp: Laden Sie das Video in eine Software, z. B. QuickTimePlayer oder VLC-Player, mit der man das Video Bild für Bild anschauen kann.

Die folgende Beschreibung der von uns über mehrere Wochen hinweg durchgeführten Sequenzanalyse ist eine geordnete (und nach unserer Ansicht sinnvoll systematisierte) Darstellung einer Analyse und keine Dokumentation der wirklichen Analyse. Eine echte Dokumentation der Sequenzanalyse ist schon allein

---

[1] Da auch der Raum im Netz Grenzen kennt, haben wir nicht die komplette Sendung der *24 Stunden Reportage* bereitgestellt, sondern nur die von uns untersuchte Sequenz.

Elektronisches Zusatzmaterial Die elektronische Version dieses Kapitels enthält Zusatzmaterial, das berechtigten Benutzern zur Verfügung steht. https://doi.org/10.1007/978-3-658-33599-1_5

aus Rücksicht auf die begrenzte Lesezeit des/der Leser*in nicht angeraten. Darüber hinaus spricht auch der zu erbringende Arbeitsaufwand dagegen. Aber es gibt auch Gründe, weshalb Sequenzanalysen prinzipiell nicht darstellbar sind. Die wollen wir im nächsten Kapitel darlegen.

5.1 Sequenzanalysen sind prinzipiell nicht darstellbar

Die konkrete Forschungspraxis ist das Eine, die spätere Darstellung dieser Praxis das Andere. Die konkrete Forschungspraxis beginnt bevor die Daten erhoben und verschriftlicht wurden, sie verfolgt Pläne, Interessen, hat Rahmenbedingungen, ist in die Biografie der Forscher*innen eingewoben und verfolgt auch in der Biografie (Karriere-) Pläne und persönliche Interessen. Das ist weder neu noch überraschend.

Hat man sich für bestimmte Daten entschieden und hat man gewisse Methoden der Datenerhebung und Auswertung ausgewählt, dann stellt sich irgendwann die Frage, wie man denn jetzt genau vorgeht: Womit beginnt man die Analyse, wer soll das Material deuten, wie lange soll die Deutung des Materials erfolgen etc.? Wer redlich und in Übereinstimmung mit den Professionsnormen forscht, wird dabei Zufall und Willkür systematisch ausschalten wollen: Weder ist es dem Zufall überlassen, welche Daten man erhebt, noch wie man sie auswertet. Für alles gibt es – oder besser: sollte es – eine wissenschaftlich vertretbare Begründung geben. Deshalb wählt man Daten aktiv aus der Menge des erhobenen Datenmaterials aus und lässt nicht das Los entscheiden.

In der Forschungspraxis kennt man ‚seine' Daten in gewisser Weise, einfach deshalb, weil man sie selbst erhoben hat und mit ihnen umgegangen ist, sie also zur Kenntnis genommen, über sie diskutiert, sie aufbereitet hat. All dies geschieht, bevor man die Daten systematisch auswertet. Vollkommene Unwissenheit über die Daten lässt sich nur erreichen, wenn man sie Kollegen*innen zur Verfügung stellt, die über das Projekt nichts wissen und auch vor der Analyse nichts wissen wollen – was im Übrigen praktisch unmöglich ist.

Beginnt man aber im normalen Forschungsgeschäft mit der Arbeit der Datenanalyse, dann weiß man in der Regel schon eine ganze Menge. Gewiss kann man bei der Analyse das störende Vorabwissen ein- und somit auch ausklammern (also nicht das notwendige und produktive Wissen um die Welt und deren Bedeutung sowie das innere Kontextwissen). Was notwendigerweise immer passiert und sich nicht ausmanövrieren lässt, ist der Umstand, dass die konkrete Datenanalyse ein verschlungener, lang andauernder Prozess ist, der nicht der Logik einer Erzählung

5.1 Sequenzanalysen sind prinzipiell nicht darstellbar

folgt, sondern sich eher eigendynamisch entwickelt und in immer neuen Schleifen nach einem Ergebnis sucht. Dies ist manchmal erfolgreich, manchmal nicht. Der Prozess wiederholt sich und wird so lange wiederholt und angepasst, bis die beteiligten Wissenschaftler*innen der Ansicht sind, dass die Deutungen mit guten Gründen zu den Daten passen. Diesen Prozess kann man nicht abbilden – nicht nur, weil er viel zu lange währt, um ihn eins zu eins zu dokumentieren, sondern vor allem, weil er in der konkreten Forschung selten ein Vorgang ist, der sich präzise von anderen Phasen der Forschung abtrennen ließe.

In unserem Fall sah der Prozess in etwa so aus: Die hier vorgestellte Analyse war nicht die erste Analyse in unserem Forschungsprojekt, und sie war nicht die letzte – sie war „so mittendrin". Und als wir diesen Text geschrieben haben, lief die Forschungsarbeit noch einige Zeit weiter. Wir hatten schon einige Videoanalysen anderer Daten vorgenommen, hatten auch schon erste Texte geschrieben und publiziert, hatten dabei mit verschiedenen qualitativen Verfahren der Datennotation und Datendeutung von Bildern und Videos experimentiert, bevor wir uns (wenn auch nicht zufällig) für das Verfahren der hermeneutischen Wissenssoziologie richtig entschieden haben.

Einer der Autor*innen dieses Aufsatzes suchte in dieser Phase der Forschung nach einem Fall, der a) möglichst unspektakulär sein sollte und der b) auf den ersten Blick mit den bislang erarbeiteten Ergebnissen des Projekts nicht oder nur schwer in Einklang zu bringen ist. Es ging also schon um die Überprüfung und Anreicherung unserer Forschungsergebnisse. Dieser/diese Autor*in ging also das Material im Schnelldurchgang durch, wählte verschiedene Sequenzen verschiedener Sendungen aus unserem *Sample* aus, besprach sich mit den anderen Projektmitarbeiter*innen und entschied sich dann zusammen mit dem/der zweiten Autor*in a) für die Geschichte von dem Hund, der schwarz fährt und b) dafür, (unterstützt durch die neuen Medien) die Analyse gemeinsam vorzunehmen.

Jeder begann dann für sich erst einmal eine (Sequenz-)Analyse, man traf sich, besprach die Ergebnisse und die schier unüberwindlichen Probleme, dann beschloss man, erst einmal ein besseres Notationssystem zu entwickeln. Nach langen Debatten ‚beschlossen' beide, was als das erste Bild in der Sequenz zu gelten hat (Trambahn unscharf in der Mitte des Bildhintergrundes, vorne die Gleise), und interpretierte das Bild als erstes Glied einer Sequenz sequenzanalytisch (Welche Lesarten lassen sich an dieser Stelle noch ermitteln?) oder in der Terminologie von Strauss: Wir betreiben offenes Kodieren. Bei dieser Interpretation listeten wir verschiedene Dimensionen, Aspekte und Elemente auf, die für eine Interpretation wichtig sein könnten, interpretierten in einem zweiten Schritt dann diese Dimensionen, Aspekte und Elemente und entwickelten langsam und sukzessiv ein Notationssystem, das, so glaubten wir, zu unserem Arbeitsziel passt, also eine fruchtbare Verschriftlichung des Videos ermöglichte.

Als Erstes zeigte sich, dass die Interpretation eines *stills* als Teil einer Videoanalyse nicht sehr fruchtbar ist, weil sich mehr Fragen stellen als sich beantworten lassen. Um die Bedeutung eines Elements zu erkennen, mussten wir z. B. erst die Handlung kennen, deren Teil das Element war. Deshalb suchten wir nach leicht erkennbaren Handlungseinheiten, den *moves*. Hier zeigte sich schnell, dass es ganz offensichtlich mehrere Akteur*innen gibt, die *moves* hervorbringen. Wir entschieden uns dafür, natürlich weil wir uns in der Projektarbeit für die Bedeutung der Medien interessierten, die Kamera zu betrachten und deren Agieren als Grundlage für Sequenzierungseinheiten zu nehmen.

Die Autor*innen trafen sich mehrfach, um gemeinsam das Video zu interpretieren, schrieben sich Memos zu Interpretationsmöglichkeiten und ersten Lesarten. Das Video wurde in Gruppensitzungen zusammen mit der gesamten Forschergruppe interpretiert (siehe hierzu beispielhaft, wenn auch an anderen Daten, Reichertz, 2013), die Mitarbeiterin, die das Video nach den Vorgaben ‚transkribierte' fragte bei unklaren Stellen, entwickelte selbst Lesarten, erste Textstücke entstanden, man sprach (oft informell) mit Kolleg*innen über das Video und ein Text wurde geplant. Vom ersten Anstoß bis zur Abfassung des Textes vergingen etwa zwei Monate. In dieser Zeit wurde natürlich noch mehr gemacht als die Analyse des ‚Hundefalles'. Aber er wurde immer wieder diskutiert.

Der Punkt ist nun folgender: Es gab nicht eine Sequenzanalyse, sondern es gab einen über einen längeren Zeitraum sich erstreckenden *Prozess* der Sequenzanalyse. Dies dürfte auch die Normalform der Forschung sein und nicht die Ausnahme. In dieser Zeit wurden Ergebnisse aus früheren Phasen immer wieder revidiert oder überarbeitet. Teilweise fing man wieder komplett von vorne an, weil einem ‚hinten' etwas aufgefallen war, das ‚vorne' noch nicht sichtbar war. So fiel uns z. B. relativ spät auf, dass eine der gezeigten Protagonist*innen ganz offensichtlich als Mitglied der Unterschicht kodiert war, während die zweite deutliche Zeichen der Mittelklasse aufwies, weshalb man die untersuchte Geschichte auch als Lehrstück über Klassenlagen und Klassenverhalten interpretieren kann. Diese Sicht führte dazu, die Sequenzanalyse erneut zu starten. Kurz: Abgetrennte Sequenzanalysen, die zu einem bestimmten Zeitpunkt beginnen und dann einmal durchinterpretiert werden, danach verschriftlicht und weggelegt werden, gibt es in der konkreten Forschung nicht. Auch Sequenzanalysen entstehen in sozialen Prozessen. Typisch für die Sequenzanalysen ist, dass es sich um ein ständiges Hin und Her zwischen Daten und Interpretation handelt.

5.1 Sequenzanalysen sind prinzipiell nicht darstellbar

Dieser soziale Prozess ist nicht wirklich mithilfe eines Textes darstellbar, und wenn man es versucht, dann entsteht eine eigene Gattung, die versucht, den Prozess der Sequenzanalyse im Text und mit Text zu simulieren – wohl wissend, dass ein solches Verfahren selbstwidersprüchlich ist[2]. Nach der Analyse gibt es kein Zurück mehr in die präsequenzanalytische Unschuld – und jeder, der einen Text schreibt, muss entscheiden, was wichtig ist und was im Text auftauchen muss. Genau das weiß man jedoch bei der Analyse noch nicht. Deshalb ist jede Darstellung einer Sequenzanalyse notwendigerweise eine ‚Falschdarstellung' – jedoch nicht zu Täuschungszwecken, sondern allein, um die Analyse dem/der Leser*in überhaupt zugänglich zu machen.

Aufgrund dieser schwierigen Lage haben wir uns dazu entschlossen, hier nicht vorzugeben, den Prozess der Sequenzanalyse exakt zu dokumentieren, sondern wir werden die wichtigsten Schritte beschreiben, die wir a) *nach* der Analyse für sehr wichtig angesehen haben, die b) hilfreich sind, um Videos zu analysieren und die c) es dem/der Leser*in ermöglichen, die Interpretation zu begleiten und zu prüfen. Das führte auch dazu, dass der Text im Hinblick auf die zeitliche Reihenfolge nicht immer in sich konsistent ist. So haben wir im ersten theoretischen allgemeinen Teil bereits Erkenntnisse eingebaut, welche Ergebnis der

---

[2] Diese Selbstwidersprüchlichkeit teilt die wissenschaftliche Darstellung von Sequenzanalysen in gewisser Hinsicht mit der Fernsehserie *Lie to me*. Die Serie handelt von einem Experten für das Erkennen von Mikroausdrücken im Gesicht, an denen Fachleute erkennen können, ob man lügt oder nicht – so die Botschaft der Sendung, aber auch die Paul Ekmans, der für die Figur des Experten Pate stand und die Sendung berät. Die Figur in der Serie, ein Mitarbeiter der CIA, kann am Körperausdruck und vor allem am Gesichtsausdruck von Personen sicher erkennen, ob diese lügen, ihre wahre Emotion verdecken oder falsche Emotionen simulieren. Unabhängig davon, ob Paul Ekman das tatsächlich kann, ist die hier interessierende Frage, ob eine Darstellung von falschen Gesichtsausdrücken und deren Entschlüsselung durch Experten in einer fiktionalen Fernsehserie überhaupt möglich ist. Schon kurzes Nachdenken reicht aus, um zu erkennen, dass die Behauptung der Filmfiguren, sie würden an dem Gesichtsausdruck ihres Gegenübers erkennen können, dass dieser die Unwahrheit sagt, ist ein Selbstwiderspruch. Denn die Schauspieler, die angeblich lügen und auch einen ‚Lügenausdruck' zeigen, lügen ja gar nicht, denn sie zeigen das, was man ihnen aufgetragen hat zu zeigen. Sie können also gar keine Mikrospuren der Vertuschung aufweisen. Und wenn der Regisseur sie anweist, genau eine solche Vertuschungsmikrobewegung zu machen, dann kann das kein Ausdruck von Lüge sein, da nicht gelogen wird. Insofern können weder die Experten in der Serie, noch der/die Zuschauer*in, noch Paul Ekmann in den Gesichtern der Schauspieler lügen erkennen. Denn es wird nicht gelogen. Wenn die Figuren in der Serie dennoch Lügen erkennen, liegt das daran, dass der Regisseur aufgrund des Drehbuchs weiß, wer mit welcher Aussage gelogen hat und es seiner Filmfigur ‚heimlich zuflüstert'. Die Serie *Lie to me* beweist also nicht, dass man Emotionen und Lügen sicher erkennen kann, sondern allein, dass man mit dem Versprechen darauf viele Zuschauer*innen vor den Fernseher locken kann.

späteren Analyse waren, die zeitlich also erst sehr viel später auftauchten. Eigentlich hätte der Aufbau (wollte man den Gang der Analyse nachbilden) ungefähr so sein müssen: Erste Annahmen über Methode und Methodologie der Videoanalyse und der angemessenen Notation, dann erste Versuche der Deutung, dann Revision der Methode, der Methodologie und der Notationssystematik, dann erneute Interpretation, erneute Revision etc.

Die hier vorgelegte Systematisierung einer Sequenzanalyse ist also keinesfalls als kleines Brevier zur Durchführung hermeneutischer Deutungen zu verstehen. Wie im Einzelnen eine Analyse angelegt werden muss, ergibt sich (wie oben schon mehrfach betont) aus der Spezifik der Fragestellung und der Besonderheit der erhobenen Daten. Es gibt nicht die zehn goldenen Regeln der hermeneutischen Methode, wenn überhaupt gibt es *ninty nine ways,* den Daten Bedeutung abzuringen. Erlernen kann man diese Vielfalt am besten, indem man bereits publizierte Fallanalysen liest und durcharbeitet und dabei kritisch prüft, wie Daten, Frage, Transkription und Deutungsverfahren zueinander passen.

Wenn wir im nächsten Abschnitt eine Zusammenfassung des Videoausschnitts liefern, dann nicht deshalb, weil wir das bei der Analyse als Erstes getan haben, sondern weil die Analyse Schritt für Schritt zeigte, welche Handlungen sich in welchen Abschnitten entfalteten, wie die Handlungen von den Akteur*innen selbst sequenziert wurden. Obwohl der Gesamtüberblick über die Handlungen in der konkreten Forschung erst recht spät vorlag, liefern wir ihn hier vorab, einfach um das Lesen und das Verständnis zu erleichtern.

5.2 Zusammenfassende Darstellung der Sendung *24 Stunden Reportage* vom 07.02.2010

Das Ganze ist immer mehr als die Summe seiner Teile und das Teil wird nur im Gesamt deutbar. Die Bedeutung eines Teils kontextfrei zu erfassen, muss scheitern, egal welcher Methode man sich bedient. Das Teil ist immer nur ein Stein eines Mosaiks und da es hier letztlich um das Mosaik geht, sollen zu Beginn alle ‚Steine', also *alle* Elemente des Videos, kurz dargestellt werden.

Eine solche Vorgehensweise widerspricht scheinbar ganz eklatant dem mancherorts vertretenen Verbot vor der Interpretation von Daten den ganzen Datenkorpus zur Kenntnis zu nehmen und ihn sich in einem ersten sinnschaffenden Zugriff anzueignen. Auf die Missverständnisse und auch Fehleinschätzungen, die dem so verstandenen Kontextverbot (das oft auch als Offenheitsgebot formuliert wird) zugrunde liegen, haben wir bereits weiter oben hingewiesen und werden sie deshalb hier nicht wiederholen.

5.2 Zusammenfassende Darstellung der Sendung *24 Stunden Reportage* ...

Die Sendung *24 Stunden Reportage* vom 07.02.2010 von 23.20 Uhr bis 00.30 Uhr trägt den Titel *Cops und Kontrolleure: Wir wachen über euch!* und besteht aus drei Handlungssträngen: Die Arbeit der Zollfahnder*innen, die Arbeit der Trambahnschaffner*innen und die Arbeit in einer Polizeistation. Durch den Videoschnitt entsteht ein Wechselspiel zwischen Zollfahnder*innen an der Grenze zwischen den Niederlanden und Deutschland, Trambahnkontrolleur*innen in Halle und der Polizeistelle in Meinigen (Thüringen) mit unterschiedlichen narrativen Teilen der Reportage. Hier die Kurzbeschreibung der einzelnen Sendungsteile:

1. Sequenz: Sendungsvorschau der spezifischen Sendung vom 07.02.2010

Die Vorschau zur Sendung beginnt direkt ohne jeglichen *voice over*-Kommentar und steigt mitten in eine Handlung ein, welche in unterschiedliche Erzählstränge geteilt werden kann.

Im Mittelpunkt des ersten Erzählstrangs steht eine routinemäßige Verkehrskontrolle, bei der ein Mann auf einen Beamten einschreit. Im Anschluss hieran ist ein Jugendlicher zu sehen, der mit zwei Kontrolleurinnen vor einer Bahn steht und diese darüber informiert, dass er ohne Ticket Bahn fahren will. Der dritte Erzählstrang der Vorschau zeigt zwei Beamte an einem Einsatzwagen sowie eine verfremdete Person. Einer der Beamten fragt die verfremdete Person, ob diese Drogen konsumiert habe. Diese verneint. Nach einem harten Schnitt sind drei Drogentester in Großaufnahme zu sehen. Der letzte *take* zeigt die Beamten vor dem Einsatzwagen, zwei mit einer Dienstjacke des Zolls bekleidet. Einer von ihnen identifiziert die Drogentests als positiv.

Während der gesamten Sendungsvorschau ist Musik und ein Geräusch ähnlich des „Tickens einer Uhr" zu hören und endet damit, dass die ‚typische' Hintergrundmusik der *24 Stunden Reportage* beginnt. Nach der Vorschau der Sendung erscheint abschließend das Logo der *24 Stunden Reportage* in einem Kreis (ähnlich einer Uhr), welcher sich zuvor langsam an eine ablaufende Uhr erinnernd komplettiert (siehe Abb. 5.1).

2. Sequenz: Sendungsvorspann der spezifischen Sendung vom 07.02.2010

Das Logo der *24 Stunden Reportage* erscheint während des Ablaufs des Sendungsvorspanns im linken unteren Bereich des Bildschirms und es ist eine Andeutung des Uhrkreises aus der Vorschau zu erkennen. Im Vorspann sind weitere Erzählstränge der Sendung zu sehen: Zollbeamte führen einen Jugendlichen zu ihrem Einsatzwagen; Marihuana in einem Plastikbeutelchen auf Waage; ein Jugendlicher, der an den Einsatzwagen gelehnt ist; zwei Männer in weißen Polohemden und ein in Warnweste gekleideter Mann heben etwas Verfremdetes vom Boden

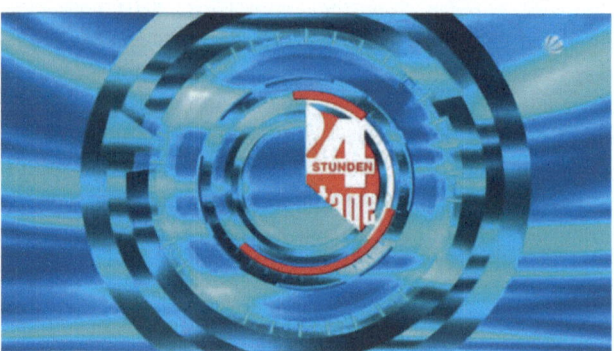

Abb. 5.1 Logo der Sendung *24 Stunden Reportage*. (Quelle: *Still* aus der Sendung *24 Stunden Reportage*, ausgestrahlt von *SAT.1* am 07.02.2010)

einer Wohnung auf; das nächste Bild zeigt einen Totenschein mit verfremdeten Namen, lediglich die Überschrift „Totenschein" ist deutlich zu erkennen. Nach dieser erneuten Sendungsvorschau wird der Titel der Sendung vor dem Hintergrund eines blauen Streifens eingeblendet: „Cops und Kontrolleure: Wir wachen über euch!"; im Hintergrund ist ein Polizist mit zwei Waffen in der Hand zu sehen, der zu einem Polizeiwagen läuft (siehe Abb. 5.2).

Danach ist ein Mann zu erkennen, der für jemanden einen Zettel beschriftet und eine Art Schein auszustellen scheint sowie nach dem nächsten Schnitt eine junge Frau, die in der Trambahn sitzt und einen kleinen Hund vom Sitz neben sich in eine Handtasche setzt. Abschließend erscheint erneut, ähnlich dem Ablauf einer Uhr, das *24 Stunden Reportage*-Logo. Die Musik wird zum Ende des Sendungsvorspanns lauter und endet (als die Sendung beginnt) in einem leiser werdenden Ticken, wieder erinnernd an eine Uhr.

Abb. 5.2 Vorspann zur Folge *Cops und Kontrolleure*. (Quelle: *Still* aus der Sendung *24 Stunden Reportage*, ausgestrahlt von *SAT.1* am 07.02.2010)

5.2 Zusammenfassende Darstellung der Sendung *24 Stunden Reportage* ...

3. Sequenz: Eigentlicher Beginn der Sendung – Einsatz der Zollfahndung an der Grenze zwischen Niederlande und Deutschland

Während der ersten Bilder der Sendung erscheint das *24 Stunden Reportage*-Logo im unteren linken Bereich des Bildschirms als verkleinerte Darstellung. Während des *voice over*-Kommentars, der erläutert, dass ein Motorradfahrer wegen des Verdachts auf Drogenschmuggel durch Beamte des deutschen Zolls an der holländisch-deutschen Grenze verfolgt wird, sind zwei Beamte in einem Einsatzwagen zu sehen, die den Motorradfahrer verfolgen. Im weiteren Verlauf der Verfolgung entkommt der Motorradfahrer zunächst den Beamten. Diese können jedoch durch Hinweise von Kollegen die Spur später wieder aufnehmen. Die anschließende Einstellung zeigt die zwei Beamten, wie sie aus dem Wagen steigen und sich ein im Wald abgestelltes Motorrad ansehen. Anhand abgebrochener Äste verfolgt ein Beamter die Spur des geflohenen Motorradfahrers. Der *voice over*-Kommentar beendet die Sequenz: „Rudolf Esser geht der Sache zu Fuß nach."

4. Sequenz: Zwischenvorschau auf weiteren Sendungsverlauf vor erster Werbepause

Die Musik der Sendung ertönt und ein Teil einer angedeuteten Uhr erscheint unten links am Bildschirm. Die Zwischenvorschau auf die weiteren Sendungsinhalte greift erneut die am Beginn der Sendung vorgestellte Thematik der Drogenkontrolle im Straßenverkehr mit der bereits beschriebenen Einstellung auf, während als *voice over-Kommentar* „Die Verdächtigen müssen mit auf die Wache" zu hören ist. Dem folgt ein Kurzinterview mit einem Polizisten, dann die Darstellung einer Verkehrskontrolle, in der ein Konflikt zwischen Polizist und dem Kontrollierten zu beobachten ist. Der *voice over*-Kommentar ergänzt die Aufnahmen: „Waffenschmuggel in Deutschland? Nicht ganz. Ein Schießbudenbesitzer muss seine Luftgewehre abgeben. Er versteht die Welt nicht mehr. Mehr darüber gleich." Es erfolgt eine Texteinblendung am unteren Rand des Bildschirms „Gleich geht's weiter". Nach dieser Einblendung ist ein *24 Stunden Reportage*-Logo zu sehen, welches den gesamten Bildschirm einnimmt.

5. Sequenz: Erste Werbepause

Die erste Werbeeinblendung schließt sich direkt dem *24 Stunden Reportage*-Logo an. Dabei handelt es sich um das Onlineportal *Elitepartner.de*, welches gleichzeitig durch eine Programmvorschau von *SAT.1* ergänzt wird, die als Einblendung zu sehen ist: „Nicole Kidman & Daniel Craig DER GOLDENE KOMPASS". Es folgt eine Werbeankündigung mit dem Slogan „Color your life", dem die nachstehenden Werbefilme angeschlossen sind: Balisto, T-Mobile, Cash4Gold, Single Marit

Abb. 5.3
Sendungsvorschau der *24 Stunden Reportage*. (Quelle: *Still* aus der Sendung „*24 Stunden Reportage*, ausgestrahlt von *SAT.1* am 07.02.2010)

Larson „Under the Surface" mit Konzertterminen, Zalando – Schuhe online bestellen, Maxdome – Deutschlands größte Onlinevideothek, Zott Sahnejoghurt, Voltaren Schmerzgel und E wie Einfach – Strom. Die Werbepause endet mit einem Beitrag von *SAT.1*, in dem Franz Beckenbauer zu sehen und das Lied „Show me what I'm looking for" zu hören ist.[3]

6. Sequenz: *SAT.1* – Programmvorschau

Der Werbepause schließt sich die Vorschau auf das Programm von *SAT.1* an, in welchem die folgenden Inhalte vorgestellt werden: Der Crime-Sonntag mit *Navy CIS* und *Criminal Minds*, *SAT.1* Film-Film am Mittwoch: *The Glas House* und *SAT.1* Film-Film: *Von Frau zu Frau*. Die Gesamtzeit der Unterbrechung beträgt ca. 7 Minuten und 15 Sekunden.

7. Sequenz: Sendungsvorschau

Das Logo der *24 Stunden Reportage* erscheint nach der Programmvorschau als Vollbild. Es kommt zu einer Überblendung vom Logo zur Vorschau der Sendung, in der ein rasender Einsatzwagen der Polizei auf einer Straße fahrend, mit Blaulicht, zu sehen ist (siehe Abb. 5.3).

Vor diesem Hintergrund erscheint das *24 Stunden Reportage* – Logo klein in der linken unteren Ecke des Bildschirms und der Titel der Sendung *Cops und Kontrolleure: Wir wachen über euch!* wird eingeblendet.

8. Sequenz: Nächster Teil der *24 Stunden Reportage:* Trambahn-Kontrolleure in Halle: Schwarzfahrender Student

---

[3] Die Beschreibung der Werbepausen komplettiert die Beschreibung des zu analysierenden Gegenstandes. Im Falle eine YouTube-Videos könnten an dieser Stelle ebenso Werbeeinblendungen, jedoch beispielsweise auch die Kommentare unter dem Video in die Beschreibung einbezogen werden.

5.2 Zusammenfassende Darstellung der Sendung *24 Stunden Reportage* ...

Ein *voice over*-Kommentar führt in die Handlung ein, indem er erklärt, dass für die Trambahnkontrolleur*innen Anett, Sabine und Herbert aus Halle der Arbeitstag beginnt und dass auch heute nicht jeder ein Ticket in der Bahn besitzt. Während der *voice over*-Kommentar zu hören ist, sind die drei Kontrolleur*innen dabei zu sehen, wie sie an einer Haltestelle in die Bahn einsteigen. Kurz nach Beginn der Fahrkartenkontrolle wird der erste Schwarzfahrer ohne Ticket in der Bahn erwischt. Die Kontrolleurin und der Schwarzfahrer klären die Formalien, während der *voice over*-Kommentar das Geschehen begleitet: „Angeblich ist der Mann nach durchzechter Nacht in der Bahn eingeschlafen und schon ein paar Mal im Kreis gefahren. Ausweisen kann er sich nicht." Der zweite Handlungsstrang dieser Sequenz spielt außerhalb der Bahn. Der schwarzfahrende Student erklärt, dass er kein Geld bei sich habe und deshalb erneut schwarzfahren müsse. Er steigt in die Bahn ein. Es stellt sich allerdings heraus, dass er doch ein Ticket besitzt – wie der *voice over*-Kommentar bestätigt: „Irgendwer muss ihm das Geld für das Ticket geschenkt haben. Gut für ihn. Die Kontrolleure hätten ihm gerade noch eine Strafe aufgebrummt."

9. Sequenz: Zolleinsatz Grenze Niederlande: Motorradfahrer

Ein harter Schnitt dient als Überleitung zur nächsten Sequenz. Der *voice over*-Kommentar erläutert den neuen Handlungsstrang: „An der Grenze zu Holland fahnden die Zöllner Spieß und Esser immer noch nach dem Motorradfahrer." Es sind nun mehr Einsatzkräfte als die beiden Beamten vom Anfang im Einsatz, die versuchen, den Motorradfahrer aufzuspüren. Letztendlich wird dieser vom Zollbeamten Spieß an einem Bahndamm gestellt. Nachdem dem Motorradfahrer Handschellen angelegt worden sind, beginnen die Beamten den vom Motorradfahrer weggeworfenen Beutel zu suchen. Am Ende stellt sich heraus, dass dieser tatsächlich (wie vermutet) Marihuana enthält. Die Beamten informieren ihn über den Fund und erläutern ihm die rechtlichen Folgen. Der *voice over*-Kommentar schließt die Sequenz ab, während der Zollwagen aus dem Bild über eine Landstraße davonfährt: „Kann ja sein. Aber unsere Zöllner haben da ihre Zweifel. Zu häufig schon haben sie Wiederholungstäter erwischt, die vorher Stein und Bein geschworen haben: Nie wieder."

10. Sequenz: Polizeiwache in Meiningen: Toter Sohn in Wohnung

Ein *voice over*-Kommentar erklärt eingangs das Geschehen, dass die thüringischen Polizisten Andreas Müller und Andreas Ersam in Meiningen eingesetzt werden. Der Erzählstrang beginnt mit der Meldung einer älteren Dame, die seit Tagen nichts von ihrem Sohn gehört hat. Aufgrund dessen fahren die Polizisten mit dem Schlüsseldienst zu der Wohnung des Mannes. Dort treffen sie auf die Mutter des als vermisst geltenden Sohnes. Nachdem der Schlüsseldienst die Wohnungstür geöffnet hat, betreten die zwei Beamten die Wohnung und finden den Sohn tot in einem Sessel vor dem laufenden Fernseher. Die Polizisten verständigen den Notarzt und das Krisenintervensionsteam zur Betreuung der Mutter. Im nächsten Abschnitt betritt das Sanitäter-Team die Wohnung, welches nur noch den Tod des Mannes feststellen und seinen Leichnam auf eine Trage legen kann. Bevor das Krisenintervensionsteam eintrifft, informiert einer der Sanitäter die Mutter über den Tod ihres Sohnes. Die Sanitäter stellen abschließend fest, dass es kein Fremdverschulden war und stellen den Totenschein aus. Einer der Polizisten nimmt abschließend vor der Kamera Stellung dazu: Da es sich um eine natürliche Todesursache handele, sei das nun kein Fall mehr für die Polizei.

11. Sequenz: Trambahnkontrolleure in Halle: Frau mit Hund.

Da wir diesen Teil später genauer untersuchen werden, erfolgt die Beschreibung weiter unten.

12. Sequenz: Vorschau auf nachfolgende Teile der Sendung

Die typische Musik der *24 Stunden Reportage* wird eingeblendet. Im linken unteren Teil des Bildschirms ist erneut der Teil einer angedeuteten Uhr zu erkennen. Zu Beginn der Vorschau ist ein Polizist im Wald zu sehen, der sich Gummihandschuhe anzieht und in Richtung Kamera spricht: „Puh … Der hat ja gar keinen Bauch mehr, gar nichts. Das ist alles schon Wildfraß (siehe Abb. 5.4)."

Der *voice over*-Kommentar fasst die Situation zusammen: „Ein Kind wird im Wald gesucht. Doch die Polizei findet die Leiche eines Erwachsenen." Der nächste Ausschnitt zeigt einige Beamte vor einem Wagen des Zolls mit einer verfremdeten Person. Trotz der Versicherung der Insassen, keine Drogen mitzuführen und konsumiert zu haben, beweist ein Test das Gegenteil. Es wird ein Kofferraum gezeigt, in dem ein Hund etwas zu suchen scheint und dabei von einem Zollbeamten beobachtet wird. Während die Einblendung „Gleich geht's weiter" beendet der *voice over*-Kommentar die Vorschau: „Die Durchsuchung beginnt. Gleich." Vor

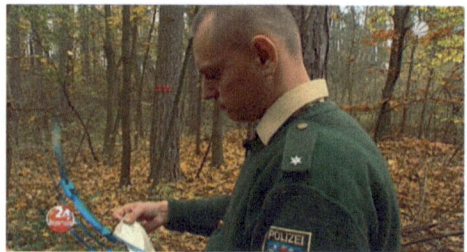

Abb. 5.4
Sendungsausschnitt, in dem ein Polizist mit einem Blatt Papier in der Hand zu sehen ist. (Quelle: *Still* aus der Sendung *24 Stunden Reportage*, ausgestrahlt von *SAT.1* am 07.02.2010)

5.2 Zusammenfassende Darstellung der Sendung *24 Stunden Reportage* ... 83

dem Übergang von der Sendungsvorschau zur Programmvorschau erscheint das *24 Stunden Reportage*-Logo.

13. Sequenz: Programmvorschau von *SAT.1*
Es folgt eine Programmvorschau auf den Film *Maddin in Love,* der sich die zweite Werbepause anschließt.

14. Sequenz: Zweite Werbepause
Bevor die eigentlichen Werbefilme beginnen, ist Franz Beckenbauer zu sehen, der einen Fußball kickt und eine Frau, die den Ball auffängt. Diese Szene endet mit dem Slogan von *SAT.1*. Es folgen Werbefilme von: T-Mobile, Weight Watchers, CD-Album *The sweetest Hangover* von Miss Platnum, www.ab-in-den-url aub.de, Bronchipret und Sinupret Erkältungsmittel, CD-Album *Tatoos* von Peter Maffay und Live Tournee, www.e-hoi.de Kreuzfahrtenspezialist, www.GameDu ell.de – Deutschlands größte Spieleseite und Voltaren Dolo extra.

15. Sequenz: Programmvorschau von *SAT.1*
Den Werbefilmen angeschlossen, ist eine Vorschau quer durch das Programm von *SAT.1*: *SAT.1 FilmFilm* allgemein, *SAT.1 FilmFilm* am Donnerstag: *Der goldeneKompass* mit Nicole Kidman und Daniel Craig und der großen *SAT.1* Film TV Premiere: *Im Spessart sind die Geister los.* Die Gesamtzeit der Unterbrechung von Vorschau und Werbefilmen beträgt 6 Minuten und 15 Sekunden.

16. Sequenz: Dritter Teil der Sendung: Sendungsvorschau
Das *24 h Reportage*-Logo nimmt bei der Sendungsvorschau den gesamten Bildschirm ein. Im Anschluss daran sind die gleichen Szenen wie nach erster Werbepause zu sehen: Ein Polizeiwagen mit halber Uhreinblendung und Titel der Sendung „*Cops und Kontrolleure: Wir wachen über euch!*".

17. Sequenz: Polizeistelle Meinigen: Vermisster Junge
Während die 17. Sequenz mit einer Aufnahme durch die Frontscheibe eines Autos beginnt, hat sich das Logo von *24 Stunden* in das *24 Stunden Reportage*-Logo verändert und wird langsam in der linken unteren Ecke des Bildschirms eingeblendet. Der *voice over*-Kommentar führt in das Geschehen ein: „Aufregung in Thüringen. Ein Kind ist verschwunden. Die Polizisten Müller und Ersam werden zur Schule des Jungen gerufen. Dort wurde er zuletzt gesehen. Nachdem die Polizisten mit Beamten der Schule des vermissten Jungen gesprochen haben, beschließen sie die Suche auf den nahegelegenen Wald auszuweiten. Die Handlung findet eine überraschende Wendung, als die Polizisten bei der Suche nach dem Jungen im Wald

die Leiche eines Mannes entdecken, der durch Wildfraß völlig entstellt ist, sodass nur seine Papiere in der Brieftasche Aufschluss über dessen Identität geben können." Ab diesem Zeitpunkt übernimmt die Spurensicherung den Fall, sodass die Suche nach dem verschwundenen Jungen weitergehen kann. Der Fall endet mit der Nachricht, dass der Junge in der Stadt gesehen worden ist und einer anschließenden Konfrontation des Jungen mit der Polizei, was der *voice over*-Kommentar wie folgt zusammenfasst: „Alle sind erleichtert. Die Mutter sowieso. Aber auch die Polizei."

18. Sequenz: Zolleinsatz Grenze Niederlande: Drogenkontrolle im Verkehr

Auch im dritten Teil des Zolleinsatzes an der Grenze zwischen den Niederlanden und Deutschland führt der *voice over*-Kommentar in den Erzählstrang ein. Die Zöllner Robert Spieß und Rudolf Esser beobachten das Autobahngeschehen aus dem Einsatzwagen heraus. Im nächsten *take* fahren die Zöllner in ihrem Einsatzwagen los und stoppen einen Wagen auf einem Parkplatz. Es folgt eine Kontrolle des Fahrers und Beifahrers auf Fahrzeugpapiere, Ausweis und Führerschein sowie auf Drogen und Schmuggelgegenstände. Drogentests werden durchgeführt, die in beiden Fällen positiv ausfallen. Nachdem ein Drogenhund das Auto der Drogenkonsumenten durchsucht hat, muss das Paar die Beamten auf die Wache begleiten. Hier werden sie erneut auf Drogen kontrolliert. Als klar wird, dass die beiden Personen lediglich vor ein paar Tagen Drogen konsumiert und keine Drogen mitgeführt oder geschmuggelt haben, dürfen sie ihre Fahrt fortsetzen.

19. Sequenz: Trambahnkontrolleure in Halle: Zuckerkranker

Der *voice over*-Kommentar erläutert die aktuelle Situation der Trambahnkontrolleure in Halle, welche die Fahrkartenkontrolle durchführen. Bei der Kontrolle eines älteren Herrn fällt auf, dass dieser sein Ticket nicht abgestempelt hat, was ein Bußgeld nach sich zieht. Obwohl der ältere Herr mehrfach betont, dass er sich aufgrund seiner Zuckerkrankheit vor dem Abstempeln des Scheins erst einmal habe hinsetzen und ausruhen müssen, fordert die Kontrolleurin den Fahrgast auf, sich auszuweisen und übergibt ihm nach Überprüfung des Ausweises den Bußgeldbescheid. Am Ende der Sequenz nehmen die Kontrolleurin und ihr Kollege vor der Kamera Stellung zum Geschehen. Hier erklären die beiden, dass der Fahrschein bereits fast ein Jahr alt gewesen sei und man kaum noch etwas darauf hätte erkennen können, sodass die Vermutung nahe gelegen habe, dass der ältere Mann den Fahrschein wohl für den Fall dabei habe, dass es zu einer Kontrolle kommt.

20. Sequenz: Mobile Zollkontrolle Grenze Niederlande: Routinekontrolle von Passanten zu Fuß

5.2 Zusammenfassende Darstellung der Sendung *24 Stunden Reportage* ...

Zu Beginn der Sequenz fahren die Zollfahnder ein Gebiet ab, in dem die meisten, die Betäubungsmittel von den Niederlanden nach Deutschland schmuggeln, zu Fuß über die Grenze kommen. Die Fahnder kontrollieren einen Passanten zu Fuß am Einsatzwagen, ob dieser Drogen mit sich führt. Die Kontrolle fällt negativ aus und die Zollbeamten sehen sich weiter um. Der nächste *take* zeigt einen der Zollfahnder, der sich mit einem Kollegen über zwei Verdächtige austauscht, die angeblich Drogen mit sich führen. Nach einer Beschreibung der verdächtigen Person warten die Beamten an einer Bushaltestelle auf den Jugendlichen. Die Fahnder steigen in den Bus ein und sprechen die verdächtigen Fahrgäste an. Die verdächtigen Personen werden aus dem Bus geführt und am Einsatzwagen auf Drogen kontrolliert und befragt. Nachdem bei den Verdächtigen mitgeführte Drogen festgestellt worden sind, klärt einer der Beamten die Jugendlichen über ihre Rechte auf.

21. Sequenz: Polizeistelle in Meiningen: Schießbudenbesitzer

Musik eröffnet die neue Sequenz und ein *voice over*-Kommentar erläutert, dass die Polizisten Müller und Ersam zur letzten Streifenfahrt des Tages aufgebrochen sind. Dabei stoßen die Beamten auf einen Wagen, der unnötigerweise seine Nebelschlussleuchte eingeschaltet hat. Der Beifahrer, Herr Gärtner, wird von einem Beamten während der Alkoholkontrolle seiner Frau dazu aufgefordert, den Verbandskasten und das Warndreieck des Autos vorzuzeigen. Als dieser den Kofferraum öffnet, sind dort einige Waffen zu sehen. Auf Nachfrage nach dem dazugehörigen Waffenschein kann das Ehepaar als Besitzer einer Schießbude lediglich eine Kopie des Waffenscheins vorzeigen, welcher allerdings auf die (Schwieger-)Mutter ausgestellt ist, die sich nicht im Auto befindet. Die Polizisten sehen sich gezwungen, die Waffen in Gewahrsam zu nehmen bis die (Schwieger-)Mutter Frau Gerda Gärtner kurz darauf das Original des Waffenscheins auf der Wache persönlich vorlegt und so die Waffen auslöst. Frau Gärtner bemerkt: „Komisch, in Amerika da kann jeder eine Waffe haben, da fragt auch keiner." Am Ende der Sequenz belehrt der *voice over*-Kommentar die Zuschauer*innen: „Da irrt Frau Gärtner. Auch in Amerika gibt's Cops und Kontrolleure massenhaft. Und mal ehrlich: Unsere hier sind doch eigentlich ganz nett." Die Kamera schwenkt auf die zwei Polizisten aus Meiningen und dann auf die komplette Beamtenschaft der Wache an einem Besprechungstisch und dann wieder zurück auf die beiden Polizisten. „Oder?", fragt der *voice over*-Kommentar.

22. Sequenz: Abspann der Sendung

Am Ende der Sendung ist der Abspann mit einem Programmhinweis auf die Sendung *News & Stories* im Anschluss an die *24 Stunden Reportage* zu sehen. Dort

Abb. 5.5 Abspann der Sendungsolge. (Quelle: *Still* aus der Sendung *24 Stunden Reportage*, ausgestrahlt von *SAT.1* am 07.02.2010)

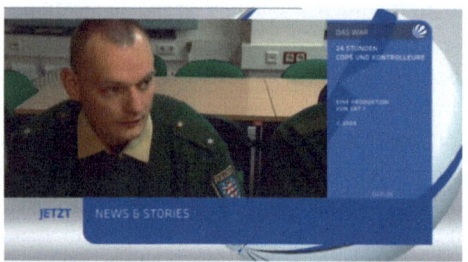

sind noch einmal eine Auswahl gezeigter Szenen der Erzählstränge der Zollfahnder und der beiden Polizisten aus Meinigen zu sehen (siehe Abb. 5.5):

Die hier untersuchte Sendung *24 Stunden Reportage* besteht insgesamt aus 22 *Sequenzen* (Teilen), die deutlich voneinander zu unterscheiden sind. Acht Teile sind selbstreferentiell: sie beziehen sich auf den Sender *SAT.1* oder die aktuelle Sendung. Es existieren zwei Werbeunterbrechungen, die insgesamt eine Zeit von 13 Minuten und 30 Sekunden ausmachen. Nachdem der gesamte Kontext der zu analysierenden Sendung dargestellt worden ist, folgt nun die Analyse der ausgesuchten Sequenz.

5.3 Analyse der Sequenz: Ein Hund fährt schwarz

Womit die Deutungsarbeit beginnen? Diese Frage spricht zwei Probleme an: Erstens: Was ist das erste Bild, das interpretiert werden soll? Zweitens (hat man sich für ein Bild entschieden) die Frage, mit welchem Teil der Notation begonnen werden soll. Soll man mit dem Text beginnen oder dem Bild? Erst einmal: Man beginnt damit, dass man die Notation zur Hand nimmt. Genaue Notationen sind nämlich keine Fleißübungen, sondern ein notwendiges Hilfsmittel zur Analyse von Videos[4]. Doch wie nutzt man die Notationen? Aus unserer Sicht ist es am sinnvollsten, bei der Analyse nicht mit dem Text zu beginnen, sondern mit dem durch den Film geschaffenen Filmraum, der ganz allgemein durch Ort und Zeit bestimmt wird. Dann kann man schauen, wie der Ort bevölkert wird, welche Dinge und Personen in welcher Beziehungskonstellation zueinander auftauchen. Dann geht man Schritt für Schritt die einzelnen Punkte der Notation durch bis man schlussendlich alle in die Deutung einbezogen hat. Natürlich geht das nicht

---

[4] Deshalb macht es auch Sinn, dass die Interpret*innen selbst an der Erstellung der Notation maßgeblich beteiligt sind oder aber zumindest diejenigen, welche die Notation erstellt haben, an der Interpretation beteiligt sind.

mechanisch nacheinander, sondern immer wieder wird man von einem Punkt zum anderen springen; die Deutung des einen Punktes beflügelt die Interpretation eines anderen und *vice versa*. Für diesen Prozess der Interpretation gilt das Gleiche wie für die Sequenzanalyse: Man kann ihn nicht wirklich darstellen. Deshalb findet sich in der *Darstellung* der Interpretation auch nicht immer auf den ersten Blick der direkte Bezug zu den einzelnen Punkten der Notation. Auf den zweiten Blick jedoch schon.

Das einfachste bei einer Videoanalyse ist (so scheint es zumindest), mit dem ersten Bild zu beginnen. Doch was ist das erste Bild? Auch hier wird man (wie so oft) pragmatisch und in der Haltung eines Menschen im Alltag das für den Anfang nehmen, was als Anfang ausgeflaggt ist. In unserem Beispiel ist es das erste Bild der Teilsequenz, die wir als Ganzes betrachten wollen – also das erste Bild der Episode über den Hund, der ohne Ticket mitfährt. Man startet mit dem Versuch einer Beschreibung dessen, was man sieht.

5.3.1 Das gezeigte Bild: Trambahn mit Menschen und Bäumen

Das erste Bild dieser Episode ist das, das direkt nach dem Schnitt erscheint. Da Videokameras nicht mehr wie Filmkameras arbeiten, die viele Einzelfotos belichteten und viele zu einer flüssigen Bewegung verbanden, und es deshalb kein bestimmtes erstes Bild mehr gibt, nehmen wir als erstes Bild das, was als Erstes zu sehen ist. Mittels moderner *Software* wird es still gestellt und farbig ausgedruckt. Dieser Ausdruck ist das erste Datum, das es zu interpretieren gilt. In unserem Fall sieht das Bild (auf den ersten Blick) so aus:

Groß im Vordergrund ist eine gepflasterte Straße, die sich bis zum Bildhintergrund erstreckt. Links und rechts im Bildhintergrund ist die Straße von grünen Bäumen gesäumt. Ein Auto steht/fährt am Rande, ein weiteres ist klein im rechten Hintergrund zu sehen. Rechts an der Seite befindet sich eine Gruppe Menschen, die an einer Haltestelle warten. Dort, wo der Hintergrund in den Vordergrund reicht, ist in der Mitte des Bildes eine Trambahn zu sehen. Eine Art LED-Anzeige am Kopf der Trambahn zeigt die Ziffer „4" und Buchstabenfolge: „Kröllwitz". Die Trambahn steht/fährt auf Schienen, die in die gepflasterte Straße eingelassen sind. Links unten im Bild ist das Zeichen *24 Stunden Reportage* eingeblendet, rechts oben die Buchstaben- und Ziffernfolge *SAT.1*. Hätte ein/eine Maler*in dieses Bild gemalt, hätte er/sie es vielleicht so genannt: ‚Trambahn mit Menschen und Bäumen'.

Eine solche Darstellung des Bildinhalts ist natürlich keine reine Deskription, sondern bereits eine Deutung dessen, was wir zu sehen glauben, manches Implizite haben wir bereits explizit gemacht. Die helle Fläche im Vordergrund nennen wir ‚Straße', das große rechteckige Etwas in der Mitte ‚Trambahn' (und nicht Bus), die kleinen Rechtecke ‚Autos', die Gestalten ‚Menschen' und das Rechteck am Schienenrand mit dem einen großen ‚H-Schild' eine Haltestelle. Aber nicht nur die Formen, die auf dem Bild zu sehen sind, haben wir bereits mit sinnmachenden Wörtern versehen, auch das Bild selbst. Wir sprechen von Vorder- und Hintergrund, von Mitte und von rechts und links. Wer hinter eine solche sinnmachende Beschreibung zurück will, wird nicht nur nichts mehr finden, sondern zugleich feststellen, dass die scheinbar neutralen Wörter ebenfalls Sinn machen – nur etwas allgemeiner.

Eine andere Ebene der Beschreibung betreten wir, wenn wir die Menschen mit der Trambahn in Verbindung bringen und sagen, „Die Menschen warten an der Haltestelle auf die Trambahn der Linie 4, die in Richtung Kröllwitz fährt; die Trambahn kommt an; das Auto parkt". All das und noch vieles mehr lässt sich nicht wirklich dem Bild entnehmen, sondern wir müssen es folgern, erschließen, teils, indem wir logisch schließen, teils, indem wir uns das Gesamte verständlich machen. Verständlich machen wir es uns dadurch, dass wir uns Szenarien vorstellen, in denen die gezeigten Elemente auftauchen und Sinn machen. Auch hier wird Implizites explizit gemacht. Und eines der möglichen Szenarien, das wir kennen und das mit den Geschehnissen auf dem Bild hinreichende Ähnlichkeiten aufweist, ist das Szenarium ‚Straßenverkehr, Trambahn und Haltestelle'.

Zu sagen, dass im oberen linken Bildrand das Logo des Fernsehsenders *SAT.1* eingeblendet ist, gehört auch zu dieser abstrakteren Ebene. Wir ‚verstehen' es nur, wenn und weil wir bestimmtes Weltwissen von Fernsehsendern und der Technik des Einblendens haben. Sobald wir uns auf dieser Ebene befinden, tauchen nicht nur Trambahnen und Fahrgäste auf, sondern in deren Horizont taucht zugleich das Wissen über den Unterschied von Bussen und Trambahnen auf, wann und warum die ersten, also die Busse, eingeführt und wann die zweiten abgeschafft bzw. wieder eingeführt wurden, welche Art von Orten/Städten überhaupt (noch) über Trambahnen verfügt etc. Und wenn wir von *SAT.1* schreiben, dann taucht im Horizont unausweichlich das Wissen um Fernsehsender auf (private wie öffentliche), von Zuschauer*innen, Sendungen, Einschaltquoten, Werbung, Unterhaltung etc., aber das Wissen um Techniken der Filmherstellung der Filmgestaltung und vielem anderen mehr – kurz: das einzelne Videobild steht bereits in einem Kontext und zwar in dem, den die Interpret*innen für das Bild aktiviert haben.

Eine andere Ebene der Sinn-machenden Deutung beschreitet man, wenn man überlegt, ob (ganz im Sinne einer ikonologischen Interpretation) es sich bei der

5.3 Analyse der Sequenz: Ein Hund fährt schwarz

Abb. 5.6 Beschreibung des ersten Bildes: Tram und Zug von vorne. (Quelle: *Still* aus der Sendung *24 Stunden Reportage*, ausgestrahlt von *SAT.1* am 07.02.2010)

in den Vordergrund bewegenden Bahn um eine Wiederaufnahme der berühmten Bahnszene der Gebrüder Lumière handelt – eine Frage, die sich übrigens verstärkt, wenn man den ganzen *take* betrachtet, denn in der Tat fährt die Bahn auf die Kamera zu, wenn auch in einem anderen Winkel als bei dem Klassiker der Filmgeschichte. Auch hier wird Implizites explizit gemacht – wobei hier allerdings eher ‚vermutet' als ‚gewusst' wird. Das heißt, der Grad an Sicherheit, ob das Wissen hier auch der Fall ist, nimmt ab (siehe Abb. 5.6).

Gewiss kann man eine Ähnlichkeit zwischen der in einen Bahnhof einfahrenden Lokomotive der Gebrüder Lumière aus dem Jahr 1895 und der hier in Frage stehenden Trambahn sehen, doch für die These, dass es sich um ein bewusstes Filmzitat handelt, spricht erst einmal nichts. Hier anzusetzen und die Deutung vor diesem filmgeschichtlich relevanten Ereignis zu entwickeln (was wir im Übrigen im Laufe unserer eigenen Interpretation über einige Zeit versucht haben), macht sehr viel Arbeit, ohne dass es unterm Strich Gewinn bringt. Möglicherweise geht diese Art des Zeigens einer Bahn tatsächlich auf die Gebrüder Lumière zurück, aber es ist dann ein Zitat eines Zitates, eines Zitates, das sich in der Dunkelheit der Geschichte verliert. Oder aber die Betrachtungsweise der Gebrüder Lumière ist Teil des Kanons der Filmausbildung geworden und hat sich so über die Ausbildung in das Tun von professionellen Kameramännern eingeschrieben und ist auch so Teil der habituellen Praktik des Filmens geworden. Oder aber es macht in unserer Kultur für jeden offensichtlich Sinn, eine Bahn, die im weiteren Verlauf von Bedeutung sein wird, zu zeigen, wenn sie auf einen zukommt und nicht dabei, wie sie wegfährt.

Diese ersten Sinn-machenden Deutungen gelingen im Übrigen nur, weil wir das Bild als *Momentaufnahme* eines tatsächlich ablaufenden Ereignisses gedeutet haben, also indem wir das Bild in eine zeitliche Abfolge einrückten. Eine Bestätigung dieser Annahme lieferten die weiteren Bilder. Sie zeigten nämlich, dass unterschiedliche Akteur*innen unterschiedliche Handlungszüge im Bild und mit dem Bild herstellten. Die Videobilder stellten jeweils bestimmte Handlungen und deren Abfolge dar – und das waren die Einheiten, die von Bedeutung waren. Deshalb hatten wir bereits an dieser Stelle beschlossen, die Analyse von Einzelbildern aufzugeben und uns stattdessen erst einmal einem groben Überblick über die verschiedenen Handlungszüge der einzelnen Akteur*innen zu verschaffen.

Lässt man nun den ersten *take* der Episode vor sich ablaufen, dann löst sich das statische Bild ‚Trambahn mit Bäumen und Menschen' schnell auf und wir erhalten eine Szene. Eine Trambahn fährt auf den/die Betrachter*in zu. Erst ist sie nur unscharf zu sehen, aber dann wird das Bild klarer – ebenso das Bild der Menschen an der Haltestelle. Auf der Straße daneben fließt mäßiger Verkehr. Als die Trambahn sich der Kamera noch mehr nähert, verschwimmt das Bild wieder.

Mit dem ersten Bild setzt als *voice over*-Kommentar Musik ein, die das Geschehen im Weiteren immer wieder begleitet. Nach etwa einer Sekunde hört man die Stimme eines Mannes im Alter zwischen ca. 40 und 55 Jahren (als *voice over*) sprechen. Etwa eine halbe Sekunde später erscheint im rechten unteren Bildrand nach und nach im Stakkato einer mechanischen Schreibmaschine, begleitet von dem entsprechenden Ton, die Buchstaben- und Ziffernfolge: „Halle 11:54 Uhr". Die männliche Stimme sagt derweil: „In den vergangenen fünf Jahren hat die Stadt Halle knapp 500.000 EUR (...)" Schnitt. Ein neues Bild: Man sieht von schräg hinten zwei Frauen und einen Mann auf dem Bürgersteig zielgerichtet gehen. Die Stimme sagt weiter: „(...) Verwarngeld von Schwarzfahrern (...)" Schnitt. Man sieht von der Seite, wie eine von zwei Frauen den Türöffnungsknopf einer Trambahn drückt und einsteigt. Die Stimme spricht weiter: „(...) kassiert. Einen Teil dieser Fahrgäste ohne Ticket haben die Kontrolleure Sabine (...)" Schnitt. Man sieht von hinten, wie die zweite Frau in eine Trambahn einsteigt. Die Stimme fährt fort: „(...) Anett und Herbert ertappt". Schnitt. Die Musik, die in den drei letzten *takes* etwas in den Hintergrund gerückt war, wird wieder lauter. Man sieht, wie sich die Türen einer Trambahn schließen. Und man hört es: Die Türen schließen sich mit einem deutlichen Geräusch. Schnitt. Sprecherwechsel: Nicht mehr die Kamera spricht, sondern eine der Akteurinnen vor der Kamera. Eine der Kontrolleurinnen spricht nämlich zu einem Fahrgast. Es beginnt ein neuer Sinnabschnitt.

Da dieser Sinnabschnitt beendet wurde, möchten wir uns im Weiteren den beschriebenen vier *takes* zuwenden. Erst einmal kann man leicht sehen und hören, dass diese vier *takes* eine Sinn-Einheit bilden, da sie sowohl mittels der Musik als auch mit Hilfe des gesprochenen Textes zusammengehalten werden. Obwohl

5.3 Analyse der Sequenz: Ein Hund fährt schwarz

die *takes* nicht auf den Satzbau geschnitten sind (also nicht mit einer Satzzäsur einhergehen), sondern eher zufällig, ist der gesprochene Text die Klammer, welche die *takes* zusammenhält. Die Stimme erzählt und die Kamera zeigt zu diesem Text einige Bilder, wobei sie vor allem die zwei Elemente ‚Trambahn' und ‚Kontrolleure' zeigt, aber noch keine ‚Schwarzfahrer'. Aufgrund der Maxime „Be relevant!", die auch und gerade für die Erstellung von Filmen und meist auch für Videos gilt, ist zu erraten, dass es im Weiteren um genau das, nämlich die Schwarzfahrer*innen bzw. um irgendein Problem mit dem Schwarzfahren, gehen wird.

Mit dieser thematischen Fokussierung geht die Aktivierung von implizitem Hintergrundwissen einher. Einmal geht es um *Straßen-* oder *Trambahnen*. Straßenbahn sind schienengebundene, erst von Pferden gezogene, später dann fast immer elektrisch betriebene Transportmittel im Öffentlichen Personennahverkehr (ÖPNV, Stadtverkehr). Die Trambahn fuhr ursprünglich als innerstädtisches Verkehrsmittel auf, in der Straße verlegten, Gleisen, fährt aber heute oft auch auf eigens für sie angelegten Trassen oder in Tunnels.

Bei dem Ort des Geschehens handelt es sich offensichtlich um die (ost-)deutsche Stadt *Halle* an der Saale. Halle ist die größte Stadt Sachsen-Anhalts (230.500 Einwohner) und eines der drei Oberzentren des Bundeslandes. Halle ist ein wichtiger Wirtschaftsstandort und eine Hochschulstadt (Martin-Luther-Universität Halle-Wittenberg und Leopoldina) und ist als Verkehrsknotenpunkt eingebunden in das S-Bahn-Netz Halle-Leipzig – all das kann man, wenn man es nicht weiß, über das Internet erfahren. Das Wissen um Halle ist auch dann der Darstellung implizit, wenn kein/keine konkreter/konkrete Interpret*in am Tisch über dieses Wissen aktuell verfügt. Wichtig ist, dass das Wissen in einer Sprach- und Interaktionsgemeinschaft mit Halle verbunden ist und im Wissensbestand einer der Deuter*innen oder im Netz verfügbar ist.

Im Netz ist auch nachzulesen, dass Halle in der Geschichte der Trambahn eine besondere Stellung einnimmt. Im Jahr 1882 eröffnet nämlich die Hallesche Straßenbahn AG die erste Pferdetrambahn in Deutschland. Sieben Jahre später kauft die Firma AEG die Pferdebahn, erwirbt aus Amerika zugleich das Patent für elektrische Bahnen, rüstet um und 1891 ist Halle die erste Stadt in Europa, die über ein elektrisches Straßenbahnnetz verfügt. Im Jahr 1930 wird die erste Buslinie in Halle zugelassen und 1944 wird der Einheitstarif von 15 Pfennig eingeführt, der bis 1991 Bestand hatte. Ab 1963 erfolgt die Zahlung des Fahrgeldes durch Zahlboxen. Der Schaffnerbetrieb wird eingestellt und damit einhergehend ein kostengünstigeres Kontrolleursystem aufgebaut. All das und noch viel mehr kann man erfahren, wenn man das Wissen um ‚Halle' und ‚Trambahnen' vergrößert, ohne dass man vorab weiß (und auch nicht wissen muss), ob das Wissen später bei der Deutung nützlich sein wird.

5.3.2 Die Handlung des Zeigens: Dies ist ein Film

Schon bei der Interpretation, dass es hier um die Stadt Halle geht bzw. dass in Halle etwas stattfindet, das für die Kamera von Bedeutung, also zeigenswert ist, wird nicht nur Wissen, das dem Bild implizit ist, expliziert, sondern auch Wissen, das der Zeigegeste der Kamera implizit ist. Fast trivial ist die Schlussfolgerung, dass wir es, da es sich nicht um ein stehendes Bild, sondern um laufende Bilder, um die Aufnahmen einer (Video-)Kamera, handelt, mit einem Film zu tun haben. Diese Explikation ist sehr folgenreich, da jetzt all unser Wissen (bewusstes wie vages wie stummes) im Horizont auftaucht, über das wir zu den Themen ‚Kamera' und ‚Film' verfügen.

Sobald die Musik einsetzt, der *voice over*-Kommentar zu hören ist und die Buchstabenfolge ‚Halle' im Rhythmus einer Schreibmaschine auf dem Bild erscheint, machen wir das Wissen explizit, dass die Filmaufnahme nachbearbeitet wurde, dass Ton und Schrift nicht zum Zeitpunkt der Aufnahme mitaufgenommen wurden, da sie Teil der dokumentierten Szene waren, sondern dass hier das Filmmaterial später mit Handlungen ergänzt wurde, die nicht Teil des gezeigten Geschehens waren.

Der erste Schnitt macht klar, dass es offensichtlich zwei Zeiten gibt: Die Zeit der Ereignisse und die Zeit der Aufnahme. Letztere ist deutlich kürzer. Denn wir sehen die Trambahn ankommen, wir sehen dann (für etwa eine Sekunde) drei Menschen auf dem Bürgersteig gehen, wir sehen im nächsten *take* eine weibliche Person die *Vorder*tür der Bahn besteigen und dann, wie eine andere weibliche Person durch die *Hinter*tür in die Bahn steigt. Das Geschehen vor der Kamera, von dem die Kamera nur bestimmte Phasen zeigt, vervollständigt sich der/die Zuschauer*in mithilfe seiner Weltkenntnis zu der Lesart: Drei Kontrolleure betreten in Halle eine Trambahn, um ihrer Arbeit nachzugehen. Damit angesichts der Kontrolleure kein Schwarzfahrer unauffällig entweichen kann, betreten sie das Abteil gleichzeitig durch die Vorder- und Hintertür.

Das Geschehen wird nicht als kontinuierlich dahin fließende Handlung gezeigt, sondern die Zeit ‚springt'. Von der ursprünglichen Handlung fehlen Teile, man sieht nur die Teile der Handlung, die für den Fortgang der Handlung einen Unterschied machen. Was wir durch die *takes* erfahren, erfolgt in einem Stakkato: Trambahn kommt, Kontrolleure kommen zur Bahn, eine Kontrolleurin steigt

5.3 Analyse der Sequenz: Ein Hund fährt schwarz

vorne ein, die andere hinten (was der dritte indessen macht, ist ausgeblendet). Der/die Zuschauer*in wird so schon auf eine ‚springende und sprunghafte Darstellung' eingestimmt. Ort und Zeit können sich binnen Sekundenbruchteilen ändern. Der/die Zuschauer*in weiß, dass dies in Filmen so üblich ist. Er/sie schaltet um vom normalen Raum-Zeit-Kontinuum zum filmischen Raum-Zeit-Kontinuum, in dem vieles möglich ist, was ansonsten den Gesetzen der Physik widerspricht. Er/sie wechselt die Sinnprovinz. Er/sie rahmt neu. Jetzt ist der/die Zuschauer*in *im* Film. Allerdings ist er bis jetzt in einem Film, der Teile der Zeit weglässt, also ausschneidet, aber ansonsten der ‚normalen' Zeitlinie folgt. Die Ereignisse folgten in dieser Reihenfolge aufeinander. Es gab bislang kein Springen in der Zeit oder ein Anhalten der Zeit.

Zu diesem „im Film sein" gehört auch, dass sich der/die Zuschauer*in nicht wirklich wundert, dass die Kamera die Vornamen der Kontrolleur*innen kennt und letztere sogar mit ihren Vornamen adressiert. Offensichtlich kennt man sich, man ist vertraut miteinander. Die Kontrolleur*innen und die Kamera begegnen sich hier nicht zum ersten Mal, sondern man hat schon eine Geschichte miteinander, die der/die Zuschauer*in aber nicht kennt. Die Kenntnis der Vornamen verweist in einen unbekannten Raum, der die Vorgeschichte des Filmes ausmacht. Man weiß nur, dass es eine Vorgeschichte gibt, jedoch nicht, wie diese aussah. Offensichtlich gibt es eine Art Arbeitsbündnis zwischen Kamera und Kontrolleur*innen, welches auf die Vorgeschichte zurückgeht.

Aber man kann sich auch das Handeln der Kamera ansehen und dabei Implizites explizit machen: Erst einmal kann man darüber spekulieren, wie viele Kameras das Geschehen verfolgen. Mag der erste *take* noch von einer Standkamera aufgezeichnet worden sein, so gilt das für die nachfolgenden *takes* nicht mehr. Die Kamera bewegt sich teilweise mit, sodass von einer Handkamera auszugehen ist. Da das Geschehen an der Vorder- und Hintertür aufgezeichnet wird, müssen entweder zwei Kameras vor Ort gewesen sein oder aber man hat den/die Trambahnfahrer*in gebeten, etwas zu warten, sodass es möglich war, beide Szenen zu drehen. Möglicherweise hat man also doch schon etwas die Zeit angehalten. Letzteres wäre ein Beleg dafür, dass die Kamera nicht das Geschehen ‚unsichtbar' begleitet und den Ereignissen ihren eigenen Lauf lässt, sondern dass die Kamera in das Geschehen vor der Kamera eingreift, Anweisungen gibt, es für ihre Zwecke neu (und anders) aufbereitet und gestaltet.

Dass die Kamera in das Geschehen auf diese Weise eingreift, wird bei der genaueren Betrachtung der Daten klar. Denn ganz offensichtlich hat die Kamera die Akteure vor der Kamera angewiesen, nicht in die Kamera zu blicken, sie nicht zu registrieren und so zu tun, als sei sie nicht vor Ort, obwohl sie vor Ort ist. Die Beobachteten verletzten gerade nicht die grundlegende 180°-Regel. So weist paradoxerweise gerade die Tilgung der Spuren, welche die Anwesenheit eine Kamera immer vor Ort verursacht, darauf hin, dass eine Kamera nicht nur anwesend, sondern inmitten des Geschehens ist. All dies zeigt, dass es bei den von uns untersuchten Daten auf sehr viel mehr zu achten gilt, als auf die Handlung vor der Kamera.

Offensichtlich greift die Kamera also auf vielfältige Weise und auf verschiedenen Ebenen in das Geschehen ein. Die Frage ist: Welcher Spur sollen wir folgen?

Um auf diese Frage eine Antwort zu finden, schien es uns ratsam, uns erst einmal einen Überblick zu verschaffen. Da die bisherige Analyse zeigte, dass mehrere *takes* zusammen einen Handlungszug bilden, machten wir uns daran, erst einmal einen Überblick über die einzelnen Handlungszüge zu gewinnen. Zu diesem Zweck erstellten wir eine kurze sprachliche Zusammenfassung der untersuchten Episode, in der die Handlungen vor der Kamera und die Kamerahandlung noch nicht strikt getrennt waren.

5.3.3 Kurzbeschreibung der Gesamtsequenz: Ein Hund fährt schwarz

Die Sequenz *Ein Hund fährt schwarz* beginnt mit einer vom Hintergrund in den Vordergrund des Bildschirms einfahrenden Schienentrambahn. Im Bild erscheint die Einblendung „Halle 11:54 Uhr" und der *voice over*-Kommentar führt in das Geschehen ein. Er erklärt, dass die Stadt Halle in den letzten fünf Jahren 500.000 EUR Verwarngeld von schwarzfahrenden Fahrgästen kassiert habe und dass diese Schwarzfahrer*innen u. a. von den Kontrolleur*innen Sabine, Anett und Herbert erwischt worden seien. Währenddessen beginnt die Fahrkartenkontrolle in der Trambahn durch die drei vorgestellten Kontrolleur*innen. Der *voice over*-Kommentar begleitet das Geschehen mit der Erläuterung, wie viele Schwarzfahrer*innen täglich von den Kontrolleur*innen erwischt werden, wie teuer ein Fahrschein ist und dass ebenso ein Bußgeld fällig wird, wenn Hundebesitzer*innen keinen entsprechenden Fahrschein für ihren Hund gelöst haben.

Plötzlich richtet sich die Aufmerksamkeit der Kamera auf einen Dialog zwischen dem Kontrolleur Herbert und einem weiblichen Fahrgast, die in der Trambahn einen Welpen an einer Leine mitführt. Es hat den Anschein als entwickle sich zwischen diesen beiden Personen ein Konflikt, welcher sich auf den von der Dame mitgeführten Hund bezieht. Herbert erklärt der Frau, dass ihr Hund einen Kinderfahrschein brauche und auf ihre Nachfrage, wo diese Vorschrift zu

5.3 Analyse der Sequenz: Ein Hund fährt schwarz

finden sei, verweist er auf die Beförderungsbedingungen, welche als Schild neben der Frau an der Wand der Trambahn angebracht sind. Nachdem die Frau das Vorhandensein dieser Vorschrift bezweifelt, eilt eine Kollegin Herbert zu Hilfe und bestätigt dessen Hinweis. Die Kamera zeigt den Abschnitt über die Beförderung von Hunden in Großaufnahme.

Während die Frau mit dem schwarzfahrenden Hund noch ihren Unmut darüber kundtut, dass Fahrräder im Gegensatz zu Hunden nicht zahlen müssen, füllt sie einen Zettel aus, den ihr der Kontrolleur überreicht hat. Herbert erklärt, dass Hunde nur dann keinen Fahrschein brauchen, wenn sie in einem entsprechenden Behältnis transportiert werden. Der Kontrolleur Herbert stellt währenddessen einen Strafschein aus und überreicht ihn dem weiblichen Fahrgast mit dem schwarzfahrenden Hund.

Weitere Fahrgäste nehmen zum aktuellen Geschehen Stellung, indem sie hinterfragen, warum die Frau mit Hund jetzt einen Strafschein erhält und bezweifeln, dass solch eine Regelung im Vergleich zur Transportfreiheit von Fahrrädern Sinn macht. Der Kontrolleur Herbert erwidert erneut, dass Hunde dann nicht bezahlt werden müssen, wenn sie in einem Behältnis transportiert werden und dementsprechend als Gepäck gelten. Außerdem erklärt er, dass es nicht um die Größe des Hundes, sondern vielmehr um die Sicherheit der Fahrgäste geht, falls der Hund beißen sollte. Der weibliche Fahrgast mit Hund nimmt schließlich den Bußgeldbescheid von Herbert entgegen.

Nach diesem Geschehen zeigt die Kamera eine jüngere Frau mit blonden Haaren, ebenfalls mit kleinem Hund, die scheinbar einige Reihen weiter in der gleichen Trambahn sitzt und das Geschehen mit dem schwarzfahrenden Hund beobachtet hat. Als sie die Kontrolleur*innen erkennt, packt sie ihren Hund in eine Tasche auf ihrem Schoß. Eine der Kontrolleur*innen fragt die blonde Frau nach dem Fahrschein, woraufhin die Frau mit Hund in der Tasche ihn vorzeigt. Alles ist in Ordnung.

Die Kamera schwenkt nach diesem Ereignis nochmals auf den Fahrgast mit dem Hund in der Tasche, die erklärt, dass sie eben gesehen hat, dass es sich um eine Kontrolle handelt und sie deshalb ihren Hund in die Tasche gepackt hat, da sie es nicht einsieht für ihren Hund einen Kinderfahrschein zu lösen.

Die Kamera steht in der Bahn vor der sich öffnenden Tür, die Kontrolleur*innen steigen aus.

Außerhalb der Bahn erhält der Kontrolleur Herbert noch einmal die Möglichkeit, Stellung zum Geschehen in der Bahn zu nehmen. Er erklärt der Kamera, dass er den Vergleich zwischen dem Hund und den Fahrrädern durchaus verstehen kann und dass auch er nicht immer der Kontrolleur, sondern auch mal Fahrgast ist.

5.3.4 Ein Hund fährt schwarz – Überblick über die takes

Formalisiert man diese kurze sprachliche Darstellung und gliedert sie nach *takes*, dann zeigt sich, dass die gesamte Episode in 33 *takes* aufgeteilt ist, die sich wie folgt stichwortartig beschreiben lassen (siehe Abb. 5.7):

Verschiedene *takes* sind durch unterschiedliche Praktiken (*voice over*-Kommentar, Musik, Akteur*nnen vor der Kamera etc.) miteinander verklammert, so dass sie jeweils übergreifende Sinn- und Handlungseinheiten bilden. Die *takes* eins bis fünf bilden eine Einheit, ebenfalls die *takes* von sechs bis acht, und die von neun bis 23, von 24 bis 27, von 28 bis 32 und den Abschluss bildet *take 33*.

5.3.5 Ein Hund fährt schwarz – Notationen des Videos

Videoanalysen zu lesen, ohne die dazu gehörenden Notationen zur Verfügung zu haben, ist wenig fruchtbar. Will man die Güte von Interpretationen beurteilen können, muss man die Notationen nämlich immer zur Hand haben. Leider sind Notationen in der Regel sehr umfangreich und sperrig, was immer dann ein ernstes Problem wird, wenn man Notationen dem jeweiligen Buchformat anpassen muss. Meist muss man sich dann mit abgespeckten Versionen von Notationen zufrieden gaben, was dazu führt, dass dem/der Leser*in Wesentliches fehlt. Auch hier bietet die Anwahl der Notation auf der Website des Verlags[5] eine akzeptable Lösung. Allerdings haben wir auch dort nicht alle Notationen hinterlegt, sondern aus Gründen der besseren Übersichtlichkeit nur die Notationen von den *drei* Handlungszügen, die für unsere Analyse von besonderer Bedeutung sind und auf die wir immer wieder Bezug nehmen – nämlich die Notation der Eingangssequenz, der Szene mit der Frau und ihrem Rottweiler und zum dritten die Notation der Szene mit der blonden Frau mit ihrem Pudel – siehe hierzu weiter unten.

Und es gibt eine weitere Besonderheit, die daraus resultiert, dass wir während unserer Analyse immer wieder mit der Beschaffenheit des Notationssystems experimentiert haben. Einerseits haben wir Sequenzen, die nach der weiter oben von uns selbst entwickelten Systematik, also mit HANOS (siehe Abschn. 3.4) kodiert wurden. Dann konnten wir aber auch andererseits in Zusammenarbeit mit Christine Moritz einige Sequenzen auch nach dem System der *Feldpartitur* (kurz: FP, Moritz, 2010) verschriftlichen. Dabei wurden in Absprache mit Christine Moritz auch einige Kategorien der Notation HANOS geändert. Entstanden sind so zwei

---

[5] Siehe https://link.springer.com/chapter/10.1007/978-3-658-33598-4_5.

5.3 Analyse der Sequenz: Ein Hund fährt schwarz

Film (Video) Dauer		24 Reportage (SAT1) – Cops & Kontrolleure - „Ticket für den Hund" 09:23:25 - 09:26:12 min. / Gesamt 03:14 min.
Take	Länge	Handlung
Take 1	9:23:26	Fahrende Straßenbahn (Halle, 11:54 Uhr)
Take 2	9:23:31	Drei Kontrolleur*innen, gefilmt von hinten, gehen zur Haltestelle
Take 3	9:23:32	Tür öffnet sich, Kontrolleurin steigt ein
Take 4	9:23:37	Zweite Kontrolleurin steigt ein
Take 5	9:23:39	Türen schließen
Take 6	9:23:40	Kontrolleurin bittet um Fahrscheine, Schwenk auf Fahrgäste
Take 7	9:23:46	Schwenk auf die fahrende Bahn (Innenansicht), zweite Kontrolleurin bittet um Fahrscheine
Take 8	9:23:48	Kontrolle beginnt durch erste Kontrolleurin
Take 9	9:23:52	Schwenk auf Innenraum der Bahn, der dritte Kontrolleur bei der Arbeit
Take 10	9:24:03	Einblendung: Welpe aus Vogelperspektive
Take 11	9:24:08	Kontrolleur aus Froschperspektive (Diskussion mit Fahrgast)
Take 12	9:24:08	Einblendung Hundebesitzerin, frontale Ansicht
Take 13	9:24:12	Kontrolleur + Besitzerin schauen auf Beförderungsbedingungen
Take 14	9:24:14	Nahaufnahme Nutzungsbedingungen („Beförderung von Hunden")
Take 15	9:24:19	Welpe aus Vogelperspektive
Take 16	9:24:20	Frontalaufnahme der Hundebesitzerin, Kontrolleur erklärt, warum der Bußzettel sein muss
Take 17	9:24:34	Frontalaufnahme Kontrolleur und Hundebesitzerin (macht ihrem Ärger Luft)
Take 18	9:24:39	Frontalaufnahme: Fahrgast gibt seine Meinung wider (Entfremdet)
Take 19	9:24:43	Hundebesitzerin, Kontrolleur und weiterer Fahrgast, der nach der Regelung fragt
Take 20	9:24:46	Welpe aus Vogelperspektive
Take 21	9:24:49	Kontrolleur erklärt die Regelung (ist selbst nicht im Bild)
Take 22	9:25:11	Nahaufnahme der Hundebesitzerin
Take 23	9:25:13	Ausstellung des Bußscheins
Take 24	9:25:16	Andere Hundebesitzerin packt ihren kleinen Hund in eine Tasche
Take 25	9:25:27	Kontrolleurin verlangt Fahrschein von der zweiten. Hundebesitzerin (kein Bußgeld)
Take 26	9:25:33	Zweite Besitzerin erklärt, warum sie ihren Hund in die Handtasche gesteckt hat – frontale Ansicht
Take 27	9:25:35	Schnitt auf Kontrolleurin, geht durch den Gang zu ihren Kollegen
Take 28	9:25:37	Zweite Hundebesitzerin erklärt, warum sie keinen Kinderfahrschein für den Hund kaufen möchte
Take 29	9:25:45	Türen öffnen sich an Haltestelle, Kontrolleure steigen aus
Take 30	9:25:48	Fahrgäste beim Ein- und Aussteigen
Take 31	9:25:50	Froschperspektive auf erste, verärgerte Hundebesitzerin
Take 32	9:25:54	Frontalaufnahme Kontrolleur, erklärt den Hintergrund der Regelung und sein Verständnis für die Fahrgäste
Take 33	9:26:12	Schnitt zum anderen Schauplatz markiert Ende der „*Ein Hund fährt schwarz*"-Episode

Abb. 5.7 Übersicht über die *takes* des zu analysierenden Ausschnitts. (Quelle: eigene Darstellung)

Notationen, die sehr unterschiedlich aussehen und bei der Analyse unterschiedliche Vorteile bieten und die miteinander verbunden für die Analyse sehr fruchtbar sind (siehe Abb. 5.8).

Der/die Leser*in können sich davon ein genaueres Bild machen, wenn sie die einzelnen Dokumente auf der Homepage betrachten: https://link.springer.com/chapter/10.1007/978-3-658-33598-4_5. Die Notation der *Feldpartitur* sind abstrakter: sie arbeitet in ihrer jetzigen Form (Stand: Dezember 2020) mehr mit vorab definierten (grafischen) Codes, die man allerdings bei Bedarf individuell erweitern kann, während HANOS mehr mit Fließtext das Geschehen beschreibt. Da die *Feldpartitur* sich gestalterischer Mittel bedient, ist sie *sinnlicher* als HANOS, das

Abb. 5.8 Transkription mit HANOS und mit FP. (Quelle: eigene Darstellung)

5.3 Analyse der Sequenz: Ein Hund fährt schwarz

im Wesentlichen versucht, ‚*sinnhaft*' zu sein, also den ‚Sinn' der gezeigten Handlungen zu beschreiben. Die Feldpartitur zeigt mehr die Prozesse und die Muster hinter den Einstellungen. Beide Systeme zusammen liefern also mehr als eines alleine. Der besondere Vorteil beider Systeme ist, dass man den jeweiligen Feinheitsgrad der Analyse variieren und auf die jeweilige Fragestellung abstimmen kann.

Bei der Auswahl der Notationen haben wir die ausgewählt, bei denen die Handlungszüge der Kamera besonders gut sichtbar sind, gerade weil sie sich unsichtbar machen, verstecken will. Die zugehörigen fünf Notationen finden sich auf der Webseite – siehe https://link.springer.com/chapter/10.1007/978-3-658-33598-4_5.

Das ist erstens die Einstiegssequenz (also die *takes* eins bis sieben), einfach deshalb, weil dem Beginn einer Sequenz immer eine besondere Bedeutung zukommt: Hier wird die Bühne von der Kamera gesetzt, das Personal vorgestellt und das Thema bereits angesprochen. Hier kann man oft auch schon erste Lesarten über die zentrale Botschaft der Kamera erarbeiten. Diese Notation ist in HANOS erstellt worden.

1. Die zweite Notation verschriftlicht mit dem System der *Feldpartitur* die Einfahrt der Trambahn, also erneut die *takes* eins bis fünf. Hier zeigt sich sehr gut, wie sich zwei Notationssysteme ergänzen können.
2. Die dritte Notation hält den Konflikt fest. Der Kontrolleur will von einer jungen Frau ein Bußgeld, weil sie für ihren mitfahrenden Hund kein Ticket gelöst hat. Es ist der Hauptteil der Sequenz und hier sieht man sehr schön, wie das Tempo der Kamera variiert wird. Diese Notation ist mit der *Feldpartitur* erstellt worden.
3. Als vierte haben wir die Notation von einer kleinen Zwischenhandlung aufgenommen, der jedoch aus unserer Sicht eine Schlüsselstellung zukommt (die *takes* 24–29). Es ist die Szene mit der blonden Frau, die ihren Hund rechtzeitig vor der Kontrolle in ihre Tasche packt. Diese Notation ist in HANOS erstellt worden.
4. Als fünfte Notation haben wir die *takes* 24–29 in der Schreibweise der *Feldpartitur* hinterlegt. Hier kann man nicht nur sehr schön die unterschiedlichen Leistungen der beiden Notationssysteme sehen, sondern auch erkennen, wie hilfreich es ist, beide Verfahren miteinander zu verbinden.

5.3.6 Darstellung der hermeneutischen Ausdeutung der Sequenz

Soweit die Notationen der beiden Sequenzen, die in dieser Form, wie bereits weiter oben (Abschn. 3.4) erläutert, zum einen Ergebnis der Interpretation sind, zum anderen aber die Interpretation erst ermöglicht, unterstützt und sensibilisiert haben. Anfangs bestanden die Notationen aus wenigen Beobachtungspunkten, die sich vor allem auf die Handlung vor der Kamera bezogen. Je weiter die Deutung fortschritt, desto mehr Beobachtungskategorien kamen hinzu und die nahmen vor allem das Handeln der Kamera in den Blick. Will man die Ergebnisse der Deutungsarbeit darstellen, stellt sich erneut die Frage: Womit anfangen? Wir haben uns entschieden, die Darstellung mit der Interpretation dessen zu beginnen, was bei Analysen von Videos oft komplett ausfällt: Den Logos und der Musik. Dies auch deshalb, weil den Logos gleich in mehrfacher Weise Bedeutung zukommt und auch die Musik eine eigenständige Rolle übernimmt, die oft nicht aufgedeckt wird.

5.3.6.1 Das Logo

Getreu der hermeneutischen Maxime, dass alles, selbst das Kleinste, zu deuten ist, möchten wir uns im ersten Schritt der Darstellung der Interpretation in einem gesonderten Kapitel dem Element zuwenden, das zwar klein und dennoch in jedem Bild präsent ist – dem Logo. Davon gibt es in ‚unserer' Episode gleich zwei: Zum einen das Logo des Senders *SAT.1*, das die Form einer stilisierten Weltkugel aufweist (Piktogramm) und damit wohl den Anspruch erhebt, von außen und oben die Welt zu betrachten bzw. betrachten zu können. Da dieses Senderlogo allen Sendungen gemein ist, die vom Privatsender *SAT.1* ausgestrahlt werden und somit für die hier zur Rede stehende Sendung unspezifisch ist, soll hier auf die Interpretation des Logos verzichtet werden. Das andere Logo, das durchgängig auftaucht, ist das Logo der Sendung *24 Stunden Reportage*.

Das Logo *als Logo* zu deuten, heißt, das Logo als deutliches und sichtbares Erkennungszeichen zu verstehen. Meist besteht ein Logo aus einem grafisch gestalteten Wortzeichen oder einem Piktogramm, das ein Unternehmen oder eine Institution anzeigen soll. Die Gestaltung des Logos geht dabei nie auf Willkür und Zufall zurück, sondern auf Planung und Gestaltungswillen. Das Logo soll dabei in irgendeiner Form die (positiven) Eigenschaften des Unternehmens sinnfällig zum Ausdruck bringen. Deshalb sind Logos immer bedeutungsvoll – und zwar alles an ihnen; weshalb es Sinn macht, sich diese genauer anzusehen.

Dies bedeutet in einem zweiten Schritt, das Logo als *verdichtete Symbolisierung von Sinn* zu interpretieren. Das kreisförmige hellblaue Logo der *24 Stunden*

Reportage ist in abgewandelter Form die gesamte Sendung hinweg am linken unteren Bildrand zu sehen. Damit wissen alle, die später reinschauen oder sich eine Kopie dieser Sendung ansehen sofort, (a) welche Sendung sie sehen und (b) welcher Sender sie ausgestrahlt hat. Aber das Logo wird auch für andere Zwecke, nämlich für die Binnendifferenzierung genutzt, denn es markiert gleichermaßen die einzelnen Elemente der Sendung, wie die Vorschau auf die Sendung, den Vorspann der *24 Stunden Reportage,* die Vorschau auf die Sendung vor der Werbeunterbrechung und am Ende der Sendung den Abspann.

Das Logo erscheint also in der gesamten Sendung an unterschiedlichen Stellen und in unterschiedlichen Formen: Es gibt eine *statische* Form (das feststehende Logo) und eine *dynamische* (das sich in Kreisbewegungen aufbauende Logo). Die Veränderungen des nicht statischen, sondern ständig dynamischen Logos sind gut in den Screenshots zu erkennen (siehe Abb. 5.9).

Das Grundmotiv des *statischen* Logos (vgl. http://www.sat1.de/ratgeber_magazine/24stunden/), wird dagegen, wenn auch in kleinerer Form am linken unteren Rand des Bildes permanent eingeblendet und hat folgende Gestalt (siehe Abb. 5.10 und 5.10a):

Abb. 5.9 Schrittweiser Aufbau des Logos der Sendung. (Quelle: *Still* aus der Sendung *24 Stunden Reportage*, ausgestrahlt von *SAT.1* am 07.02.2010)

a b

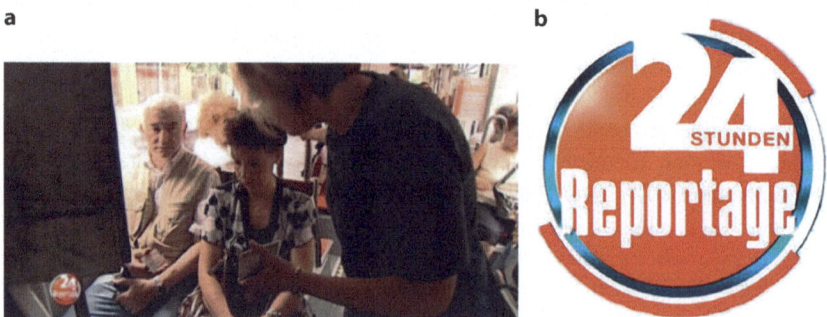

Abb. 5.10 Unten eingeblendetes *24 Stunden*-Logo. (Quelle: *Still* aus der Sendung: *24 Stunden Reportage*, ausgestrahlt von *SAT.1* am 07.02.2010)

a b

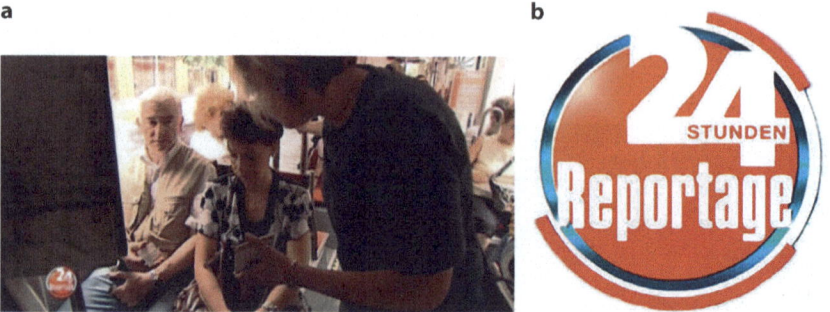

Abb. 5.10a Logo der Sendung *24 Stunden Reportage*. (Quelle: *Still* aus der Sendung *24 Stunden Reportage*, ausgestrahlt von *SAT.1* am 07.02.2010)

Da dieses Letztgezeigte den entscheidenden Kern des Logos darstellt, wird es hier zu Anfang etwas ausführlicher gedeutet, sodass die Interpretation des statischen Logos in einem zweiten Schritt in die Interpretation des dynamischen Logos übergeht. Beginnt man mit dem prominentesten Teil des Logos, nämlich dem inneren roten Kreis mit der Beschriftung *24 Stunden Reportage,* fällt auf, dass die *24* neben den Worten *STUNDEN* und *Reportage* stark hervorgehoben ist. Dies geschieht durch eine größere und dickere Darstellung der Zahl *24*. Die Zahl *24* ist symbolisch aufgeladen, benennt sie doch im antiken Griechenland die

5.3 Analyse der Sequenz: Ein Hund fährt schwarz

Gesamtheit der Glieder der Himmel und die Anzahl der Buchstaben des griechischen Alphabets. Die Zahl ‚24' gilt in der Esoterik als die Zahl der großen Harmonie zwischen Himmel und Erde. Viele Internetadressen beinhalten die 24. Darüber hinaus ist die 24 der Titel einer Fernsehserie *(twentyfour)* und 24 Stunden sind ein Tag. Und genau um letztere Bedeutung, nämlich, dass 24 Stunden den gesamten Tag des Menschen ausmachen, geht es hier. Dies deshalb, da in dem Querstrich der Ziffer *4* das Wort *STUNDEN* eingeschrieben ist. Ein weiterer Beleg für diese Lesart ist, dass auch die Kreise, die sich bei dem dynamischen Logo um die rote Mitte drehen, das Zifferblatt einer Uhr darstellen, auf dem mit Hilfe eines Bildausschnitts eine bestimmte Uhrzeit angezeigt wird. Allerdings legt bereits das statische Logo durch die Hervorhebung der Zahl *24* nahe, dass es um etwas Vollständiges geht, um einen vollständigen Tag: Keinen Arbeitstag von acht Stunden, keinen Tag von Sonnenaufgang bis Sonnenuntergang, sondern um einen Tag mit 24 Stunden, Tag und Nacht – ohne Unterbrechung – und dies in jeder Folge der *24 Stunden Reportage* immer wieder. Es geht nicht um einen besonderen Tag, sondern um die Tage, die wie alle anderen sind. Es geht um das *Immer-wieder* und um das *Lückenlose*. Immer wieder und lückenlos wird die Welt betrachtet und immer wieder und lückenlos ist das Reportage-Team bei der Arbeit. Und während die Zeit läuft, läuft auch die Kamera, die ganze Zeit, nichts entgeht ihr, nichts entkommt der Kamera. Die Kamera ist allgegenwärtig – in der Zeit und über der Zeit. Sie ist der Anfang und auch das Ende, weil sie Anfang und Ende sieht. Sie sieht alles, fokussiert jedoch mal dies, mal das. Sie *kann* alles sehen, *muss* aber nicht immer hinsehen.

Eine weitere Deutungslinie wird durch die Farbe *Rot* des Hintergrunds des Kreises eröffnet. *Rot* ist die Farbe von Warnsignalen (Verkehrsschildern), steht für Feuer, Leidenschaft und Liebe, aber ebenso für Wut und Aggression. Sie hat in vielen Kontexten eine besondere Bedeutung. Doch es gilt in jedem Fall: Diese Farbe zieht Aufmerksamkeit auf sich, ruft Aufmerksamkeit im Menschen hervor, alarmiert ihn. Ein Gedankenexperiment: Man hätte auch die Komplementärfarbe Grün wählen können – Grün als Farbe der Entspannung, der man in den Wartezimmern von Ärzten immer wieder begegnet. Doch offensichtlich geht es nicht um Entspannung, sondern um Aufmerksamkeit und Alarm. Es geht um komplette 24 Stunden, 24 Stunden, in denen beobachtet wird und in denen der/die Zuschauer*in etwas Aufregendes erleben kann.

Des Weiteren besteht das Logo aus Kreisen: Das Logo baut sich in Kreisen auf. Der Kreis gilt in den unterschiedlichsten Kulturen u. a. als Symbol für Fruchtbarkeit, Gesamtheit, Einheit und Vollständigkeit, welche die o. a. Deutung der Zahl *24* unterstützt. Die Kreise, die den roten Kern des Logos umgeben, sind in hellblau vom Hintergrund abgesetzt – nicht nur dadurch, dass sie sich bewegen, sondern insbesondere dadurch, dass der zweite Kreis von innen durch einzelne Striche, ähnlich einer Uhr, unterteilt ist. Betont wird dies durch Pfeile im dritten Kreis von innen. Diese weisen auf den inneren uhrenähnlichen Kreis (Ziffernblatt), als würde er unterschiedliche Zeitpunkte markieren – so als wolle man immer zu bestimmten Zeiten einmal (in die Welt) rein schauen und nicht einen kontinuierlichen Strom der Bilder zeigen.

Gerahmt wird dieses Ensemble durch einen abschließenden äußeren Kreis, der das Bild als Uhr vervollständigt und alle anderen beschriebenen Elemente einfasst. Dabei ist der Hintergrund nicht einfach weiß oder eintönig in Blau gehalten, sondern im Hintergrund durchmischen sich Hellblau und Weiß wellenförmig, solange das Logo im Bild zu sehen ist. Diese wellenförmigen Bewegungen in Blau stehen im Kontrast zum Rot des inneren Kerns des Logos und betonen ihn damit. Man könnte an dieser Stelle sogar noch einen Schritt weitergehen und erklären, dass Wellen wiederum für das Unendliche stehen; wellenförmige Bewegungen weisen nicht nur eine gewisse Gleichförmigkeit auf, sondern sind bspw. am Strand regelmäßig und andauernd zu beobachten. Sie treten also in einer gewissen Regelmäßigkeit und Gleichförmigkeit auf, was erneut die oben beschriebene Lesart des Logos unterstützt, dass die Kamera regelmäßig und andauernd dem Geschehen 24 Stunden lang beiwohnt.[6]

Eine dritte Analyseebene eröffnet sich, wenn man nicht nur das Logo als Logo und nicht nur das Logo als Symbolisierung von Sinn deutet, sondern wenn man zudem die (permanente) *Anwesenheit* des Logos ausdeutet. Das Logo ist ständig im Bild zu sehen und damit wird zugleich ständig in Erinnerung gerufen, wer hier spricht, wer hier agiert, wer hier hinter der Kamera steht. Die Kamera dementiert gerade nicht ihre Anwesenheit, will sich nicht unsichtbar machen, sondern sie zeigt permanent Präsenz. Mit dieser Geste wird gerade nicht das Geschehen *vor* der Kamera betont, sondern die stete Rückverweisung betont den/die Autor*in und das Handeln des/der Autor*in (hinter der Kamera) – also in unserer Perspektive: das Handeln der Kamera. Deren Arbeit und deren Treiben ist die Botschaft. Sie, die Kamera, nimmt immer wieder bestimmte Dinge in den Blick, wendet sich ihnen zu, deutet sie, bewertet sie, erzählt Dinge über sie. Dabei verliert sich die Kamera nie in dem Geschehen um sie herum, sondern sie ist stets bei sich, unberührt, beherrscht die Welt dort draußen, sie ist die Unbewegte, die betrachtet.

---

[6] Zweifellos kann die Interpretation der Bestandteile des Logos noch in beachtlichem Maße weiter ausgeführt werden, allerdings liegt hierauf nicht der Schwerpunkt dieses Beitrages und daher liefert unsere hier vorgelegte Deutung nur einen Teil der Deutungsarbeit.

5.3.6.2 Die von der Kamera eingespielte Musik

Ein zweites Element, das eine gewisse Konstanz hat, weil es immer wieder im Rahmend der Handlung der Kamera das Geschehen begleitet, ist ein bestimmtes Musikstück, das recht kurz ist und das immer wieder als eine Art musikalischer *voice over*-Kommentar eingespielt wird. Diese Musik ist keineswegs Hintergrundmusik ist, sondern wird eher erkennbar über die Ereignisse gelegt, ohne jedoch im Zentrum zu stehen. Die Musik setzt sofort mit dem ersten *take* ein und wird in der Episode vom schwarzfahrenden Hund mehrfach wiederholt. Wegen der Wiederholung erfüllt es die Funktion eines ‚Jingle'[7]. Jingles sind einfache ‚Klangelemente', die in audio-visuellen Produkten besondere Funktionen besitzen. So dienen sie oft als Erkennungsmelodie (man weiß, wo man jetzt ist), die am Anfang eingespielt wird. Oft kündigen sie aber auch die Unterbrechung einer Sendung an oder deren Wiederbeginn. Immer geben sie kund, dass etwas Bestimmtes (wieder) da ist.

Aber bei Jingles geht es nicht nur um Erkennen und Wiedererkennen, sondern auch (und das verbindet sie mit Logos) um Aussagen über die Eigenschaften des Angekündigten. Auch Musik vermittelt symbolisch Qualitäten, Sinn. Eine analytische Betrachtung[8] der musikalischen ‚Qualitäten' des Jingles gibt Hinweise auf diesen Sinn.

Der *Takt:* Ein 4/4-Takt mit starker Betonung der ‚1'. Wahrscheinlich also ein ‚Foxtrott'. Der daraus sich (für westliche Ohren) ergebende Eindruck/Ausdruck: stabil, fest, sicher, bodenständig.

Das *Tempo (Metrum):* 108 (Viertel-)Schläge pro Minute (allegretto), ein deutlich auskomponierter, durchgehender Puls. Der sich ergebende Eindruck: Kleinteiligkeit durch die vierfache Unterteilung des Taktes, mäßig-flotte Bewegtheit oberhalb eines gemäßigten Schritttempos evoziert den Eindruck von Unbeschwertheit: das Tempo zeigt dadurch eine gewisse Leichtigkeit, wirkt nicht schwer, nicht tief, sondern leichtfüßig, unbeschwert.

Die *Rhythmik:* Tänzerisch-rhythmische Elemente dominieren insgesamt in dieser Komposition die anderen Parameter. Das rhythmische Grundmotiv weist dabei eine niedrige Komplexität auf, es besteht nur aus Achteln und Vierteln. In Bezug zu den auch ansonsten eher einfachen Strukturmerkmalen des Jingles entsteht

---

[7] Diese Interpretation wird dadurch gefestigt, dass dieses Musikstück auch in den anderen Episoden im Hintergrund läuft, die von dem Arbeitstag der Hallenser Kontrolleur*innen berichten. Insofern ist es die Erkennungsmelodie für diesen beobachteten Wirklichkeitsbereich.

[8] Alleine wären wir zu einer solchen Betrachtung und Analyse nicht fähig gewesen. Ohne die großzügige Hilfe von Christine Moritz (für die wir ganz herzlich danken) hätten wir nur sehr wenig gehört. Auch das ist ein Beleg dafür, dass es nützlich ist, bei der Analyse über viel Wissen zu verfügen.

auf diese Weise ein Eindruck des Nach-vorne-Drängens. Das rhythmische Motiv wirkt gleichzeitig durch die klanglich-tiefe Lage animierend, belebend bis hinein ins leicht Bedrohliche.

Die *Melodie:* Motivisch klar und einfach. Das einzige Motiv wurde in einer dauerhaften Pendelbewegung konsonant (praktisch keine Dissonanzen) und in der harmonischen Komposition im einfachen Liedschema[9] auskomponiert. Dieses Motiv wurde kontinuierlich, quasi als eine ‚Endlosschleife' angelegt. Daraus folgt der Eindruck: leichteingängig, langfristig statisch, durchgehend, unveränderlich, fixiert, konstant. Die geringe Ausprägung des Deklamatorischen führt auch zum Eindruck einer gewissen Entpersonifizierung. Subjekte erhalten in der historischen Musik oft ein eigenes, wiedererkennbares Motiv, um als ‚Personen', als menschliche Subjekte, erkennbar zu sein. In diesem Jingle ist jedoch kein ausgeprägtes, charakterstarkes Motiv erkennbar.

Verwendete *Harmonien:* d-moll, a-moll, g-moll, arrangiert entsprechende der Melodie in endloser Wiederholung als „harmonisches Pendel". Der dadurch entstehende Eindruck: leicht eingängig und verstehbar, einfach strukturiert. Auch Enge, Unausweichlichkeit, eher unausgeprägte Raumkomponente.

Die *Instrumentation:* Vermutlich wird die Musik auf einem Stahlsaiteninstrument (ein Banjo) bzw. dessen synthetischer Imitation gespielt. Im Hintergrund sind rhythmische Elemente zu hören (Maultrommel?). Stilistisch erinnert die Instrumentation entfernt an südstaatliche Musikelemente. Der verhältnismäßig obertonreiche, „hell" wirkende Klang der Stahlsaiten wirkt dem rhythmisch eher dunklen Element in der eigentlich tiefen Tonlage entgegen – auf diese Weise entsteht ein belustigter, ironischer oder auch humorvoller Gesamteindruck.

Fazit: Die Musik hat in der hier untersuchten Sequenz mehrere Aufgaben: Zum einen erinnert sie – wie jeder Jingle – die Zuschauer*innen immer daran, wo sie gerade sind, nämlich bei den drei Kontrolleuren*innen aus Halle. Zum anderen deutet sie auf der affektiven Ebene das Geschehen als etwas Alltägliches, Leichtes, Normales, Nichtbedrohliches, das eher beschwingt endlos-beständig vor sich hin fließt, dabei humorvoll, auch anregend und unterhaltsam ist.

5.3.6.3 Die Interpretation der Sequenz

Fast alle Interpretationen von Bildern und Videos beginnen mit dem Offensichtlichsten: der Oberfläche bzw. der Handlung vor der Kamera, die in den meisten Ausdeutungen im Vordergrund stehen. Aus diesem Grund möchten auch wir uns

---

[9] Die Hauptfunktionen abendländischer Musik sind Tonika, Subdominante und Dominante – hier alle gesetzt in Moll.

5.3 Analyse der Sequenz: Ein Hund fährt schwarz

anfangs unter Berücksichtigung des in diesem Beitrag eingeführten Notationssystems diesem Aspekt zuwenden, allerdings wird der Schwerpunkt auf dem zweiten Schritt, nämlich der Handlung der Kamera, liegen. Es wird sich außerdem zeigen, dass beide Aspekte gar nicht unbedingt getrennt betrachtet werden können, sondern in einem engen Zusammenhang stehen.

5.3.6.3.1 Die Türen schließen sich, das Stück beginnt

Weiter oben hatten wir unsere Deutung mit dem Schließen der Trambahntüren beendet. Die Kontrolleur*innen sind jetzt in dem Abteil. Dabei zeigte die Interpretation der Ereignisse bis zu diesem Punkt recht schnell, dass es hier nicht um die Dokumentation eines Geschehens in der Welt geht, sondern dass vor allem die Kamera dem/der Zuschauer*in etwas zeigen will. Was das genau war, konnten wir nicht erkennen, wir wussten auch nicht, was wir mit welcher Schärfentiefe betrachten und auslegen sollten.

Oder – um ein Bild zu entwerfen und es auch zu nutzen: Wir fühlten uns wie in einem dichten Wald, vor uns zwar ein Weg, aber wohin dieser führte, das war uns verschlossen. Wir sahen die Bäume und Blätter nur von unten und ganz nah, versuchten uns aufgrund der Bäume ein Bild vom Wald und den Pfaden darin zu machen, uns zu orientieren, scheiterten aber an dieser Aufgabe. Das Einzige, was uns klar war, dass dieser Weg nicht zufällig angelegt worden war und dass – und das war der entscheidende Punkt – dieser Weg nicht durch die Interaktion der Akteure vor der Kamera geschaffen wird, sondern von der Kamera angelegt worden war. Der Pfad war kein Interaktionsprodukt, sondern ihm lag eine Konstruktion zugrunde, die für den/die Betrachter*in, während er/sie betrachtet, nicht sichtbar ist, die sich aber zeigt, wenn man sich aus größerer Höhe dem Wald und seinen Pfaden zuwendet. Das veranlasste uns, erst einmal eine Zusammenschau über die gesamte Sequenz zu erstellen, um so die relevanten Handlungen überhaupt erkennen zu können.

Diese theoretische Erkenntnis, dass die Handlung sich nicht aus einer Dynamik ergibt, die jeweils von den Akteuren ausgehandelt wird, sondern aus einer ‚abstrakteren Ordnung‘, veranlasste uns also, den Pfad der Sequenzanalyse zu wählen und uns erst einmal einen Überblick zu verschaffen. Dieser Überblick zeigte uns, dass die Kamera mit dem Gezeigten eine Geschichte erzählte, nämlich die Geschichte vom schwarzfahrenden Hund. Aber dieser Überblick zeigte noch mehr. Er zeigte nämlich auch die Form dieser Geschichte. Um diese Aussage zu plausibilisieren, gehen wir wieder zurück zu dem letzten *take*, den wir betrachtet haben: dem Schließen der Trambahntüren.

Abb. 5.11 Ausschnitt aus der Sendung: Die Türen schließen sich. (Quelle: *Still* aus der Sendung *24 Stunden Reportage*, ausgestrahlt von *SAT.1* am 07.02.2010)

Lange suchten wir bei der Interpretation nach der Bedeutung der sich schließenden Trambahntüren und des damit einhergehenden lauten Geräusches. Naheliegend (und richtig) ist die Deutung, die Türen schlössen sich, weil die Bahn wieder anfahre (siehe Abb. 5.11).

Deshalb bedeuteten die Bilder, dass jetzt die Bahn anfährt. Das Anfahren der Bahn hätte man auch anders zeigen können, also z. B. durch Bilder von außen. Aber da sich die Kamera in der Bahn befindet (weil sie ja mit den Kontrolleur*innen eingestiegen ist), können sie nur den Fahrtbeginn mit dem Schließen der Tür anzeigen. Und im Übrigen ist das ein normaler logischer Schluss, vom Beginn (und Teil) einer Handlung auf den weiteren Verlauf (das Ganze) zu schließen und sowohl in der Wortsprache wie in der Bildsprache ist es üblich, mit der Figur pars pro toto zu arbeiten. Das ist die Deutung im Wald von unten, ganz nah an den Bäumen, Ästen und Blättern.

Wenn man diese Sicht verlässt und sich die bisherige Form der Kamerahandlung ansieht, dann erkennt man (noch mehr), (nämlich) dass ein Handlungszug der Kamera ganz offensichtlich sein Ende gefunden hat und etwas Neues beginnt: Nach dem Schließen der Türen spricht nämlich nicht mehr die Kamera, sondern die Akteure vor der Kamera sprechen. Anscheinend verlagert sich der Fokus der Kamera: von der Kamera weg, hin auf das Geschehen vor der Kamera.

Man kann die Suche nach weiteren Lesarten hier abbrechen, oder aber noch eine Stufe abstrakter werden – und hier hilft es sehr, wenn wir aufgrund des verschafften Überblicks wissen, dass es sich um eine mit Bildern erzählte *Geschichte* handelt. Man könnte dann auch die Lesart wagen, dass sich nicht nur die Trambahntüren schließen, sondern dass dieses Türschließen symbolisch für das Schließen von Sinnwelten steht. Wir, die Betrachter*innen, sind drinnen, die anderen sind draußen, hier spielt die Musik oder besser: Hier spielt das Stück. Das Schließen der Trambahntüren wäre funktional äquivalent dem Schließen von Kino- und Theatertüren. Und wenn sich die Türen schließen, dann beginnt das *eigentliche* Stück, dann beginnt die eigentliche Aufführung.

5.3 Analyse der Sequenz: Ein Hund fährt schwarz

Abb. 5.12 Formale Darstellungsweise des Aufbaus der Sequenz. (Quelle: eigene Darstellung)

Wenn man dieser Lesart folgt, dann inszeniert die Kamera (so ein weiterer Schluss, der die logische Form einer qualitativen Induktion hat) ein *Theaterstück,* mit Charakteren, Problemen, Lösungen und Lehren. Und wenn man sich auf die Lesart von dem Theaterstück einlässt, dann werden viele Einzelheiten verständlich, die vorher wenig Sinn machten – ein Muster wird erkennbar, man sieht, um die eingangs benutzte Metapher wieder aufzugreifen, den Wald, seine Begrenzungen, seine Pfade und wohin die Pfade führen.

Die Handlung der Kamera hat in dieser Interpretation einen bestimmten Aufbau, der gleichzeitig das Geschehen vor der Kamera gliedert. Der Aufbau der Sequenz ‚Ein Hund fährt schwarz' unterliegt in dieser Sicht einem bühnenstückartigen Aufbau aus Exposition, Hauptteil und Auflösung bzw. Schluss, was sich formal wie folgt darstellen lässt (siehe Abb. 5.12):

Sich für eine solche Lesart zu entscheiden, hat für die weitere Interpretation gravierende Folgen. Alle Handlungen wären dann doppelt kodiert, sie hätten immer mindestens zwei Bedeutungen. Einmal in der Situation ganz handgreiflich und vordergründig (die Kontrolleur*innen steigen ein, weil sie ihre Arbeit aufnehmen), und zum anderen haben die einzelnen Handlungen vor dem Hintergrund des ablaufenden Stückes bestimmte Funktionen (Exposition). Das Gezeigte bedeutet immer mehr als das, was man sieht.

Dies heißt für die Deutung der ausgewählten Sequenz: Im ersten Sinnabschnitt, also den *takes* eins bis fünf, wird in die Handlung der Trambahnkontrolle langsam eingeführt und eine Bühne für die weitere Handlung gesetzt. Dies erfolgt von dem ersten *take* an, in dem die Trambahn auf dem Bildschirm einfährt, bis zu dem *take,* in dem sich die Türen der Bahn schließen. Die Handlung vor der Kamera wird in den weiteren *takes* des ersten Sinnabschnittes spezifiziert, wobei der *voice over*-Kommentar das Geschehen vollendet abrundet und die sich schließenden Türen den Sinnabschnitt im wahrsten Sinne des Wortes schließen. An dieser Stelle wäre es vor dem Hintergrund der europäischen Dramentheorie sinnvoll, von einer

Art informierender Eröffnung, also einer *Exposition* im Sinne Artistoteles' Dramentheorie zu sprechen (vgl. Aristoteles, 1994, erläuternd auch Asmuth, 2009, S. 130), welche den ersten Akt des klassischen Dramas darstellt.

Sobald man dieser ‚dramatisierenden', die Theatersprache nutzenden Lesart folgt, unterscheidet sich die Deutung dieses Videos von der Interpretation solcher Videos, die Amateur*innen drehen, wenn sie z. B. die Hochzeit von Freunden mittels Videokamera dokumentieren. Zwar liegt auch diesen Videos eine ‚dramatische' Struktur zugrunde, aber diese dramatische Struktur ist den Ereignissen (also der Hochzeit) inhärent, die abgefilmt werden. Hier läge der Fokus der Interpretation auf der Deutung der Ereignisse vor der Kamera. Verfolgt man die Lesart von dem Bühnenstück, dann ist man bei der Kamera und deren Handeln und dann ist es auch hilfreich, etwas über den Aufbau von Bühnenstücken zu wissen. Dies im Übrigen nicht, weil angenommen werden kann, dass die Kamera bewusst ein Bühnenstück schreiben wollte, sondern weil die Menschen, welche die Kamera bedienen und die später die Bilder der Kamera montieren, dabei Mustern folgen, die sie entweder explizit gelernt haben oder die sie bei der Übernahme der Praktiken, gute Videos zu drehen und zu schneiden, ohne Wissen übernommen und verinnerlicht haben. Man muss keine Dramentheorie kennen, um ein gutes Stück zu schreiben, aber es macht viel Sinn, die Dramentheorie zu kennen, wenn man ein Bühnenstück deuten will. Erneut geht es darum, Implizites explizit zu machen.

Kleiner Exkurs zur europäischen Dramentheorie
Beginnen wir mit der Geschichte: Zentral für die klassische Dramentheorie des Aristoteles ist die Handlung. Mit *Handlung* ist allerdings nicht die kurzfristige Aktion einer Person, sondern vielmehr die Gesamthandlung eines Dramas gemeint, d. h. die ‚Verknüpfung von Begebenheiten' (vgl. Asmuth, 2009, S. 5). Die ist ebenso bereits in den ersten *takes* deutlich geworden: Es zählt nicht die einfahrende Trambahn alleine, sondern erst durch die Einbettung in das Gesamtgeschehen des ersten Sinnabschnitts erhält sie ihre Bedeutung (Exposition). Dies deckt sich im Übrigen mit der weiter oben formulierten Einsicht, dass Ausschnitte eines Videos immer Teile eines Mosaiks sind, und das ganze Bild deshalb nur dann sichtbar wird, wenn man zumindest andeutungsweise alle Teile kennt.

Eine entscheidende Weiterentwicklung erfährt die Dramaturgie des Klassischen, auf Aristoteles zurückgehenden Dramas, im 19. Jahrhundert durch Gustav Freytag. In seinem Werk *Die Technik des Dramas* von 1863 entwirft er einen pyramidalen schematisierten Aufbau des Dramas unter Rückgriff auf das klassische und aristotelisch geprägte Drama, welches er in fünf Akte unterteilt. Entscheidend dabei ist auch für Freytag (wie für Aristoteles) die Einheit von der Handlung, Ort und Zeit. Den fünf Akten kamen dabei folgende Funktionen zu (siehe Abb. 5.13):

5.3 Analyse der Sequenz: Ein Hund fährt schwarz

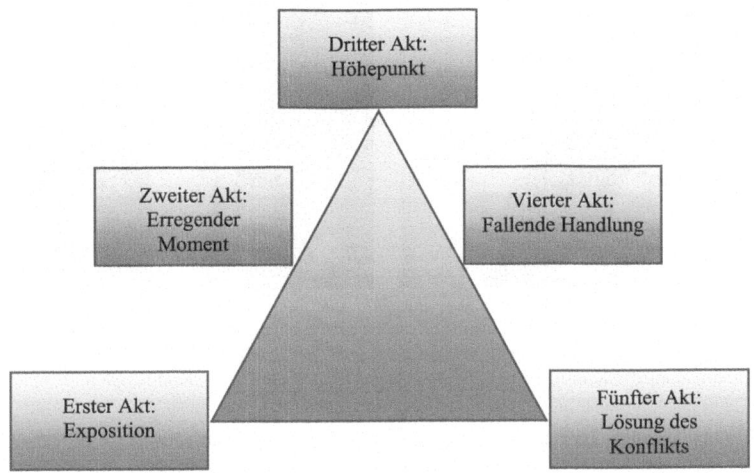

Abb. 5.13 Pyramidaler Aufbau des Dramas nach Gustav Freytag

- Erster Akt: *Exposition* (vgl. Freytag, 1863, S. 69). Hier wird der Zuschauende in Ort und Zeit der Handlung eingeführt und auf die Handlung durch eine Art Vorgeschichte zur Handlung und das Kennenlernen der Charaktere des Dramas vorbereitet. Bereits hier wird der/die Zuschauende auf den sich später vollziehenden Konflikt bzw. die Spannung hingewiesen (vgl. Asmuth, 2009, S. 103).
- Zweiter Akt: *Erregender Moment* (vgl. Freytag, 1863, S. 105 ff.). Hier finden die zukünftigen Verwicklungen der Handlung ihren Anstoß, dies kann bspw. in Form von Intrigen geschehen, die bereits das Geschehens in eine bestimmte Richtung lenken und die Spannung hin zum Ende steigt (vgl. Asmuth, 2009, S. 107 ff.).
- Dritter Akt: *Höhepunkt* (vgl. Freytag, 1863, S. 114). Hier findet sich die dramatische Wende der Handlung, in der es um Niederlage oder Sieg geht, was auch *Peripetie* (plötzlicher Umschwung) genannt wird (vgl. Popp, 1980, S. 173).
- Vierter Akt: *Fallende Handlung* (vgl. Freytag, 1863, S. 152). Zwar geht die Handlung hier bereits dem Ende zu, allerdings wird die Spannung noch einmal durch die Retardation (Verzögerung der Entwicklung der dramatischen Handlung) gesteigert und es könnte nochmals eine andere Lösung des Konflikts als die Erwartete erfolgen (vgl. Popp, 1980, S. 173).
- Fünfter Akt: *Lösung des Konflikts,* wie beispielsweise durch die *Katastrophe* (vgl. Freytag, 1863, S. 177) (vgl. Asmuth, 2009, S. 130).

Abb. 5.14 Ausschnitt aus der Sendung: Frau mit Rottweiler. (Quelle: *Still* aus der Sendung *24 Stunden Reportage*, ausgestrahlt von *SAT.1* am 07.02.2010)

Bei diesem kleinen Exkurs zur europäischen Dramentheorie geht es (ebenso wie bei den anderen bereits vorher dargestellten Wissensbeständen) nicht darum, die Kategorien und Deutungen zu finden, die dann später an das Datenmaterial herangeführt werden. Es geht also nicht darum, die Daten „ins gemachte Bett" zu legen, und dann wie einst Prokrustes die Daten zu verkürzen oder zu überdehnen, sondern dieses ‚Aufrufen' von Wissen dient nur dazu, weitere Lesarten zu finden oder genauer – auch die Lesarten zu finden, die sich nur erschließen, wenn man etwas mehr über den untersuchten Gegenstand weiß. Es geht also um die Vermehrung von Weltwissen, nicht um die Vermehrung von Kontextwissen.

5.3.6.3.2 Die Frage: Fährt der Hund schwarz?

Zurück zu dem Geschehen in dem Trambahnabteil. Hier finden in den nächsten *takes* (*takes* sechs, sieben und acht), die ‚zukünftigen Verwicklungen der Handlung ihren Anstoß', denn sie zeigen erst einmal die Kontrolleur*innen bei der Arbeit. Alles scheint normal: Die Fahrgäste haben ein Ticket, die Kamera schaut gelassen dem Geschehen zu, sie hat keinen Grund einzugreifen.

Dann passiert in der Bahn etwas Ungewöhnliches. Die Stimme des männlichen Kontrolleurs, den wir jetzt nach dem Schnitt inmitten des Bildes sehen, klingt erregt. Eilig bewegt sich die Hand-Kamera auf das Geschehen zu. Dabei wackelt die Kamera so sehr, dass man den Eindruck gewinnt, der/die reale Kameramann/Kamerafrau gehe nicht mehr, sondern eile. Erstmals findet im Video eine verstärkte Dramatisierung statt. Die Kamera orientiert sich erst und ist dann inmitten eines bereits laufenden Disputs. Der Kontrolleur, offensichtlich Herbert, disputiert mit einem weiblichen Fahrgast (siehe Abb. 5.14).

5.3 Analyse der Sequenz: Ein Hund fährt schwarz

Herbert hält so etwas wie einen Block in der Hand und spricht erregt auf die Hundebesitzerin ein. Die Kamera schwenkt auf den kleinen Mischlingswelpen (großer Anteil Rottweiler), welcher auf dem Boden der Trambahn erst mit gesenktem Blick kauert, dann emporblickt. Um ihn geht es in dem Streit.
Schnitt. Die Kamera zeigt jetzt aus der Froschperspektive, oder genauer: aus der Perspektive des Hundes den Kontrolleur in Großaufnahme. Letzterer nimmt fast das gesamte Bild ein und wirkt damit machtvoll. Unten rechts im Bild (also in die Ecke gedrängt) ist das angeschnittene Gesicht der Hundehalterin zu sehen. So sind im Bild direkt die Proportionen der Macht zwischen Kontrolleur und Fahrgast gezeigt. Inmitten des Bildes sieht man im Hintergrund einen männlichen Fahrgast, dessen Gesicht mittels ‚Vernebelung' unkenntlich gemacht wurde. Der Kontrolleur erklärt in Richtung der Kamera, dass der Hund einen Kinderfahrschein braucht, was als Untertitel eingeblendet wird. Obwohl der Kontrolleur *nicht* mit dem weiblichen Fahrgast spricht, sondern mit der Kamera, fragt die Hundehalterin patzig: „Ach ja. Wo steht das?" Der knappe Disput taucht in Textform im Bild auf. Möglichweise glaubt die Kamera, der Wortwechsel sei wegen des Dialekts der Sprechenden oder der lauten Nebengeräusche für den/die Zuschauer*in nicht deutlich verstehbar. Herbert, der Kontrolleur, erwidert auf die Frage der Hundehalterin, die jetzt in amerikanischer Einstellung (Hüfte aufwärts) zu sehen ist: „Beförderungsbedingungen", woraufhin diese erwidert: „Ach ja und wo ist die?" Langer Blick der Kamera von halb unten auf die Hundehalterin (Hüfte aufwärts). Diese ist ca. Mitte zwanzig, trägt eine dunkelblonde Kurzhaarfrisur und ein schwarzes Sweatshirt mit einer Art Graffiti-Zeichnung in Form eines Schädels auf der Brust. Die linke Hand hält die Hundekette. Herbert deutet auf die Tafel neben der Hundehalterin, diese blickt skeptisch darauf und sagt: „Steht nicht da." Ausdrucksstark ist die Kadrierung der Aufnahme an dieser Stelle: Die Streitpositionen stehen vereint vor der Tafel mit den Beförderungsbedingungen. Erneut zeigt die Kamera mit den Bildproportionen die Machtproportionen: Die Gesichter sind angeschnitten – unten links der verlierende Fahrgast, Blick nach oben rechts. Rechts oben auch das angeschnittene Gesicht des Kontrolleurs. Er lächelt. Eine der Kolleginnen von Herbert, die jetzt ebenfalls zur Szene hinzugekommen ist, erklärt: „Doch die Hunde stehen mit drauf. Gucke ma." Im nächsten *take* ist die Tafel mit der Beförderungsbedingung von Hunden in Großaufnahme zu sehen (siehe Abb. 5.15):

Etwa fünf Sekunden ruht der Blick der Kamera auf den Beförderungsbedingungen, dann zeigt sie im nächsten *take* wieder den kleinen Rottweiler-Mischling am Boden der Bahn: Er trägt ein blaues Halsband, die schmale Kette daran ist angezogen.

Abb. 5.15 Ausschnitt aus der Sendung: Tafel mit Aufschrift. (Quelle: *Still* aus der Sendung *24 Stunden Reportage*, ausgestrahlt von *SAT.1* am 07.02.2010)

Während der Kontrolleur Herbert im nächsten *take* erklärt, „Hunde brauchen laut Beförderungsbedingungen …" spricht der weibliche Fahrgast erregt zu anderen Fahrgästen auf der Seite: „Fahrräder müssen nicht zahlen, aber der Hund schon. Das ist doch gaga." Nur die Stellungnahme der kurzhaarigen Hundehalterin wird als Text in Form eines Untertitels eingeblendet, die Worte von Herbert jedoch nicht. Im nächsten *take* nimmt die Kamera wieder Herbert in den Fokus, während die Hundehalterin am rechten Rand des Bildes den zu Anfang erhaltenen Block ausfüllt – wahrscheinlich notiert sie ihre persönlichen Daten.

Der Kontrolleur setzt von neuem zu einer Erklärung an, die nun ebenfalls als Text im Bild erscheint: „Wenn der Hund in einem Behälter ist, dann brauchen die keinen Fahrschein. Aber wenn es so ist wie jetzt hier … dann sagen die eindeutig, dann braucht der Hund ´nen Fahrschein." Interessant ist hier, dass die Texteinblendung vom Gesagten abweicht, denn es wird ‚wirklich' gesagt: „Hunde müssen in einen Behälter, ansonsten brauchen sie einen Fahrschein". All dies erfasst die Kamera aus der Frosch- bzw. Hundeperspektive, während im anschließenden *take* der Rottweiler-Welpe wieder von oben, aus der Perspektive des Kontrolleurs erfolgt. Ein anderer weiblicher Fahrgast, der das Geschehen offensichtlich aus der Nähe verfolgt hat, mischt sich ein: „Für was eigentlich?" Die Hundehalterin fährt derweil fort: „Aber Fahrräder, Kinderwagen und Doppelkinderwagen, das passt …". Erneut wird ihr Wortbeitrag als Text in das Bild eingeblendet. Die Hundehalterin ist sehr verärgert und erregt: Sie fuchtelt mit ihrem rechten Arm in der Luft. Offensichtlich weigert sie sich zunächst, die Regelung, dass Hunde einen Kinderfahrschein lösen müssen, zu akzeptieren und wird dabei von den anderen Fahrgästen bestärkt. So findet eine Art Mehrheitsentrüstung statt. Herbert gerät in Not, weil er mit seiner Sicht der Dinge alleine steht. Die Situation ist angespannt. Spannung liegt in der Luft. Die Hundehalterin schaut Herbert direkt an.

5.3 Analyse der Sequenz: Ein Hund fährt schwarz

Herbert beugt seinen Kopf, um den Block in seiner Hand besser sehen zu können, und stellt trotz des starken Protests der Fahrgäste im Abteil einen ‚Strafzettel' aus und überreicht diesen der Hundehalterin. Diese reagiert darauf mit einem resignierten: „Alles klar."

Herbert hat gesiegt: die Besitzerin des Rottweiler-Mischlings ist trotz öffentlicher Unterstützung gezwungen, den Bußgeldbescheid anzunehmen und die Strafe zu bezahlen. *Sie muss also, um das noch einmal klar zu machen, nicht einen Kinderfahrschein nachlösen, sondern sie muss 40 EUR Bußgeld zahlen, weil der Hund schwarzgefahren ist.* Eine Niederlage für den Fahrgast, aber ein Sieg für den Fahrkartenkontrolleur. Der Sieg war anfangs keineswegs sicher, stand Herbert doch alleine. Erst der Aushang der Beförderungsbedingungen auf einer Tafel in der Trambahn wendete das Blatt. Die Hundehalterin akzeptiert die Übergabe des ‚Strafzettels', wenn auch zähneknirschend, sie gibt sich geschlagen. Sie scheint zahlen zu wollen. Schnitt.

5.3.6.3.3 Der Konflikt: Ist es rechtens, dass ein Hund einen Fahrausweis braucht?

Ist das gerecht? Und: Ist es rechtens, dass ein Hund oder genauer ein *kleiner* Hund einen Fahrschein lösen muss? Ist ein kleiner Hund ein Fahrgast oder ist er so etwas wie Gepäck, das ja auch kostenfrei mitgenommen werden darf? Das ist die Frage, oder anders: Das ist der gesellschaftliche Konflikt, der hier an einem Beispiel des kleinen Rottweiler-Welpens auftaucht und der situativ gelöst werden muss.

Ohne Zweifel handelt es sich hier um ein kleines Problem, das nicht so viele Menschen tagtäglich betrifft. Aus soziologischer Sicht und natürlich auch aus Sicht der Verkehrsbetriebe ist das jedoch keinesfalls ein kleines und schon gar kein triviales Problem, sondern eines, das auch die Grundlagen des deutschen Persönlichkeitsrechts berührt. Dieses Problem ist auf zwei Ebenen angesiedelt und thematisiert somit zwei Fragen: Einmal auf der *sachlichen/rechtlichen* Ebene, wo die Frage zu klären ist, ob für Hunde zur Person gehören oder ob sie Sachen oder Mitgeschöpfe[10] sind, für die zu zahlen ist, und einmal auf der *grundsätzlichen*

---

[10] Der Hund taucht erst 1810 in der preußischen Gesetzgebung auf. Zuvor wurden Hunde lediglich in Jagdregelungen erwähnt, wo sie allerdings auf einer Ebene mit *Jagdwaffen* genannt wurden. Seit 1810 aber gibt es eine Art „Hundesteuer", damals „Luxussteuer", genannt. Wer sich Hunde als Haustier und nicht nur als Nutztier hielt, sollte dafür zahlen. Große Beachtung fand der Hund im ersten Tierschutzgesetz von 1871, denn im Deutschen Kaiserreich durften Hunde nicht unnötig in der Öffentlichkeit gequält werden, weil dies auf Zuschauer abstoßend wirken kann. Es wurden also mehr die Menschen geschützt als die Tiere. Eine Aktualisierung des Tierschutzgesetzes fand in der Bundesrepublik 1972 statt. Das Tier wurde dort als ein schützenswertes „Mitgeschöpf" aufgefasst. Im BGB sind (seit 1990) Tiere unter Kap. 2

Ebene, wo die Frage zu klären ist, was man in der Alltagspraxis macht, wenn die Buchstaben des Gesetzes mit dem Rechtsempfinden im Alltag nicht in Einklang zu bringen sind.

Die erste sachliche oder rechtliche Frage ist, *was* die Verkehrsbetriebe eigentlich *wem* verkaufen. Zahlt der Fahrgast dafür, dass er als *Person* (mit allem, was zu einer Person gehört, also mit Gepäck und Hund) über eine bestimmte Strecke befördert wird, oder zahlt er einen bestimmten Kubikmeterpreis, also zahlt er dafür, dass er einen bestimmten *begrenzten* Raum für eine bestimmte Zeit einnehmen darf. Geht es um die Person, dann stellt sich die Frage, was zu einer Person legitimerweise dazu gehört. Gehört ein Hund bei jeder Person dazu (wie z. B. ein Laptop oder ein Koffer) oder gehört ein Hund nur bei blinden Menschen dazu? Ist der Hund ein Art ‚Person' oder eine Sache, für die Entgelt entrichtet werde muss? Und wenn man für den Hund einen Kinderfahrschein lösen muss, ist er dann eine Person und darf er dann Gepäck bei sich haben?

Aber wenn es um die *Kubikmeter* geht, also letztlich um den in Anspruch genommenen *Raum* und nicht die Person, dann ist auf einmal die Größe des Hundes entscheidend und nicht die Frage, ob er in einer Tasche transportiert wird, die ja zur Person gehört. Aber wenn der Raum zählt, dann ist auf einmal die körperliche Ausdehnung des Fahrgastes von Belang, dann müssten sehr korpulente Gäste zwei Fahrscheine lösen – eine Praxis, die man bei einigen Fluglinien findet.

Kurz: In den Beförderungsbedingungen finden sich zwei, sich nicht immer zur Deckung bringen lassende, Logiken: Die der Person und deren Rechte und die des begrenzten Raumes. Beide Logiken müssen in der alltäglichen Praxis immer wieder fallspezifisch ‚gelöst' werden, ohne dass der Widerspruch selbst ganz zu beseitigen ist. Solche Situationen sind im Alltag nicht die Ausnahme, sondern die Regel: Immer wieder passiert es, dass die Situation nicht restlos geklärt ist und

---

§90a zusammen mit *Sachen* aufgeführt: „Tiere sind keine Sachen. Sie werden durch besondere Gesetze geschützt. Auf sie sind die für Sachen geltenden Vorschriften entsprechend anzuwenden, soweit nicht etwas anderes bestimmt ist". Seit 2001 gibt es eine Tierschutz-Hundeverordnung. Im selben Jahr hat der MDV (der Verkehrsverbund, dem die Hallesche Bahn angehört) seine Beförderungsbedingungen dahin gehend geändert, dass Hunde nun ein Ticket brauchen. Hier wird das Tier in einem Abschnitt mit Sachgütern behandelt. Die Hallesche Verkehrs AG teilte uns auf Anfrage Folgendes mit: „In den Tarifbestimmungen und Beförderungsbedingungen § 8 des MDV ist die Mitnahme von Sachen und Tieren seit der Einführung des mitteldeutschen Verkehrsverbundes (MDV) im Jahr 2001 eindeutig geregelt. Für Hunde, die nicht im Behälter befördert werden, ist eine Einzelfahrkarte Kind oder ein Abschnitt der 4 Fahrtenkarte Kind zu entwerten." Einheitliche Beförderungsbedingungen für Hunde in deutschen Bussen und Bahnen gibt es bisher allerdings nicht: Die Verkehrsbetriebe entscheiden über ihre Beförderungsbedingungen selbst. Der VRR z. B. lässt Hunde kostenlos mitfahren.

5.3 Analyse der Sequenz: Ein Hund fährt schwarz

dann müssen die Akteure immer wieder vor Ort in Kenntnis der gesamten Situation entscheiden, wie sie verschiedene, sich widersprechende Handlungslogiken situativ auflösen. Das ist nicht einfach und fordert von den Beteiligten eine hohe kommunikative Kompetenz und auch eine hohe Sensibilität für die Erfordernisse der Situation[11].

Die Vermischung zweier sich widersprechenden Beurteilungsmaßstäbe, das ist die eine Ebene des Konflikts. Aber es gibt noch eine andere – und die ist wahrscheinlich noch brisanter, weil sie grundsätzlicher und alltäglicher ist: Gemeint ist das Spannungsverhältnis von gesetztem Recht und gefühlter Legitimität. Vieles im Alltag ist nicht nur von Normen geregelt, sondern auch von (alten wie neuen) Gesetzen. Sie schreiben vor, was im Einzelnen zu tun ist. Hier sagen die Buchstaben des Gesetzes das Richtige. Im Idealfall sagen die Buchstaben des Gesetzes das, was alle als rechtens empfinden, also z. B., dass man bezahlen muss, wenn man von der Trambahn befördert werden will. Das erscheint allen gerecht zu sein. Dann ist die Zustimmung zum Gesetz nicht nur formal, sondern sie kommt von

---

[11] Die Situation ist in den letzten Jahren nicht einfacher geworden, wie ein Zeitungsbericht aus dem Jahre 2015 zeigt: Demnach ist die Hundefrage nicht nur in Halle in der Trambahn umstritten, sondern auch bei der Deutschen Bundesbahn. So berichtete die WAZ am 7. Oktober 2015 über Michelle Sonnenberg, die für ihre acht Kilo schwere spanische Podenco-Hündin im IC der Deutschen Bundesbahn von Dortmund nach Hamburg für eben diesen Hund den *halben Fahrpreis* + 7,50 Euro IC-Zuschlag, also insgesamt 41,40 Euro nachzahlen musste. Und dies, obwohl der kleine Hund unter dem Sitz gelegen hatte! Auf die von Frau Sonnenberg später schriftlich vorgetragene Beschwerde erwiderte die Kundenberatung der Deutschen Bundesbahn, viele Fahrgäste fühlten sich durch Hunde belästigt, z. B. aufgrund einer Allergie oder weil sie Angst hätten. Deshalb müsse die Bahn im Interesse aller Bahnkunden eine verträgliche Lösung für alle finden. Diese Begründung konnte Frau Sonnenberg nicht wirklich überzeugen, weil die Zugfahrt für die kleine Podenco-Hündin nämlich kostenfrei gewesen wäre, wenn Frauchen sie in eine Transportbox gesetzt hätte. Ein von der WAZ befragter Bahnsprecher erklärte dazu: „Das ist eine tarifliche Bestimmung der Deutschen Bahn AG, die ist sehr alt. Das, was ein Mensch in einem Arbeitsgang als Traglast mit in den Zug nehmen und unter dem Sitz oder auf der Gepäcksablage als Gepäck verstaut könne, ist kostenfrei." Dass auch diese (scheinbar klare) Regelung in der Praxis nicht durchgängig von allen Schaffner*innen gepflegt wird, zeigt der Umstand, dass der Schaffner auf der Rückfahrt den von Michelle Sonnenberg jetzt rechtzeitig gelösten Fahrschein für die Hündin erst gar nicht sehen wollte, da er nach eigenem Bekunden keine Lust habe, mit den Fahrgästen über diese Frage zu diskutieren.

Dieses Ereignis nimmt die WAZ zum Anlasse, ihre Leser/innen darüber zu informieren, dass im Verkehrsverbund Rhein-Ruhr die Mitnahme von Hunden kostenfrei ist und dass die alte Praxis, dass für Hunde ein Kinderticket zu lösen sei, aufgegeben wurde, weil sie immer wieder zu heftigen Diskussionen mit den Fahrgästen geführt habe (vgl. WAZ vom 07.10.2015, erste Seite vom Lokalteil Dortmund). Ganz offensichtlich geht die Debatte darüber, ob und was für die Beförderung von Hunden zu bezahlen ist, also unvermindert weiter.

innen, dann wird das Recht von allen getragen. Dann gründet Legalität auf einem normativen Fundament, das alle verbindet und alle bindet. Das Legale wird auch als legitim empfunden.

Neben dem geschriebenen Gesetz gibt es aber im Alltag immer auch das, was irgendeine Mehrheit der Gesellschaft für rechtens hält, von dem sie glaubt, dass es trotz des gesetzten Rechts eigentlich erlaubt ist, dass es *legitim* ist. Sie halten es z. B. für legitim, in der Trambahn für kleine Hunde nicht zahlen zu müssen. Geschriebene Rechtsordnung und subjektives Rechtsempfinden fallen im Alltag nun oft auseinander, sind oft zwei Paar Schuhe – sei es, weil das Gesetz etwas Neues gegen den *Common-Sense* durchsetzen will (z. B. Frauenquote), sei es, weil das Gesetz weit hinter der Wirklichkeit herhinkt. Der *Common-Sense* tendiert dazu, konservativ zu sein. Manchmal jedoch, insbesondere wenn es um die Veränderung der Wirklichkeit aufgrund neuer Medien geht, hat der *Common-Sense* bereits neue Lösungen für neue Probleme gefunden, für die es noch keine rechtlichen Regelungen gibt. Insofern ist das Auseinanderfallen von Rechtsordnung und Rechtsgefühl, von Legalität und Legitimität, ein guter Indikator für gesellschaftlichen Wandel. Weil Rechtsgefühl und Rechtsordnung meist oft in einem Spannungsverhältnis zueinanderstehen, schafft diese Spannung oft den Raum und die Möglichkeit für Neues, für Reformen, für Änderungen des Rechts. Je weiter Rechtsordnung und Rechtsempfinden auseinander liegen, desto größer ist die Unklarheit, was zu tun ist, desto mehr muss vor Ort ausgehandelt werden.

Für die Hallenser Verkehrsbetriebe (HAVAG) ist die Sache klar, hat sie doch in ihren Beförderungsbedingungen in § 7 unter der Überschrift ‚Mitnahme von Sachen und Tieren' geregelt (vgl. https://havag.com/befoerderungsbedingungen). In der Version der Beförderungsbedingungen von 2010 hieß es: „Fahrgäste mit einer gültigen Fahrkarte sind berechtigt, jeweils

- 1 Paar Ski/Snowboard oder
- 1 Rodelschlitten oder
- 1 Gepäckstück (Handgepäck)* oder
- 1 kleines Tier im Behälter

unentgeltlich mitzunehmen. Kinderwagen werden generell unentgeltlich befördert."[12]

---

[12] Zwischenzeitlich sind die Beförderungsbedingungen der *HAVAG* mehrfach aktualisiert worden. Die aktuelle Version stammt aus dem August 2020. Auch hier ist unter §5.4 die Mitnahme von Hunden und Kleintieren geregelt: es gilt weiterhin, dass für Hunde, die nicht in einem geeigneten Behältnis transportiert werden, eine Extrakarte gelöst werden muss (vgl. https://havag.com/befoerderungsbedingungen). Da die Interpretation jedoch einem Zeitpunkt

5.3 Analyse der Sequenz: Ein Hund fährt schwarz

Was dabei als Handgepäck zu gelten hat, wird ebenfalls klar definiert:

„*Als Handgepäck gelten leicht tragbare Gegenstände, die in ihrer Form und Größe und durch die Bauart der Fahrzeuge eine Unterbringung unter oder über dem Sitzplatz des Fahrgastes bzw. auf dessen Schoß ermöglichen. Für jedes weitere Gepäckstück und größere Gegenstände (z. B. Postzustellwagen) ist eine Einzelfahrkarte Kind oder ein Abschnitt der 4-Fahrtenkarte für Kinder in der erforderlichen Preisstufe zu entwerten. Für Hunde, die nicht im Behälter befördert werden, ist eine Einzelfahrkarte Kind, ein Abschnitt der 4-Fahrtenkarte für Kinder, eine Tageskarte Kind oder eine sonstige Zeitkarte für jedermann (Normaltarif) in der erforderlichen Preisstufe zu lösen." (Beförderungsbedingungen der HAVAG in der Version von 2010).

Diese festgelegten Beförderungsbedingungen gelten auch in den zu analysierenden *takes* als Anhaltspunkte im Konflikt zwischen dem Kontrolleur und dem weiblichen Fahrgast und tragen am Ende wesentlich zur Lösung der Situation bei.

5.3.6.3.4 Die Kamera dramatisiert

Aufgrund der angeführten Beförderungsbedingungen ist klar, was die Hallenser Trambahn zur Beförderung von Hunden sagt. Sie behandelt kleine Hunde als „kleines Tier" und wenn es nicht in einem Behälter ist, dann muss der Hundehalter dafür ein Kinderticket lösen. Tut er das nicht, fährt der Hund schwarz. Die Akteure vor der Kamera, zumindest die in der Trambahn, sehen das jedoch anders, sie äußern sich dazu (wenn auch unterschiedlich), sie tragen Argumente vor, sie streiten sich.

Doch was tut die Kamera in dieser Situation? Studiert sie das Geschehen vor Ort und zeigt genau, wie sich die Akteure benehmen? Liefert sie gar eine kleine soziologische Studie über alltägliche Konfliktbearbeitung? Hält sie sich zurück und lässt sie nur die Akteure tun, was diese tun wollen? Bleibt sie unsichtbar? Bleibt sie neutral oder nimmt/bezieht sie Stellung? Ein Blick auf die Ereignisse soll diese Fragen beantworten helfen. Dabei machen wir erneut das Implizite explizit.

Auf den ersten Blick scheint alles in Ordnung zu sein. Die Reihenfolge der einzelnen Handlungszüge ist stimmig: Der Kontrolleur fragt die Hundehalterin nach dem Ticket für den Hund. Die bekundet, kein Ticket zu besitzen. Herbert greift zum Block mit den Bußgeldquittungen. Hier fährt ein Hund schwarz. Hier ist ein Bußgeld fällig. Hier kommen die Kamera (und der/die Zuschauer*in) hinzu. Alles Weitere ist bekannt (siehe oben).

---

stattfand, in der die oben angeführten Regelungen gültig gewesen sind, werden wir uns im Folgenden auch weiterhin auf diese beziehen.

Was macht die Kamera dabei? Sie wählt aus und fragt dabei: Was ist wichtig? Welche Personen müssen im Zentrum der Aufnahme liegen? Welche Personen interessieren überhaupt nicht und können weggelassen werden? Nach dieser Beurteilung fängt sie dann die Aufnahmen ein. Sie zoomt das an, was ihr wichtig erscheint, blendet das aus, was die Handlung für sie nicht entscheidend beeinflusst. Schon bekannt ist (da weiter oben gezeigt), dass sie für den/die Zuschauer*in die Ereignisse erklärt und erläutert. Das tut sie durch *voice over*-Kommentare und in der hier behandelten Szene auch mit Einblendungen von Text, der die (unverständlichen) Worte der Akteure für den/die Zuschauer*innen verständlich machen soll. Auf den ersten Blick mag dies als Unterstützung der/die Zuschauer*innen zum besseren Verständnis der Handlung interpretiert werden, doch bei genauerem Hinsehen fällt auf, dass die Kamera eine eigene Geschichte strickt.

Denn durch ihre selektive Vertextung des Gesagten legt sie auch fest, was wichtig und entscheidend ist, also dass bestimmte Worte so bedeutsam für die Geschichte sind, dass man sie nicht verpassen darf. Die Kamera setzt hier eigene Akzente und ordnet das Geschehen auf eigene Weise.

Auf diesen ‚Trick' sind wir schon früher gestoßen, nämlich als die Kamera im Handlungszug vorher ins Bild einblendete „Halle, 11:54 Uhr" als sei es überaus wichtig und entscheidend, dass wir genau 11:54 Uhr und nicht 11:53 Uhr oder 11:55 Uhr haben, wenn die Kontrolle in der Trambahn in Halle beginnt. Hier ist man genau, weil das Dokument und Dokumentation Genauigkeit verlangt. Die Kamera nimmt es genau, interessiert sich für die Korrektheit und Genauigkeit der Angaben, will augenscheinlich genau dokumentieren und durch solche Einblendungen Authentizität herstellen.

Damit sind aber nur die Handlungen der Kamera im Blick, die in der Nachbearbeitungszeit liegen. Doch wie wir bereits im Handlungszug zuvor feststellten, greift die Kamera (nicht nur durch ihre Anwesenheit) in den Lauf der Dinge ein. Auch das ist erkennbar. Denn sie hält nicht einfach auf das Geschehen drauf, sondern gestaltet das Geschehen bereits während der Aufnahme, was man jedoch erst sieht, wenn man sich die Aufnahmesituation und die Situation der Aufnahme konkret vorstellt. Besonders sichtbar wird das in den *Schuss-Gegenschuss-Einstellungen* bei dem Duell zwischen Rottweiler-Welpe und Kontrolleur.

Die Kamera zeigt das Geschehen jeweils aus einer bestimmten Perspektive. Der Hund wird beispielsweise *von oben* aus der Perspektive des Kontrolleurs aufgenommen und erscheint auf diese Weise klein und verletzlich, während im nächsten *take* der Kontrolleur Herbert aus einer (sehr extremen) Sicht von unten, aus der Perspektive des Hundes gezeigt wird. Stellen wir uns einmal vor, was in der Bahn passiert sein muss, damit ein solches Bild zustande kommen kann. Der/die Kameramann/Kamerafrau mit der Handkamera muss sich auf den Boden legen, die Fahrgäste müssen zur Seite treten, die Beteiligten müssen mit ihren Beiträgen warten oder erneut ansetzen, kurz: Die Ereignisse werden massiv unterbrochen und müssen wieder aufgenommen werden. Sinnvoll wird diese Schuss-Gegenschuss-Einstellung, weil die Kamera so einen scheinbaren Dialog zwischen dem Hund und dem Kontrolleur inszeniert, die zueinander – wie die Perspektiven – im Gegensatz zu stehen scheinen. Dies fällt deswegen auch deshalb besonders auf, da die bisherigen Aufnahmen der Sequenz in Augenhöhe erfolgten und der Perspektivenwechsel sehr plötzlich auftritt. Was diese Schuss-Gegenschuss-Einstellung bewirken soll, ist wohl eine Dramatisierung der Ereignisse für den/die Zuschauer*in. Insofern stehen diese Mittel im Interesse der Zuschauer*innen und nicht im Interesse der Akteure vor der Kamera. Die Kamera, so das Fazit, folgt nicht den Ereignissen, sondern sie tut nur so. Tatsächlich greift sie im Interesse des/der Zuschauer*in ein und ändert damit den Ablauf.

5.3.6.3.5 Die Kamera lügt!

Im nächsten *take* zeigt die Kamera aus der Nähe eine jüngere Frau mit blonden Haaren. Offensichtlich hat sich die Kamera selbstständig gemacht, hat sich von dem Geschehen mit dem Rottweiler-Mischling ab- und einem anderen Ereignis zugewandt. Nur eine kurze Zeit scheint vergangen zu sein. Aber während dieser Zeit hat sich die Kamera allein, also ohne die Kontrolleur*innen, auf die junge Frau zu bewegt. Die Frau sitzt offensichtlich auf einer Bank in einer Trambahn, das Fenster neben sich. Erstmals herrscht sechs Sekunden Stille im Video. Mit der Musik endet auch die humoreske Atmosphäre. Kurz darauf setzt ein lautes Trambahngeräusch ein. Es wird jetzt ‚ernst' – der ‚dokumentarische' Charakter der Aufnahmen steigt.

Die Kamera ist vom ersten Augenblick an ganz nah bei der jungen Frau, die ebenfalls einen kleinen Hund bei sich hat. Allerdings sitzt der Hund auf dem Schoß der Blonden, nicht auf dem Boden. Sachlich und rechtlich ähneln sich die Situationen sehr: Beide Frauen führen in der Trambahn einen Hund mit sich, beide Hunde sind klein, beide Frauen haben ihre Hunde nicht in einem Behälter. Legte man für diesen zweiten Fall die gleichen Maßstäbe zugrunde, wie beim ersten, dann wäre erneut ein Bußgeld von 40 Euro fällig. Doch es kommt anders.

Bei dem keinen Hund handelt es sich um einen *Pudel*, der ein Brustgestell trägt, das Quetschungen am Hals verhindern soll. Der *voice over*-Kommentar informiert den/die Zuschauer*in: „Ein paar Schritte weiter ist eine Mitfahrerin auf den Hund gekommen. Gerade noch rechtzeitig lässt sie ihren vierbeinigen Begleiter in der Einkaufstasche verschwinden." Während dieses Kommentars der

Kamera packt die junge Frau ihren kleinen Hund in ihre große Umhängetasche, also alle (auch die Kontrolleur*innen) können sehen, dass der Hund anfangs nicht in der Tasche war. Der/die Zuschauer*in nimmt den (durchaus missverständlichen) Satz zum Anlass für folgenden Sinnschluss: ‚Die junge Frau, die das Geschehen beobachtet hat, ist schlau, da sie aus dem Beobachteten und Gehörten lernt. Bevor ein Kontrolleur zu ihr gelangen kann und von ihr eine Strafgebühr für den schwarzfahrenden Hund einfordert, packt sie ihn lieber für den Moment in die Tasche.' Und wirklich: Der Hund der jungen Frau ist komplett in der Tasche verschwunden, nur der Kopf schaut heraus. Die bekannte Musik setzt ein, die Kontrolleurin kommt in das Bild und fragt die Frau nach dem Fahrschein, woraufhin die junge Frau ihren Fahrschein vorweist und ihren Hund in der Tasche zeigt. Alles ist in Ordnung. Die Kontrolleurin ist zufrieden und verlässt die Szene. Schnitt.

Die Kamera schwenkt nochmals auf die Frau mit dem Hund in der Tasche. Die spricht in die Kamera: „Naja, ich hab's halt gesehen, man sieht's ja ein bisschen, dass das Kontrolleure sind, ne? So. Und äh…" Die Kamera schwenkt auf die Kontrolleurin, die jetzt von hinten zu sehen ist und die sich wieder in Richtung des Einstiegsbereiches der Bahn, also dorthin, wo wenige Sekunden zuvor der Disput über den Rottweiler-Mischling stattgefunden hat, bewegt hat. Dort ist jedoch niemand mehr zu sehen. Die Personen, die eben die Szene bevölkerten, sind nicht mehr da. Die junge Frau mit dem Hund in der Tasche erzählt weiter: „Dann hab ich sie halt kurz in die Tasche, ist immer noch besser als dann die Strafe zu bezahlen. Und nen Kinderfahrschein zu kaufen für den Hund sehe ich einfach nicht ein."

Die Deutung dieser Episode hat uns reichlich Kopfschmerzen bereitet und bringt die Sequenzanalyse von Videos in erhebliche Probleme. Die erste Frage, die sich sequenzanalytisch nämlich stellt, ist die Frage nach den Gründen, welche die Kamera hat, sich vom Geschehen um den Rottweiler-Mischling abzuwenden. Sinnvoll wird das nur (so eine Lesart), wenn man annimmt, die Kamera habe gewusst, dass sich dort etwas für das frühere Geschehen Relevantes abspielen wird. Aber das kann sie nicht gewusst haben, da das Relevante sich erst abspielt, als die Kamera bereits bei der jungen Frau angekommen ist. Da die Kamera jedoch nicht in die Zukunft schauen kann, gerät die sequenzanalytische Suche nach plausiblen Gründen für das Handeln der Kamera in arge Not, die sich noch vergrößert, wenn man genauer auf die Videobilder schaut. Mag beim ersten Anschauen noch der *voice over*-Kommentar glaubhaft erscheinen, so stellt man bei genauerer Betrachtung des Bildmaterials (sogar relativ schnell und leicht) fest, dass die junge Frau weder im gleichen Trambahnabteil sitzen kann, wie die Frau mit dem Rottweiler-Mischling, noch dass sich das alles in etwa zeitgleich

5.3 Analyse der Sequenz: Ein Hund fährt schwarz

Abb. 5.16 Ausschnitt aus der Sendung: Blonde Frau mit Pudel. (Quelle: *Still* aus der Sendung *24 Stunden Reportage*, ausgestrahlt von SAT.1 am 07.02.2010)

abspielt – denn zum ersten fährt die Bahn jetzt in eine andere Richtung und das Personal der früheren Szene ist auf einmal verschwunden; zum zweiten ist die ehemals volle Bahn auf einmal leer. Entweder befinden sich die drei Kontrolleure mittlerweile in einer anderen Bahn oder die Zeit zwischen den beiden Aufnahmen variiert sehr stark, denn die Bahn ist mittlerweile vollkommen leer. Welcher Fall konkret in diesem Ausschnitt vorliegt, lässt sich wohl nicht zweifelsfrei ermitteln, dies kann und will auch nicht Ziel dieser Untersuchung sein. Vielmehr ist entscheidend, dass es sich nicht um einen recht nahtlosen Übergang zwischen den einzelnen *takes* handelt, wie der *voice over*-Kommentar zu implizieren scheint, sondern um eine Montage.

Da diese Aussage so wichtig für die Interpretation ist, haben wir sie mehrfach geprüft und auch von anderen prüfen lassen, die zum gleichen Ergebnis kamen. Dies auch, weil die Montage nicht wirklich gut versteckt ist. So kann man, wenn man etwas sucht, entdecken, dass die Aufnahmen nicht mehr in der Linie 4 nach Kröllwitz spielen, sondern (wie im Hintergrund von *take* 28 erkennbar – siehe unten im Bild, hinten, Mitte links oben) in der Linie 6 (siehe Abb. 5.16).

Sequenzanalytisch ist diese Inkonsistenz nicht mehr auf der Ebene der Handlung vor der Kamera aufzulösen. Es gibt keine Lesart, welche in der Lage wäre, die gezeigten Ereignisse ‚wirklich', also ohne das gültige Raum-Zeit-Kontinuum zu verlassen, verständlich zu machen. Nur wenn wir uns der Kamerahandlung zuwenden und das Wissen um die Produktion von Videos aktivieren, lassen sich plausible Lesarten finden.

Ganz offensichtlich ist nicht das der Fall, was auf den ersten Blick der Fall zu sein scheint. Die junge Frau hat das Geschehen um den Rottweiler-Mischling nicht gesehen. Das Ganze spielt an einem anderen Ort, zu einer anderen Zeit. Das Gezeigte ist also ‚gefaked'. Dennoch lügt der *voice over*-Kommentar im wörtlichen Sinne nicht, sondern es wird gezielt dem/der Zuschauer*in ein bestimmtes Missverständnis nahegelegt. An dieser Stelle kann man sich angesichts der ‚unwahren' Dokumentation dieser Videoaufzeichnung moralisch entrüsten und die

Kamera eine ‚lügende Kamera' nennen – oder aber sich eingestehen, dass die Kamera mit Hilfe von Bildern eine (fiktive) Geschichte so erzählt, als habe sie sich tatsächlich ereignet, ohne dabei allerdings die Spuren der Täuschung ernsthaft verwischen zu wollen[13].

Die Kamera lügt an dieser Stelle nicht nur mit dem Kommentar, sondern auch mit dem Ton: Den Bildern am Ende dieser Sequenz ist nämlich das Geräusch einer bremsenden Trambahn nachträglich unterlegt worden. Aber die ‚Bremsung', welche am Ende des Satzes der jungen Frau auditiv wahrnehmbar ist, kann nicht wirklich stattgefunden haben, da die Geschwindigkeit der Bahn gleich bleibt – das vermittelt der visuelle Kanal. Dramaturgisch vermittelt die ‚akustische Bremsung' die Beendigung dieser Sequenz und leitet damit über zu den nächsten Bildern, auf denen zu sehen ist, wie die Kontrolleur*innen die Bahn verlassen. Auditiv wird das Ende der Sequenz vorbereitet und entsprechend übergeleitet. Die Sequenzen fügen sich so ineinander[14].

Spätestens an dieser Stelle der Analyse muss man sich (zumindest) über die Praktiken von Videoproduktionen schlau machen und man muss sich fragen, weshalb die Kamera eine solche Sequenz in das gezeigte Geschehen um den Rottweiler-Mischling einschiebt. Im Weiteren wollen wir uns zunächst dem Ersten zuwenden (Praktiken der Videoproduktion), um dann später die Frage nach der Funktion dieser eingeschobenen Sequenz zu erörtern.

Exkurs über die Theorie und Praxis der Videoproduktion: Alles eine Frage der spontanen Planung
Im Rahmen unseres Forschungsvorhabens haben wir uns auf verschiedene Weise mit den Praktiken der Videoproduktion auseinander gesetzt: Wir haben zum Ersten die entsprechende Fachliteratur rezipiert, zum Zweiten mit Macher*innen solcher

---

[13] In Filmproduktionen mit Drehbuch werden solche Brüche aufwendig unsichtbar gemacht, so dass der Eindruck erweckt wird, die Kamera würde ‚wirklich' eine fortlaufende Geschichte erzählen. Das Raum-Zeit-Kontinuum folgt dem Geschehen im Film. Erstreckt sich die Filmhandlung über ein Lebensalter, dann werden alle Personen entsprechend älter – auch wenn die Drehzeit, also die Zeit der Kamerahandlung, nur wenige Wochen dauerte und auch wenn die einzelnen Szenen nicht in der Reihenfolge der Spielhandlung gedreht wurden, sondern so, wie es in den Produktionsplan passte.

[14] Diese ‚akustische Lüge' weist auf zwei Dinge hin: 1) die Notwendigkeit der sorgfältigen Notation, da die Lüge erst auffällt, wenn man sehr genau die einzelnen Bilder verschriftlicht und 2) die Sorgfalt, mit der die Kamera später das Geschehen montiert. Diese Sorgfalt zeigt, dass die Kamera keineswegs amateurhaft arbeitet, sondern recht aufwendig das Material nachbearbeitet. Die Sorgfalt liefert aber auch einen Hinweis auf die These, dass man das Amateurhafte der Kamera gekonnt inszeniert.

5.3 Analyse der Sequenz: Ein Hund fährt schwarz

Produktionen Interviews geführt und zum Dritten auch die Arbeit der Filmer*innen teilnehmend beobachtet. Hier eine sehr kurze Zusammenfassung der Ergebnisse:
Unterschiedliche Genres von Fernsehsendungen weisen unterschiedliche Formen der Planung auf. Fernsehfilme unterliegen (ähnlich den Filmen aus Hollywood, bei denen noch erheblich mehr Aufwand betrieben wird) anderen planerischen Regeln wie ein *Reality-TV-Reportagen*-Format. Das Personal, das den Film oder das Video produziert, entscheidet letztlich, welchem Genre die Produktion angehören soll. Hinter dieser Entscheidung stehen Marktkenntnis sowie Absatz- und Renditeerwartungen. Hat sich das Personal einmal für ein Genre entschieden, muss es bestimmten kulturell und historisch erarbeiteten Mustern folgen. Damit verbunden, sind bestimmte Praktiken, wie die Muster glaubwürdig in Bilder umzusetzen sind. Dies gilt sowohl für fiktive Genres als auch für dokumentarische Videoformate.

Bei der Produktion einer Fernsehserie (wie z. B. einer Krimiserie) ist es selbstverständlich, dass die perfekte Planung, ein überzeugendes Drehbuch und gute Schauspieler*innen bei der Produktion im Vordergrund stehen. Der Weg von einer Filmidee über die Umsetzung bis hin zum fertigen Produkt ist sehr lang und kostspielig (vgl. hierzu u. a. Heiser 2020, Quedenbaum 2019 sowie Kließ 1992). Die Idee und die darauffolgende Planung des Grundkonzeptes sind eingebettet in einen bestimmten sozialen Kontext, der unter anderem zwingend berücksichtigen muss, welche Vorbilder es dazu es bereits in der Fernsehgeschichte gibt, wie sich das Geschehen möglichst gut inszenieren lässt, was den früheren Fernsehzuschauer*innen gefallen hat und was sich gegebenenfalls in der anstehenden Produktion verbessern lässt.

Im Anschluss hieran muss ein Grundkonzept für die Sendung entworfen werden, in dem so unterschiedliche Aspekte Berücksichtigung finden müssen wie die Charaktereigenschaften der Personen, die genaue Personenkonstellation, Ort der Handlung und Motivation zur Handlung, die vor der Kamera ersichtlich werden sollen. All dies und noch sehr viel mehr wird in einem Drehbuch festgehalten. Eine andere Art der Vorabplanung bezieht sich auf die Kamerahandlung – wie die Art der Kamera (Standkamera, Handkamera), die Kadrierung, die Einstellung, die Schärfentiefe, die Perspektive der Kamera auf das Geschehen, das Tempo der Kamera, die Art der Bewegungen der Kamera (autonom oder den Akteuren folgend) und die Art der Aufnahme (farbig oder schwarz-weiß). Darüber hinaus ist entscheidend, ob die Kamera mittels *voice over*-Kommentar, Musik und Geräuschen, Grafiken oder Text das Geschehen kommentiert und wie durch den Schnitt und den Zeitraffer respektive die Zeitlupe das Geschehen durch die Kamera montiert wird. Dabei ist der Einfluss des/der jeweiligen Regisseur*in/Redakteur*in von großer Bedeutung, der/die einer Filmproduktion eine bestimmte persönliche Note gibt, die das Publikum goutiert oder auch nicht.

Das von uns hier untersuchte Video ist ganz offensichtlich nicht Teil dieses fiktionalen Filmgenres, sondern gehört der ganzen Aufmachung nach (keine Schauspieler*innen, kein Drehbuch, geringe Produktionskosten) dem Fernsehformat des *Reality-TVs* an, das selbst wieder in verschiedene Subgenres unterteilt ist. Das *Reality-TV* selbst ist eher dem dokumentarischen Genre zuzurechnen. Es erhebt im Gegensatz zu den fiktionalen Formaten einen Anspruch auf eine gewisse Authentizität und damit auf eine ‚unverfälschte' Aufzeichnung der in der Realität ablaufenden Ereignisse. Die Anmutung des *Reality-TVs* ist, dass hier etwas gezeigt wird, das (a) *wirklich* stattgefunden hat, das (b) *genauso* stattgefunden hat und das (c) den *gezeigten Personen* tatsächlich passiert ist. Allerdings gibt es innerhalb des Formats *Reality-TV* mittlerweile eine große Bandbreite. Diese reicht von der wirklichen Dokumentation einer Situation, über das Ersetzen der wirklichen Personen durch (Laien-)Schauspieler, über die nachträgliche Dramatisierung von Szenen bis hin zu Gestaltung von Szenen, die in der Wirklichkeit tatsächlich so hätten stattfinden können oder tatsächlich stattgefunden haben. In den meisten Fällen hat Reality TV wenig mit der tatsächlichen faktischen Realität zu tun (vgl. Biressi & Nunn, 2020). Die nach einem vorab von Schreibern geschaffenen Drehbuch produzierten Formate nennt man *scripted Reality-TV*. An dieser Stelle könnten noch zahlreichen Definitionen von ähnlichen Fernsehformaten beschrieben werden, z. B. *Doku-Soap* und *Reality-Soap* (vgl. Klaus & Lücke, 2002). Aufgrund der Vielfältigkeit der Verwendungsweisen des Begriffes ‚*Reality TV*' und der zahlreichen neu aufkommenden Fernsehsendungen in diesem Genre, gibt es keine einzig gültige Definition. Daher konzentrieren wir uns auf die beschriebenen Hauptmerkmale des *Reality TV* und im Folgenden auf die Besonderheiten der zu analysierenden Sendung.

Weil es dem *Reality-TV* um eine Art Dokumentation geht, haben die Ereignisse vor der Kamera oft einen hohen Stellenwert – oder genauer: scheinen ihn zu haben. Deshalb ist es gängige Praxis, dass es bei solchen Produktionen, die durchweg Videoproduktionen sind, keine festen im Detail geplanten Drehbücher gibt – außer beim *scripted-Reality-TV,* indem einige Handlungszüge grob vorgeplant werden. Die Aufnahmen werden nicht konkret in ihrem Ablauf geplant, sondern die Ereignisse übernehmen die Regie oder genauer: scheinen die Regie zu übernehmen, sobald eine Idee zu einer Reportage entstanden ist. Wenn die Idee, Kleingärtner*innen bei der Pflege ihres Kleingartens zu beobachten, einmal ‚durch' ist, dann geht die Sendung direkt in Produktion. Dazwischen steht nicht (mehr) eine langwierige Planungsphase, in der Drehbücher geschrieben und Statisten aufwendig *gecastet* sowie detaillierte Einstellungsprotokolle erstellt werden, sondern es werden lediglich die groben Züge der Videoproduktion festgehalten.

Der in englischsprachigen Ländern übliche Ausdruck für solche Produktionen lautet: *fly on the wall documentary.* Es kommt in diesem Format darauf an, dass die

5.3 Analyse der Sequenz: Ein Hund fährt schwarz

Protagonisten dabei gefilmt werden, wie sie (normalerweise und immer) alltägliche Dinge tun – und dies möglichst ohne Beeinflussung durch Interviewfragen oder die Involviertheit des/der Reporter*in. Dieser soll lediglich beobachten (vgl. Butler, 2009, S. 94 ff.). Kurz: Bei einer *fly on the wall-Produktion* wird ein passender Ort im Alltag von Menschen gesucht, die Kamera aufgestellt und ‚draufgehalten'. Die Aufnahmen, die dabei entstehen, werden durch die montierende Kamera später nachbearbeitet und dabei dramatisiert. Die vor Ort aufgezeichneten Bilder sind zwar wichtig, aber die Geschichte ergibt sich nicht in den Bildern, sondern wird mit den Bildern erzählt. Oft bedarf es auch eines *voice over*-Kommentars, um die Bilder verständlich zu machen. Der eigentliche Prozess der Produktion besteht im nachgelagerten Bearbeitungsprozess, der den Aufnahmen erst im Nachhinein Struktur verleiht und eine ‚gute' Geschichte auf den Leib schneidert. Das heißt: Ein konkretes Drehbuch mit konkret geplanten Aufnahmeplänen und Einstellungen von einem/einer Regisseur*in, die ein/eine Kameramann/Kamerafrau penibel einhalten muss, existiert bei solchen Produktionen nicht (mehr). Um dieses fehlende Drehbuch zu kompensieren, wird von den Kameramännern vor Ort eine große Sensibilität dafür abverlangt, zu erkennen, aus welchen Bildern sich später gute Geschichten montieren lassen bzw. welche Bilder so neutral sind, dass man mit ihnen vieles machen kann.

Dies alles bedeutet allerdings nicht, dass die Aufnahmen immer völlig wahllos erfolgen und sich das Geschehen unbeeinflusst vor der Kamera vollzieht, sodass die Kamera lediglich eine beobachtende Funktion hat. Dies ist allein schon deshalb nicht der Fall, da die Kamera bereits durch ihre Anwesenheit die Handlung vor der Kamera verändert. So muss man in der alltäglichen Praxis des Filmes im Alltag die Akteure vor der Kamera immer wieder ermahnen, bitte nicht in die Kamera zu schauen, die Kamera nicht zu beachten, so zu tun, als sei sie gar nicht vorhanden. Manchmal muss sich die Kamera auch aus dem Geschehen zurückziehen, weil sie von den Akteuren nicht erwünscht oder sogar aus gesetzlichen Gründen nicht erlaubt ist. Dann sieht sie nicht alles. Manchmal mischt sich die Kamera aber auch massiv ein, sie arrangiert Szenen neu, erläutert das Geschehen durch Untertitel, dramatisiert, weil das Geschehen mehr *Action* braucht oder fügt neue Teile ein, um die Geschichte ‚rund' zu machen oder bittet die Beteiligten ausdrücklich, einen Kommentar in die Kamera zu sprechen und auch hier: Bitte nicht in die Kamera schauen. All dies mit einem Ziel: Die Produktion soll sich später gut verkaufen lassen.

Das Medium mischt sich also auch bei dem *Reality-TV* grundsätzlich massiv ein, stellt Fragen, nimmt Perspektiven ein und vor allem: beeinflusst durch Nachbearbeitung, Montage, Kommentierung, Dramatisierung und Ergänzung. Auf diese

Weise wird dem gefilmten Geschehen nachträglich eine bestimmt narrative Struktur verliehen, die durch Musik, Untertitel und Betitelung der Sendung zusätzlich attraktiv gestaltet wird. *Reality-TV* erfüllt somit gerade nicht den dokumentarischen Anspruch, die Realität möglichst unbeeinflusst durch Regisseur*in, Reporter*in und Kameramann/Kamerafrau aufzunehmen, sondern *Reality-TV* ist eine eigenständige Erzählung der Medien. Das Medium ist der eigentliche Akteur und als Akteur erzählt es die Geschichte, die möglichst vielen gefällt. Der Wurm muss dem Fisch schmecken, nicht dem Angler.

Wichtig dabei ist, dass die Kamera (das Medium) so ist wie der/die Zuschauer*in. Die Kamera ist (aus Sicht der Zuschauer*innen) ‚einer/eine von uns'; sie vertritt den/die Zuschauer*in vor Ort. Sie ist da, wo er/sie nicht ist, aber wo er/sie immer auch sein könnte. Weil die Kamera so ist wie er/sie, darf sie auch nicht professionell sein, sondern sie muss immer auch so filmen wie er/sie – also wie ein/eine Hobby-Filmer*in.

Und was das Wichtige daran ist: Diesen Geschichten sind immer auch Botschaften inhärent – sowohl eine offensichtliche als auch eine versteckte. Auch Videoproduktionen haben einen ‚heimlichen Lehrplan'. Diesen kann man jedoch nur entdecken, wenn man nach dem Muster hinter dem Offensichtlichen sucht, also das Implizite expliziert, das scheinbar gar nicht im Fokus der Erzählung liegt.

5.3.6.3.6 Frauentausch – Zwei Schichten, zwei Muster

Ganz offensichtlich und ganz vordergründig geht es bei der gesamten Sequenz um die Hundefrage. Es werden zwei Frauen mit Hund in der Trambahn gezeigt, die sich eigentlich in der gleichen Situation befinden: Sie führen einen Hund in der Trambahn mit, ohne für ihn einen Kinderfahrschein gelöst zu haben, wie es die Beförderungsbedingungen der Stadt Halle verlangen. Die eine wird patzig, fragt danach, wo das steht, zieht dann (nachdem die Legalität der Maßnahme geklärt ist) die Legitimität dieser Bestimmung lautstark in Zweifel, wiegelt auch noch andere Fahrgäste auf, muss schlussendlich aber ein Bußgeld von 40 EUR zahlen. Die Zweite packt ihren Hund ohne ein Wort der Kritik in ihre Tasche und muss deshalb weder einen Kinderfahrschein für den Hund lösen noch ein Bußgeld zahlen. Zwei Frauen, zwei Verhaltensweisen. Protest und Strafe auf der einen Seite, Gehorsam und Belohnung auf der anderen. Der/die Zuschauer*in sieht, welche Verhaltensweise erfolgreich ist, und kann dann seine Schlüsse ziehen. Auf jeden Fall weiß er/sie, was er/sie zu tun hat, wenn er/sie für seinen vierbeinigen Freund im Nah- und Fernverkehr das Ticket und die Buße sparen will.[15]

---

[15] Wenn man einmal für dieses Problem sensibilisiert ist, dann benutzt man Busse und Bahnen mit anderen Augen. So kann man gelegentlich in der Deutschen Bundesbahn, die im Übrigen

5.3 Analyse der Sequenz: Ein Hund fährt schwarz

Das sind die Dinge, auf die sich der Blick und die Aufmerksamkeit zuerst richten. Doch sobald man weiß, dass die Szene mit der jungen Frau nachgedreht ist, dann fragt man sich nicht nur, weshalb diese Szene in die Sequenz an dieser Stelle eingebaut wurde (diese Frage haben wir oben kurz behandelt), sondern man fragt sich auch, weshalb man gerade *diese* Frau ausgewählt hat. Auch hier könnte man auf den ersten Blick sagen, das sei halt Zufall gewesen, man habe den nächsten Gast mit Hund gebeten, sich so zu verhalten und das dann gedreht. Auf den zweiten Blick scheint das nicht plausibel, einfach weil die Gegensätze zwischen den beiden Fahrgästen zu groß sind und systematisch variieren: Weder die Rasse der Hunde, noch die Frauen selbst und schon gar nicht die Situation gleichen sich. Auch hier gilt es wieder, das Implizite explizit zu machen.

Betrachtet man (einmal auf die Spur gebracht) die beiden weiblichen Fahrgäste mit Hund genauer, dann ergibt sich eine klare Unterscheidung. Die ‚scheiternde' Frau mit dem Hund, welche den Bußgeldbescheid aufgrund des Schwarzfahrens ihres Hundes bekommt und somit für ihren Verstoß gegen die Beförderungsbedingungen zahlen muss, trägt einen schwarzen Wollpulli mit V-Ausschnitt. Auf der Vorderseite des Pullis befindet sich ein auffälliger, in einer typischen Graffiti-Typographie gestalteter Aufdruck: „Dubster". Zudem ist in der Mitte des Pullovers (über dem Wort ‚Dubster') ein Totenkopf mit einem Kopfhörer aufgenäht. Das Totenkopf-Bild und der rote Schriftzug in einer gewöhnlichen

---

über eine ähnliche Regelung verfügt wie die Hallenser Verkehrsbetriebe, beobachten, wie erfahrene Hundebesitzer die Bahn mit ihrem Hund nur betreten, wenn sie die berühmte extragroße blaue Ikea-Tasche dabeihaben: Hier passt nicht nur ein Schoßhündchen hinein, sondern auch fast alle ausgewachsenen Hunde. Zur Vervollständigung: Die Regelung der Bahn lautet: „Wenn Sie einen Hund mitnehmen, der nicht im Transportbehältnis als Handgepäck transportiert werden kann, zahlen Sie den halben Normal- oder Sparpreis. Diese Regelung gilt sowohl für den Normalpreis als auch für die Sparpreise. Kleine Hunde (bis zur Größe einer Hauskatze) können Sie im Transportbehälter dagegen unentgeltlich mitnehmen. Bitte beachten Sie, dass alle Hunde, die nicht in einem Transportbehälter mitgenommen werden, an der Leine geführt werden und einen Maulkorb tragen müssen. Blindenführhunde und Begleithunde eines schwerbehinderten Menschen sind vom Maulkorbzwang ausgenommen. Die Online-Buchung von Fahrkarten für Hunde ist leider nicht möglich. Auch können keine Sitzplatzreservierung für Hunde getätigt werden. Bei internationalen Reisen zahlen Sie für Hunde grundsätzlich den Kinderfahrpreis 2. Klasse." (http://www.bahn.de/p/view/angebot/zusatz-tic ket/hunde.shtml). Die oben widergegebene Beobachtung mit dem Hund in der Ikea-Tasche zeigt, dass auch die Regelung der Bahn einen Spielraum für Debatten vor Ort lässt: Ist eine Tasche ein Transportbehälter, wie groß ist eine Katze etc.? Über die sehr interessante Frage, ob die Mitnahme eines großen Hundes möglich ist, wenn man ein Gruppenreiseticket gelöst hat, existiert eine schöne Online-Debatte (http://www.ervnet.de/bahn/bahnfahn.shtml).

Tag-Typographie lassen an die *Gabba*-Szene der 1990er Jahre erinnern[16]. Das Wollmaterial und auch die Typographie des Pullis, die bei aktueller Szenekleidung durch Sweatshirtstoff und computergenerierte Grafiken ersetzt worden sind, weisen also darauf hin, dass es sich bei dem Pulli nicht um ein exklusives und teures Label handelt, sondern um ein günstigeres Produkt, das mit dem Look eines Techno-Labels massenhaft verkauft wird. Dazu trägt die schlanke Hundehalterin eine weiße Baggy-Hose in ¾-Länge, an den Füßen Sportschuhe ohne sichtbare Füßlinge in den Schuhen. Der sehr kurze Haarschnitt, welche mit Gel zu einer Art Igelfrisur gestylt worden ist, komplettiert die eher hagere Erscheinung der Halterin des Rottweilerwelpen. Außerdem trägt sie in ihrer rechten Augenbraue und ihrem rechten Ohr je ein silberfarbenes Piercing (auch das eine Orientierung an der Mode der 1990er Jahre), sowie einen silberfarbenen Ring und eine größere silberfarbene Uhr an der rechten Hand sowie einen länglichen Anhänger an einer Halskette.

Der zweite weibliche Fahrgast, der Glück hatte und trotz des gleichen Fehlers weder den Fahrpreis für den Hund noch Bußgeld zahlen muss, da sie ihn rechtzeitig in ihre Handtasche setzt, ist gänzlich anders gekleidet. Diese junge, ebenfalls schlanke Frau trägt eine große Sonnenbrille, hat blondes Haar, welches mit einem schwarzen Haargummi zu einem Dutt zusammengebunden ist. Die blonde Frau hat ein eher elegantes schwarzes Oberteil mit großem Rundausschnitt an, welches die Arme trotz der ¾-Ärmellänge offen lässt. Dazu trägt sie Jeans mit einem schwarzen Gürtel, eine silberfarbene Uhr am rechten Arm und einen Ring am rechten Zeigefinger. Außerdem hat sie eine große blaue Shopper-Tasche bei sich, in die sich ihr Hund problemlos verstauen lässt. Deutlich erkennbar gehört sie sehr wahrscheinlich einer anderen Sozialschicht an (vgl. Bourdieu, 2008). Alles an ihr strahlt mehrheitlich konventionelle ‚Mittelschicht' aus. Auch die Kamera bleibt auf Mittelschichtdistanz: Die Einstellungen sind durchweg amerikanisch, sie geht nicht ganz nah an die junge Frau heran, sondern hält alltägliche höfliche Körperdistanz. Auch der Blick hält die gleiche Augenhöhe. Es unterbleibt also (anders als bei der Frau mit dem Rottweilerwelpen) die filmische Konstruktion von räumlicher Hierarchie.

Die (Schicht-)Unterschiede zwischen den Frauen zeigen sich aber eben auch an den Hunden und darin, wie sie mit den Hunden umgehen und sie ausstatten: Während der Hundewelpe der Kurzhaarigen eine Art Rottweiler-Mischling ist, der an einer Kettenleine gehalten wird und ein blaues Synthetik-Halsband trägt, ist der Hund des blonden weiblichen Fahrgastes ein kleiner modischer Schoßhund, ein

---

[16] *Gabba*, auch *Gabber*, ist eine Musikszene des Hardcore-Techno, die ihren Höhepunkt in den 90er Jahren des 20. Jahrhunderts erreicht hatte.

5.3 Analyse der Sequenz: Ein Hund fährt schwarz

erkennbar gut gepflegter *Pudel,* der als Welpe im Durchschnitt etwa 900,00 Euro kostet (diese Erkenntnis verdanken wir den Segnungen des Internets). Der kleine Pudel ist nicht angeleint und trägt ein Brustgeschirr aus schwarzem Leder. Die junge Frau streichelt ihren Hund.

Der Unterschied im Kleidungsstil beider weiblicher Fahrgäste wird durch die Requisiten zusätzlich betont. Auch der Sprachstil der beiden Frauen variiert: Während der erste weibliche Fahrgast mit dialektaler (ostdeutscher) Färbung spricht, ist bei der zweiten Frau von dialektaler Färbung nichts zu hören. Sie spricht nahezu Hochdeutsch.

Auf der akustischen Ebene gibt es weitere signifikante Unterschiede. Die Kamera kommuniziert auch mit der Musik bzw. dem Weglassen von Musik: Dem Geschehen um die Halterin des Rottweilerwelpen ist fast durchgehend die humoreske Hintergrundmusik unterlegt. Diese wird mit den dramatischen Inhalten kombiniert, wodurch die affektiv-bedrohliche Wirkung der visuellen Handlungsebene des Films gleichzeitig kontrastiert, also ‚musikalisch weich gezeichnet', wird. Bei der Darstellung der blonden Besitzerin des *gepflegten Pudels* setzt die Hintergrundmusik aus. Stattdessen werden die Alltagsgeräusche der Bahn unterlegt, wodurch eine sachlich-korrekte, also dokumentarische Anmutung entsteht[17].

Aus unserer Sicht verkörpern die beiden Frauen und die beiden Hunde (verdichtet man das Individuelle zu einem sozialen Typus) nicht nur individuelle Unterschiede, sondern auch soziale. Hier treffen, wie bei der Sendung *Frauentausch*[18], Vertreterinnen zweier sozialer Schichten, nämlich der Unter- und der Mittelschicht aufeinander, und sie handeln in der Videoepisode stellvertretend für ihre Schicht und setzen so zwei schichtspezifische Handlungsmuster in Szene.[19]

---

[17] Selbst, wenn diese Ebene der Bedeutungsproduktion durch die Kamera im normalen Zuschauer-Wahrnehmungsmodus nicht aufgenommen wird, bedarf sie doch der Analyse.

[18] Die Sendung *Frauentausch* des Senders *RTL II* bezieht ihren Reiz daraus, dass immer zwei Frauen aus unterschiedlichen Sozialschichten die Familie für eine begrenzte Zeit tauschen und dann mit der gesamten Kultur der anderen Schicht konfrontiert werden und sich in diese entweder einfügen oder gegen sie rebellieren müssen. Da es hier nie allein um die Kultur von Paarbeziehungen geht, sondern immer auch um Eltern-Kind-Beziehungen, stehen dabei immer auch Sozialisationsbedingungen und die soziale Identität der Beteiligten auf dem Spiel – weshalb der Zuschauer trotz der vom Fernsehen inszenierten Wirklichkeit viel für die unterschiedlichen Kulturen in Deutschland erfährt. Schon allein deswegen ist diese Sendung gerade für Soziologen sehr bedeutsam. Hier zeigt sich zudem, dass es das Fernsehen ist (und nicht die deutsche Soziologie), das sich für die Unterschicht interessiert. Die Soziologie wendet sich (so scheint es) erst langsam und zögerlich von der Mittelschicht ab und der Unterschicht zu.

[19] Sicherlich wird mit dieser Fokussierung auf die Schichtunterschiede das Bedeutungspotential der Szene nicht voll ausgeschöpft. Sehr instruktiv wäre es, diese Szene einmal

Damit einher geht, dass die erste Frau eher ‚männlich' inszeniert ist (kurzer Haarschnitt, sportlich), die zweite dagegen eher weiblich. Sie ist wesentlich körperbetonter und weiblicher bekleidet, was auch durch die Frisur, die Tasche und das weit ausgeschnittene Oberteil unterstrichen wird.

Aber wir sehen nicht nur zwei spezifische Inszenierungsmuster, sondern die Kamera lässt die Zuschauer*innen auch zwei spezifische Reaktionsmuster sehen: Herbert der Kontrolleur besteht gegenüber der Rottweilerbesitzerin darauf, dass die Regeln bis auf den Buchstaben zu befolgen sind, er drückt kein Auge zu oder eröffnet Auswege, sondern er verlangt das Bußgeld. Die Kollegin von Herbert begegnet der anderen jungen Frau mit dem modischen Schoßhund schon ganz anders: nämlich mit der Bereitschaft, die Regeln weicher, flexibler auszulegen. Insofern passen die Verhaltensweisen zueinander. Und der/die Zuschauer*in kann lernen, dass Regeln nicht für jeden in gleicher Weise gelten – für manche, die Mittelschicht, sind Ausnahmen möglich, für Mitglieder der Unterschicht nicht.

Die geheime Botschaft der Sequenz mit den zwei Hundehalterinnen erzählt also nicht nur von einem Problem (Soll man für einen Hund in einer Trambahnzahlen?), sondern auch von zwei Sozialschichten, die unterschiedliche Problemlösungsmuster aufweisen. Auf der einen Seite gibt es die kurzhaarige, eher männlich-aggressiv wirkende Frau aus der Unterschicht, die statt im Gespräch mit dem Kontrolleur nach einer fallspezifischen Lösung zu suchen, erst nach dem Gesetz fragt und dann dessen Legitimität bezweifelt. Auf der anderen Seite gibt es die eher weiblich wirkende junge Frau aus der Mittelschicht (mit einem Mittelschichthund), die nicht die Legitimität bezweifelt, auch nicht protestiert, sondern (wenn auch in einer Art Fassadenhandlung) ihren Hund zumindest für die Zeit der Kontrolle in ihre Tasche packt. Die Erste will das Problem prinzipiell klären und ihr vermeintliches Recht mit einer Art Aufruhr durchsetzen, die Zweite spielt das Spiel mit, hält sich vordergründig an die Regeln, packt ihren Hund ein (und später wahrscheinlich wieder aus) und kooperiert. Sie hilft dem Kontrolleur, die fallspezifische Lösung des Beförderungsproblems zu situieren. Hier steht Widerstand gegen Kooperation, Verweigerung gegen Gehorsam.

Und da die Kamera zweifelsfrei mit der jungen Frau aus der Mittelschicht sympathisiert, ist die Botschaft der Kamera klar: „Mach es so wie die Blonde, wenn Du clever bist. Nur die, die nicht so clever sind, protestieren und machen Ärger." Damit leistet die Kamera auch einen Beitrag zu der gesellschaftspolitisch relevanten Frage, wie Bürger*innen mit Gesetzen und Bestimmungen umgehen sollten

---

ausführlicher unter dem Genderaspekt zu interpretieren. Es ist der männliche Kontrolleur, der hier gegenüber einer Frau hart die Normen vertritt, aber es ist eine weibliche Kontrolleurin, welche die Hundefrage gegenüber einer Frau ‚situativer' angeht.

Abb. 5.17 Ausschnitt aus der Sendung: Kontrolleur Herbert von vorne. (Quelle: *Still* aus der Sendung *24 Stunden Reportage*, ausgestrahlt von *SAT.1* am 07.02.2010)

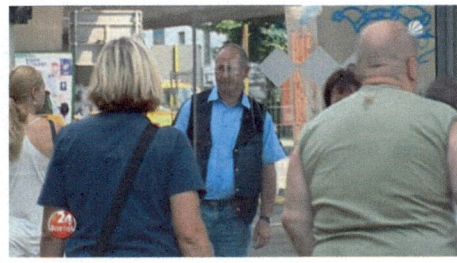

oder grundsätzlicher: wie sich Bürger*innen verhalten sollen, wenn Legalität und Legitimität auseinander fallen.

Und damit geht es in dem Video von dem schwarzfahrenden Hund auch um *Polizieren* und Innere Sicherheit – wenn auch auf ganz kleiner Bühne. Und natürlich geht es hier auch um Formen des sich Führen-Lassens, also um *Governance*. Anders formuliert: Die ‚Gute' führt sich vorausschauend selbst (Fremdzwang wird zum Selbstzwang). Sie kann das, weil sie ihre Umgebung beobachtet und sich fragt, was man von ihr erwartet. Und weil sie das tut, was man von ihr erwartet (wenn auch nur formal, ohne innere Überzeugung), gibt es keine Konflikte und keine Strafe. Die ‚Schlechte' besteht zuerst auf dem formalen Recht, dann auf der Legitimität, dem gesunden Alltagsempfinden, dem *Common-Sense*, statt vorausschauend an der Lösung des Problems mitzuarbeiten. Sie wähnt sich im Recht und will *ihr* Recht haben. Damit stört sie und deshalb erfolgt eine Strafe. Hätte sie statt zu protestieren die Umstehenden freundlich nach einer Tasche oder einer Plastiktüte gefragt, wäre sie ohne Strafe davon gekommen.

5.3.6.3.7 Epilog: Die tun nur ihre Pflicht und das ist gut so

Aber die Geschichte ist noch nicht zu Ende. Die Kontrolleurin, welche die blonde Frau mit dem modischen Pudel kontrolliert hat, wendet sich nach der Kontrolle ab und geht in Richtung Ausstiegstür. Schnitt. Dort trifft sie auf die andere Kontrolleurin und beide verlassen die Trambahn durch die sich öffnenden Türen. Die Kamera blickt den beiden dabei über die Schulter, begleitet sie auf dem Weg nach draußen. Dort wartet bereits Herbert (siehe Abb. 5.17).[20]

---

[20] Es wäre im Übrigen sehr spannend, das Implizite des Sachverhalts explizit zu machen, dass Herbert schon draußen vor der Trambahn steht und wartet, während die beiden Kontrolleurinnen noch aussteigen. Mit den normalen Zeitvorstellungen ist das kaum zu vereinbaren. Auch hier muss die Kamera die Zeit angehalten haben. Aber da wir dies schon mehrfach gezeigt haben und hier kein neues Ergebnis erwartbar ist, brechen wir die Analyse hier ab.

Abb. 5.18 Ausschnitt der Sendung: Wagentür von Innen. (Quelle: *Still* aus der Sendung *24 Stunden Reportage*, ausgestrahlt von *SAT.1* am 07.02.2010)

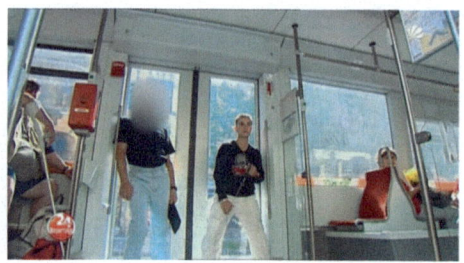

Die Kamera wirft von außen durch die noch geöffneten Türen einen Blick auf die Halterin des Rottweiler-Welpen, die mit bitterem Gesicht in der Trambahn zurückbleibt. Sie ist leicht von unten ins Bild gesetzt, neben ihr ein anonymisierter Fahrgast. Sie steht in angespannter Körperhaltung und gibt offensichtlich immer noch ihrem Unmut lauten und gestischen Ausdruck. Währenddessen erläutert unbeeindruckt ein *voice over*-Kommentar: „Wer beruflich kontrolliert, fährt am besten, wenn er sich einfach an die Regeln hält. Ob die nun Sinn machen oder nicht (siehe Abb. 5.18)."

Schnitt. Die Kamera nimmt nun den Kontrolleur Herbert außerhalb der Bahn halbnah ins Bild. Dieser erklärt:

> „Dieses Argument, was ‚se gebracht haben mit dem Fahrrad und so, das ist ja alles, das was wir auch verstehen. Wir können uns och in die Situation der Leute reinsetzten, wir sind ja och bloß ... Wir sind ja nich' nur Kontrolleure. Jetzt sind wir zwar Kontrolleure, aber sonst sind wir genauso teilweise normalerweise Fahrgäste. Und die Situation ist so. Das ist ja der, der Streitpunkt der da oft da ist. Das große Fahrrad und der kleine Hund."

Zu Beginn seiner Erläuterungen befindet sich Herbert noch in der Mitte des Bildes, allerdings bewegt er sich während seiner Erklärungen mit dem Kopf immer mehr nach rechts, nimmt Abstand zu seinem/seiner angesprochenen Gesprächspartner*in, der/die sich aufgrund der Fokussierung seines Blickes in der linken Hälfte des Bildschirms zu befinden scheint. Die Kamera folgt dabei seinen Bewegungen. Der/die Gesprächspartner*in von Herbert ist nicht ein Passant oder gar eine seiner Kolleginnen, sondern ganz offensichtlich eine Person neben der Kamera, die nicht die Kamera führt, aber zur Kamera gehört. Es sind also mindestens zwei Personen von der Produktionsfirma vor Ort – wahrscheinlich sogar drei: der/die Redakteur*in, der/die auch die Gespräche führt, der Kameramann/Kamerafrau, der/die die Kamera führt und der Tonmann/Tonfrau, der das Mikrofon hält. All das erneut ein Hinweis darauf, dass es vonseiten der Kamera

5.3 Analyse der Sequenz: Ein Hund fährt schwarz

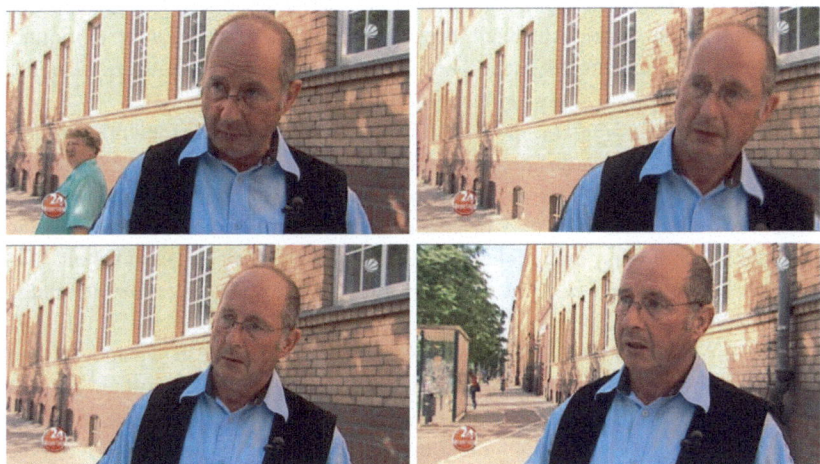

Abb. 5.19 Der Kontrolleur Herbert. (Quelle: *Still* aus der Sendung *24 Stunden Reportage*, ausgestrahlt von *SAT.1* am 07.02.2010)

eines erheblichen Aufwandes bedarf, die Spuren der Kamera in den Bildern vom Geschehen vor der Kamera zu tilgen (siehe Abb. 5.19).

Abschließend verändert die Kamera ihre Perspektive auf das Geschehen und nimmt zusätzlich die Haltestelle der Trambahn auf dem linken Teil des Bildschirms in den Blick. Schnitt. Eine neue Episode mit einem anderen Themenfokus folgt.

Haben sich die Türen der Trambahn zu Beginn des ‚Stücks' (also nach dem Prolog, als die Kontrolleur*innen die Bahn bestiegen) geschlossen und hat die Kamera die Zuschauer*innen an einem Stück teilhaben lassen, dann öffnen sich *nach* dem Stück die Türen nun wieder, lassen Zuschauer*innen und Kontrolleur*innen hinaus. Der/die Zuschauer*in verlässt mit den Kontrolleur*innen den Ort der Ereignisse und dort draußen, also außerhalb, kommentiert der Kontrolleur Herbert das Stück und zieht seine Lehren. Das leistet er nicht lebenspraktisch, also für die Kolleginnen oder Passant*innen, die ihn nach einer Erklärung für sein Verhalten gefragt haben, sondern für das Fernsehen – und nicht für die Zuschauer*innen. Er wendet sich gerade nicht an sie, die Zuschauer*innen, sondern an den Mann/die Frau neben der Kamera. Hier ist wieder das Tun der Kamera erkennbar: Sie hat den Kontrolleur Herbert am Ende der Sequenz aufgefordert, sein Handeln nochmals zu rechtfertigen (er hat es ja bereits in der

Trambahn gegenüber der Hundehalterin getan). Die Kamera stößt an dieser Stelle durch ihr Handeln einen Aushandlungsprozess an, an dem sie aktiv teilnimmt, indem sie sich einmischt, Menschen befragt und auffordert, Stellung zu beziehen – obwohl sie keineswegs unvoreingenommen ist[21].

Es ist zudem die Kamera, die sich mit einem *voice over*-Kommentar zu dem Geschehen direkt an den/die Zuschauer*in wendet. Interessant ist, dass Kontrolleur und Kamera andere Lehren aus dem Geschehen ziehen. Der Kontrolleur ist draußen auch Mensch, hier darf er's sein. Er versteht und hat Verständnis: Für das große Fahrrad muss man nicht zahlen, aber für den kleinen Hund schon. Hier draußen ist er einer, der versteht und damit implizit der bestraften Hundehalterin ein Stück weit Recht gibt.

Es ist die Kamera, welche die berufliche Perspektive der Kontrolleur*innen aufrechterhält. Sie formuliert eine pragmatische Regel: „Wer beruflich kontrolliert, fährt am besten, wenn er sich einfach an die Regeln hält. Ob die nun Sinn machen oder nicht." Es geht auch nicht um Recht oder um Moral, sondern um das pragmatische Weiterkommen. Nicht diskutieren, nicht die Perspektive wechseln, nicht verhandeln, sondern die Regeln befolgen. Das ist im Übrigen ein Ratschlag, den die Kamera nicht den Zuschauer*innen erteilt, sondern den Kontrolleur*innen und allen (Zuschauer*innen), die in ihrem Berufsleben kontrollieren müssen. Dieser Rat deckt sich nun nicht mit dem Rat, den die Kamera den/die Zuschauer*in erteilt hat (siehe weiter oben). Der/die Zuschauer*in sollte flexibel sein, nicht auf der Regel, seinem Recht bestehen. Er sollte vorausschauend den Konflikt vermeiden helfen – auch wenn es sich bei der Lösung nur um eine ‚Fassadenlösung' handelt. Denn die Lösung der Kamera ist, der Regel für die kurze Zeit der Präsenz der Kontrolleur*innen zu genügen und dann das zu tun, was einem beliebt.

---

[21] Ein Blick in die Praxis zeigt diese Zwiespältigkeit: Während bei der Hunde, welche die Hauskatzengröße übersteigen oder Hunde, die zwar diese Größe haben, aber nicht in Taschen gepackt werden, zahlen müssen, wenn sie nicht Menschen mit Behinderung zur Stütze dienen (http://www.bahn.de/p/view/angebot/zusatzticket/hunde.shtml), zahlen Hundebesitzer*innen in der Blindenstadt Marburg beispielsweise grundsätzlich nichts und werden in den öffentlichen Verkehrsmitteln umsonst befördert. Auch hier zeigt sich, dass man immer wieder im Alltag Ergebnisse von Aushandlungsprozessen in der Praxis begegnet, die zu unterschiedlichsten Resultaten geführt zu haben scheinen. Nichts anderes passiert durch die Handlung der Kamera, welche die Darstellungen vor der Kamera ausschnitt. Sie nimmt eine bestimmte Perspektive und einen bestimmten Blick auf das Geschehen ein, kommentiert dieses und vertritt damit eine eigene Meinung. Diese wird dem Zuschauenden nicht immer explizit wie in *voice over*-Kommentaren oder Stimmen aus dem *Off* deutlich, sondern vor allem nimmt die Kamera auf eine implizite Art und Weise Stellung, wie durch Perspektiven, Großaufnahmen und Schnitt, die dem Zuschauenden oft unbewusst oder erst auf einen zweiten genaueren Blick hin begegnen. Die Kamera ist also ein aktiver Teilnehmer an Aushandlungsprozessen.

Auch für die Kamera ist das Problem mit dem Kinderfahrschein für Hunde keine Reflexion wert, sondern sie votiert für eine pragmatische Lösung, welche über den Charme verfügt, dass der Kontrolleur sein Gesicht und der Fahrgast sein Geld wahrt. Der Kamera geht es um die Personen, nicht um das zugrunde liegende Problem und sie schlägt hier ein pragmatisches Recht vor. Dieses pragmatische Recht leistet beiden Perspektiven und beiden Ansprüchen Genüge: Die Beförderungsbestimmungen werden erfüllt, aber auch dem alltäglichen Legitimitätsempfinden gibt man Recht. So werden Regel und Alltag fallspezifisch miteinander vereint und das Leben kann ungestört weitergehen.

5.4 Verdichtungen

Die Interpretation der hier untersuchten Videosequenz kann man jetzt nach unterschiedlichen Gesichtspunkten weiter verdichten. Immer geht es dabei um die Suche nach dem Muster, das verbindet, die Suche nach dem sozialen Typus. Prämisse dieser Suche nach impliziten Mustern ist, dass alle konkreten Ereignisse *(token)* auch etwas über den sozialen Typus *(type)* sagen, dem das konkrete Ereignis angehört. Fluchtpunkt der hermeneutischen Suche nach den Mustern ist die Frage nach der Frage, auf welche die gezeigten Ereignisse eine Antwort sind. Oder anders: Wenn das Zeigen dieser Ereignisse auf diese besondere Art die Antwort ist, was war dann die Frage?

Will man dies herausfinden, dann sollte man als erstes nach dem verantwortlichen Akteur und dessen Handlung schauen – und das ist hier gewiss die Kamera. Dann kann man zweitens versuchen, das Muster hinter der Darstellung des Akteurs zu finden, also sich fragen, welcher Gattung die Videosequenz angehört. Drittens macht es bei hermeneutischen Analysen Sinn, nach der Botschaft hinter der Darstellung zu suchen, also explizit zu machen, welche Botschaft dem Video implizit ist. Viertens macht es Sinn, den Blick noch zu öffnen und das hier analysierte Handeln der Kamera als *token* des *type* ‚Medien' zu betrachten und sich zu fragen, was sich daraus für die aktuelle gesellschaftliche Rolle der Medien explizieren lässt. Beginnen möchten wir mit der Logik der Darstellung durch die Kamera.

5.4.1 Die Logik der Kamera

Vieles zur Logik der Kamera ist während der Analyse weiter oben bereits gesagt und begründet worden. Hier sollen die Ergebnisse noch einmal kurz zusammengefasst und ein wenig weiter verdichtet werden. Der zentrale Befund der bisherigen Analyse war: Das untersuchte Video dokumentiert nicht die Bewegungen der Fliege an der Wand. Sie hält nicht nur drauf und damit fest, was sich auch ohne ihren Blick getan hätte. Die Dinge und deren Verlauf ändern sich, weil die Kamera beobachtet. Aber mehr noch: Die Kamera zeichnet zu unterschiedlichen Zeitpunkten Ereignisse auf und montiert sie dann – ähnlich einem Drehbuch – zu einer scheinbar zusammenhängenden Geschichte.

Das Auge des/der Zuschauer*in sieht nicht das und das Ohr des/der Zuhörer*in hört nicht das, was sich ereignet, sondern nur das, was die Handlung der Kamera es sehen und hören lässt. Dabei spricht die Kamera auf zweifache Weise: einerseits explizit mit den *voice over*-Kommentaren, andererseits implizit mit den Bildern (Kadrierung, Proportionen, Einstellung, Perspektive etc.). Die Bildsprache des hier analysierten Videos ist dabei ausdrucksstark und oft sehr plakativ. Aber die Kamera macht noch mehr.

Die montierende Kamera fügt die einzelnen *takes* nach eigener Sortierung zu einem neuen Sinn zusammen, indem *takes* entweder gekürzt oder sogar herausgenommen werden. Damit bricht die Kamera die Ereignisstruktur und verleiht dem Geschehen eine *narrative* Struktur. Die Narration steht im Vordergrund, nicht das Ereignis, auch wenn die Narration wie ein Ereignis aussieht. Das Video besitzt also eine Doppelstruktur: es ist Narration und Ereignis zugleich. Deshalb muss man auch beides mit *einer* Deutung verstehen, in *einer* Deutung auflösen. Man muss also fragen: Weshalb muss das Ereignis als Narration eingekleidet und weshalb muss die Narration als Ereignis ausgeflaggt werden?

Das Ereignis muss als Narration eingekleidet werden, weil die Narration etwas Spezifisches liefert: Ein Muster, das wir kennen. Zudem einen Spannungsbogen, der uns auf das Zukünftige vorbereitet und uns damit dabei bleiben lässt. Und es liefert durch diese Spannung Unterhaltung, welche die Zeit vergessen lässt. Die Narration ist kein Unterricht, der uns gerade sitzen und eine Lektion lernen lässt, sondern die Narration erzählt eine unterhaltsame Geschichte und lehrt uns (manchmal) heimlich etwas – aber auf jeden Fall ohne Anstrengung und Entsagung. Die Narration bedient den/die Zuschauer*in, verbeugt sich vor ihm/ihr, macht es ihm/ihr leicht, verlangt nicht, sondern gibt. Auch wenn die Narration von dem/der Zuschauer*in Unterwerfung verlangt, soll er/sie die Narration verstehen. So ist die Narration als Gattung die Unterwerfung des Geschehens unter

5.4 Verdichtungen

die Bedürfnisse des/der Zuschauer*in. Die Narration dient buchstäblich dem/der Zuschauer*in.

Die Narration erhält jedoch dadurch, dass sie als reales Ereignis eingekleidet wird, mehr Nähe zum Alltag der Zuschauer*innen und mehr Gewicht und zunehmende Authentizität und auch mehr Relevanz. Es hat sich tatsächlich so ereignet – so lautet die Botschaft; oder doch zumindest *könnte* es sich so ereignet haben. Es ist wichtig, zu wissen, dass es sich so ereignet hat, weil es auch für mich bedeutsam ist. Das Gezeigte ist keine fiktive Erzählung, in der alles nur erfunden und damit bedeutungslos ist, sondern das Gezeigte ist Teil der Welt, in welcher der/die Zuschauer*in lebt, und deshalb ist es auch für ihn von Belang. Auch das Ereignis dient somit dem/der Zuschauer*in. Es betrifft ihn/sie, weil es auch ihm/ihr passieren kann. Es geht um Bedeutsamkeit, die sich aus der Wirklichkeitsnähe ergibt.

Die als Ereignis eingekleidete Narration richtet sich somit in jeder Hinsicht an den Wünschen der Zuschauer*innen aus. Es gilt, ihm/ihr Gutes zu tun, ihn/sie zu unterhalten und ihn/sie mit der Unterhaltung am Gerät zu halten – nicht nur, weil es unterhaltend ist, sondern auch weil es etwas mit seinem/ihrem Leben zu tun hat und deshalb bedeutsam ist. Das Video als Narration und Ereignis unterhält und informiert über Fragen der (Rechts-) Sicherheit. Somit gehört sowohl das hier untersuchte Video wie auch die ganze Sendung *24 Stunden Reportage* zum *Securitainment* (Bidlo & Englert, 2009).

Dieser Begriff soll noch kurz erläutert und begründet werden: Die mediale Inszenierung unterschiedlichster gesellschaftlicher Alltagsthemen ist in Zeiten des ‚Infotainments' (Wittwen, 1995) eine weit verbreitete Erscheinung im deutschen Fernsehen. Auch die von uns hier analysierten Sequenzen beschäftigen sich mit dem Alltag ‚der Menschen in Deutschland' – allerdings mit dem Rechtsund Sicherheitsalltag. Da hier also das Thema der Inneren Sicherheit auf unterhaltsame Weise vom Fernsehen behandelt wird, kann man (in Anlehnung an den Terminus des ‚Infotaiments' von Wittwen) in unserem Falle von *Securitainment* sprechen.

‚Securitaiment' bezeichnet dabei „[...] das Zusammen- und Wechselspiel von Unterhaltung und der Vermittlung der Inneren Sicherheit" (Bidlo & Englert, 2009, S. 244). Hierbei sind Information und Unterhaltung nicht mehr als Widerspruch zu verstehen, sondern sie ergänzen und bedingen und verstärken sich gegenseitig.

Der Terminus ‚*Securitainment*' umfasst neben der Darstellung auch die Art und Weise, wie Innere Sicherheit (und deren normative Aufladung) durch eine unterhaltsame mediale Inszenierung an den/die Rezipient*in vermittelt wird. Das vorrangige Ziel dieses und ähnlicher Fernsehformate – unter anderem als Folge des ökonomischen Drucks – ist die unterhaltend verpackte Information und normative Anleitung der Rezipient*innen, die Einschaltquoten bringt und über die zukünftige Existenz der jeweiligen Sendung entscheidet. Das Fernsehen handelt dabei in eigenem Interesse und strickt hinter, aber auch vor der Kamera eine unterhaltsame *Story*. Hierfür muss sich das Fernsehen manchmal auf eigene Wege begeben, narrative Strukturen einfügen oder erfinden und eigene Perspektiven einnehmen. Es geht dann eigene Wege.

Dabei ‚strickt' das Fernsehen nicht bewusst eine bestimmte normative Einstellung zur Inneren Sicherheit, sondern diese normativen Aufladungen werden durch die Praxis der Produktion (es geht um eine interessante *Story*) nebenbei erzeugt. Securitainment ist also kein gewolltes Vertreten bestimmter Normen und Werte und auch nicht ein bewusstes Beeinflussen der Zuschauer*innen. Und damit unterscheidet sich *Securitainmet* deutlich vom ‚*Ecotainment*' (Lichtl, 1999) oder der ‚*Entertainment-Education*' (Wang et al., 2009). *Securitainment* ‚mendelt' sich in der Praxis des Videoproduktion heraus. Entscheidend ist, ob das Video eine unterhaltsame Story enthält und sich gut verkaufen lässt.

5.4.2 Die Episode ‚Ein Hund fährt schwarz' als Lehrstück

Weiter oben hatten wir die europäische Dramengeschichte ins Spiel gebracht und die Lesart gewagt, die Episode *Ein Hund fährt schwarz* sei wie ein Drama konstruiert. Dass es sich bei dem Videobeitrag um eine nachträgliche Konstruktion der Kamera handelt, konnte anhand der Analyse nachgewiesen werden. Dass hier bewusst dramatisiert wurde auch. Deshalb kann man nach unserer Einschätzung durchaus sagen, dass der pyramidale Aufbau des Dramas[22] auch bei der Sequenz *Ein Hund fährt schwarz* gegeben ist. Dass es eine Exposition gibt, ist bereits zu Beginn deutlich geworden: In die Handlung wird mittels Bilder und *voice over*-Kommentar und Untertiteleinblendung eingeführt: Die Charaktere der Trambahnkontrolleur*innen werden vorgestellt und durch den Text des *voice over*-Kommentars, der auf das Problem von Schwarzfahrer*innen hinweist, wird bereits das Hauptthema angesprochen. Der Schnitt nach dem letzten *take* – nach der letzten *Szene* – beendet den ersten *Akt* und damit den ersten *Sinnabschnitt* der gesamten *Sequenz* (welche hier das gesamte *Drama* darstellt), wobei die

---

[22] Hierbei ist zu beachten, dass die nachstehenden Erläuterungen keinen Anspruch auf Vollständigkeit erheben, da lediglich gezeigt werden soll, dass die Handlung vor der Kamera einer bestimmten (dramatischen und damit literarischen) Struktur folgt und sie sich nicht ‚willkürlich' ereignet hat.

5.4 Verdichtungen

sich schließenden und öffnende Trambahntüren als Modulationssignale (Goffman, 1977) fungieren und die unterschiedlichen Sinnabschnitte der Sequenz markieren. Der zweite Akt zeigt die Kontrolleurinnen bei der Arbeit. Alles geht seinen Gang. Die Dinge sind so, wie sie sein sollen. Aber indem sie so sind, wie sie sein sollen, klingt bereits an, dass es auch anders sein kann, dass es auch Konflikte geben kann, wenn z. B. die Kontrolleur*innen auf jemanden treffen, der keinen gültigen Fahrausweis besitzt.

Genau das passiert im dritten Akt. Der Konfliktfall tritt nicht nur ein, sondern der Konflikt eskaliert. Nicht ein Falke, sondern ein Hund ist das Motiv. Er steht im Schnittpunkt des Konflikts. Muss man für ihn zahlen oder nicht? Hundehalterin und Kontrolleur streiten. Der Konflikt eskaliert. Es geht um Legalität und Legitimität. Die Ereignisse drohen zu kippen. Dies scheint der Höhepunkt des Dramas zu sein. Als der Kontrolleur trotz des starken Protests der umstehenden Fahrgäste einen Strafschein ausstellt und der Hundehalterin überreicht, ist die Krisis da. Als die Hundehalterin dann aber mit einem resignierten: „Alles klar." nachgibt, fällt die Spannung ab. Eine Niederlage für den Fahrgast, aber ein Sieg für den Fahrkartenkontrolleur, welcher zweifelhaft war.

Im vierten Akt beginnt die fallende Handlung: Der weibliche Fahrgast muss zahlen und wehrt sich nicht weiter dagegen, der Kontrolleur scheint Recht zu behalten. Doch dann kommt der Einschub mit der blonden Besitzerin des *Pudels*. Sie hat das Drama gesehen (so die Erzählung) und packt deshalb ihren kleinen Hund in ihre Einkaufstasche und erfüllt auf diese Weise die Vorschrift. Obwohl die Kontrolleur*innen diese Szene beobachtet haben müssen, akzeptieren sie diese Handlung des Fahrgastes.

Schnitt. Die Trambahntüren öffnen sich, welche ebenfalls als Modulationssignale wie die zu Anfang gezeigten sich schließenden Türen fungieren, und die Kontrolleure verlassen die Bahn. Der fünfte Akt beginnt. Hier bekommt der Trambahnkontrolleur Herbert abschließend die Möglichkeit, vor der Kamera Stellung zu dem soeben Geschehenen zu nehmen. Er steht dabei alleine im Bild, die Kamera ist allein auf ihn in Großaufnahme gerichtet, während er erklärt, dass Trambahnkontrolleure auch nur Menschen sind, aber sich im Dienst eben nach den Vorschriften richten müssen.

Diese Erläuterungen, fasst man sie schematisch in den Aufbau nach Freytag, lassen sich bildlich wie in Abb. 5.20 darstellen.

Die Episode *Ein Hund fährt schwarz* ist also (wie im Übrigen alle Episoden der Sendung *24 Stunden Reportage*), welche eine Art Fortsetzungsgeschichte mit mehreren Kernen darstellt, kann also durchaus mit den Begriffen des Dramas

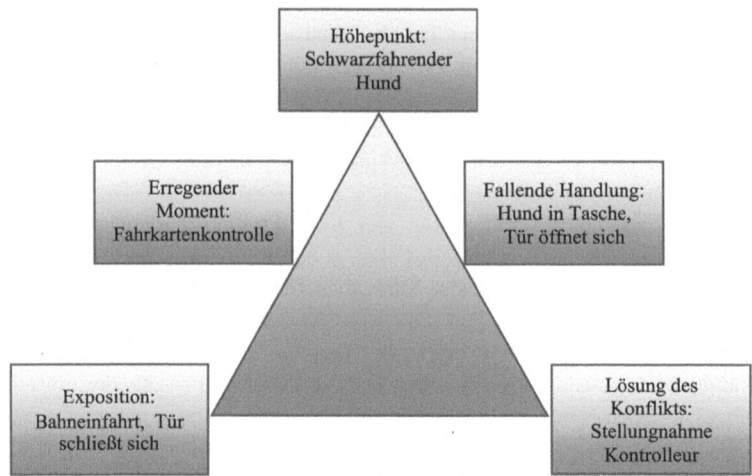

Abb. 5.20 Pyramidale Darstellung von *Ein Hund fährt schwarz*. (Quelle: eigene Darstellung)

beschrieben werden. Aber es sind auch einige Ähnlichkeiten mit einer *Moritat*[23] zu erkennen. Vor allem die Moral, welche am Ende der Episode *Ein Hund fährt schwarz* und auch allen anderen Geschichten der *24 Stunden Reportage* steht, spricht für ein solches Verständnis. Ebenso das Verhältnis der Kamera zur Handlung, nämlich, dass sie nicht nur scheinbar *live* und wirklich dabei ist, sondern das Beobachtete dann anschaulich als Geschichte erzählt, zeigt die Parallelen zur Moritat auf. Hinzu kommt die äußerst plakative Filmsprache: Es wird nicht differenziert, sondern immer zugespitzt und mithilfe der filmischen Mittel überdeutlich dargestellt. Es bleibt wenig Raum für andere Lesarten.

Allerdings sind auch entscheidende Unterschiede zur Moritat zu erkennen. Denn die Kamera, welche die Geschichte erzählt, nimmt selbst Stellung zum Geschehen. Dies steht bei den ‚alten' Bänkelsängern einer Moritat eher im Hintergrund. Aus diesem Grund lässt sich bei der *24 Stunden Reportage* vielmehr

---

[23] Die Moritat, so informiert uns erneut das Internet, ist eine ‚erbauliche Geschichte' und kann wie folgt beschrieben werden: „Die Bänkelsänger hatten immer eine Strophe in ihren Moritaten, die das Geschehen moralisch einordneten (denn wir erzählen ja nur von diesen schönen Morden und spaßigen Missetaten, weil wir sie so ablehnen, quasi als schlechtes Beispiel). Und wenn der Bänkelsänger mal die Moral von der Geschichte vergaß, dann wurde oft später auf Druck der Obrigkeit noch eine hinzugefügt. In vielen Städten mußten die Texte deshalb zuerst bei der Obrigkeit eingereicht werden." (http://www.musikalische-stadtfuehrung-dresden.de/baenkelsang-und-moritaten-was-ist-was/).

5.4 Verdichtungen 143

von einem *Lehrstück* in laufenden Bildern sprechen – weshalb man diese Art von Fernsehen auch mit dem Fotoroman in der Jugendzeitschrift BRAVO in Verbindung bringen kann, der im Übrigen auch als Fortsetzung inszeniert ist. Ein Lehrstück will ansprechen, will unterhalten, aber auch zeigen, was richtig ist, was zu tun ist. Ein Lehrstück will immer auch erziehen. Deshalb geht es in der von uns analysierten Sequenz immer auch um Moralität, also darum, was richtig und was falsch ist. Bei der Rezeption und Bewertung dieser Fernseh-Moral ist ganz entscheidend, aus welcher Sozialschicht die Zuschauer*innen kommen. Einigen wird sie eine Lehre sein, anderen dient sie zur moralischen Erbauung und wieder anderen zur moralischen Aufrüstung gegen die jeweils anderen.

5.4.3 Und die Moral von der Geschicht'

Wenn die Episode vom schwarzfahrenden Hund ein Lehrstück ist, was ist dann die Moral von der Geschicht'? Ganz sicherlich die (so eine erste Antwort), dass Unwissenheit nicht vor Strafe schützt. Auch die, dass der oder die Clevere aus der Mittelschicht besser dran ist, und dass es deshalb gut ist, so clever zu sein wie die Blonde aus der Mittelschicht. Und die Moral von der Geschicht' ist, dass nicht alle Vorschriften Sinn machen müssen, aber dass Vorschriften nun mal Vorschriften sind, und deshalb einzuhalten sind – außer man findet eine fallspezifische Lösung.

Und gerade diese letzte Moral von der Geschicht' ist interessant, weil sie bei näherer Betrachtung, also ausführlicher Explikation, noch mehr über die Medien und deren Logik zeigt. Um diese zu explizieren, ist es hilfreich, sich einmal von dem zu lösen, was die Kamera dem/der Zuschauer*in gezeigt hat, und sich zu fragen, was sie hätte zeigen können. Da es sich ja gerade nicht um die Dokumentation von Ereignissen handelt, sondern (wie der Einschub mit der kluge jungen Frau gezeigt hat) um eine Montage, wäre auch anderes vorstellbar und machbar gewesen. Eine solche Betrachtung der nicht realisierten, aber machbaren Komposition der Sequenz ist bei allen (hermeneutischen) Ausdeutungen sehr hilfreich, expliziert sie doch das Ausgeschlossene und zeigt damit umso deutlicher das Eingeschlossene.

Einig sind sich alle Akteur*innen aus der analysierten Sequenz, dass die Vorschrift, für kleine Hunde ein Kinderticket zu verlangen, nicht wirklich legitim ist. Selbst der Kontrolleur räumt das im Epilog ein. Als Mensch kann er den Unmut der Hundehalterin verstehen, die vor allem mit dem Raumkonzept argumentierte, nämlich, dass Fahrräder mehr Raum in Anspruch nehmen als Hunde, aber dass man dennoch dafür nicht zahlen müsse.

Die Kamera hätte in einer solchen Situation auch andere Wege gehen können – und viele Kameras anderer (öffentlich-rechtlicher) Sender wären auch andere Wege gegangen. Die Kamera hätte nicht die Szene mit der klugen blonden Frau drehen und in die Sequenz montieren müssen, sie hätte auch andere Kontrolleur*innen zeigen können oder aber auch den Kontrolleur Herbert, wie er sich anders entscheidet. Möglich wären folgende Varianten (die im Übrigen für die PR der Hallenser Verkehrsbetriebe recht nützlich gewesen wären): Zum Ersten hätte der Kontrolleur den Hund einfach *übersehen* können – eine Praxis, die in Bussen und Bahnen sehr oft anzutreffen ist. Es hätte keinen Konflikt gegeben. Zum Zweiten hätte der Kontrolleur die Hundehalterin auf die Regel aufmerksam machen und ermahnen können, beim nächsten Mal einen Fahrschein für ihren Hund zu lösen *(Ausnahme)*. Auch hier hätte es keinen Konflikt gegeben. Zum Dritten hätte der Kontrolleur auf ‚Verbotsirrtum'[24] entscheiden und die Halterin auffordern können, einen Kinderfahrschein für ihren Hund zu lösen. Auch hier wäre der Konflikt gering ausgefallen. Zum Vierten hätte der Kontrolleur die Umstehenden fragen können, ob jemand der Frau kurzfristig eine Tasche oder Tüte leihen könne *(Gesetz umgehen)*. Jetzt hätte es keinen Konflikt gegeben, sondern der Kontrolleur hätte für sich und die Hallenser Verkehrsbetriebe positive PR betrieben. Die hätte er noch deutlicher ausfallen lassen können, hätte er sich (und das ist eine weitere Möglichkeit) dem *Common-Sense* angeschlossen und gesagt, dass die Regelung unverständlich ist und dass er deshalb auf den Kinderfahrschein und das Bußgeld verzichtet *(Gesetz aussetzen)*. Alle diese möglichen Reaktionen haben eines gemein: Sie setzen an dem *Common-Sense* an, dem subjektiven Rechtsgefühl, dass es legitim ist, kleine Hunde unentgeltlich in der Trambahn mitzunehmen. Sie teilen dieses Gefühl und schlagen sich auf die Seite des Rechtsempfindens. Damit hätte die Kamera auf das Rechtsproblem reagiert und hierzu eine Antwort formuliert.

Die Kamera geht aber nicht diesen Weg, sondern sie lässt die Reaktion von Herbert *(Bestehen auf Gesetz)* so stehen. Stattdessen formuliert sie zwei Lehren: eine für das Bahnpersonal („Wer beruflich kontrolliert, fährt am besten, wenn er sich einfach an die Regeln hält. Ob die nun Sinn machen oder nicht.") und eine für die Zuschauer („Sei clever, erfülle die Regeln, wenn jemand hinschaut,

---

[24] Im *Gabler Wirtschaftslexikon* findet sich folgende Definition von Verbotsirrtum: „Strafrechtlicher Begriff: Irrtum über die Rechtswidrigkeit eines Tuns oder eines Unterlassens. Dem Täter fehlt bei der Begehung seiner Tat die Einsicht, dass er damit Unrecht begeht. Ist der Verbotsirrtum für ihn unvermeidbar, entfällt eine Strafbarkeit. Bei Vermeidbarkeit des Verbotsirrtums kann die Strafe gemildert werden (§ 17 StGB)." (https://wirtschaftslexikon. gabler.de/definition/verbotsirrtum-49207).

5.4 Verdichtungen

sonst nicht!"). Weshalb geht die Kamera diesen Weg? Die nahe liegende Antwort auf die Frage ist, dass man auf den Kontext verweist und sagt, die Kamera wolle es sich weder mit den Verkehrsbetrieben von Halle und deren Kontrolleur*innen, noch mit den Zuschauer*innen verderben. Deshalb trage sie auf zwei Schultern, mache es beiden recht. Die einen brauche man noch, weil man weitere Folgen drehen wolle und man deshalb die Hallenser Verkehrsbetriebe und deren Kontrolleur*innen nicht verärgern dürfe. Darüber hinaus sei es für zukünftige Produktionen schlecht, wenn man die, die einem Feldzugang gewähren, kritisiere. Die zweiten, also die Zuschauer, benötige man, weil man auf deren Gunst angewiesen sei und diese Gunst letztendlich ökonomisches Kapital bringe.

Diese beiden Antworten treffen sicherlich, aber sie decken nicht alles ab. Denn es werden nicht nur zwei Strategien des Umgangs mit dem Recht vorgestellt, nämlich zum einen, dass die Gesetze einzuhalten sind, auch wenn sie unsinnig sind/erscheinen, und zum anderen, dass es reicht, Gesetze nur formal zu befolgen, und dass man sie aber ansonsten unterlaufen darf. Wesentlich ist, dass die Kamera, und damit die Medien in diesem Falle, eine andere Logik *vorschlagen,* die nicht mehr auf das Recht bezogen ist, sondern auf die *Befindlichkeit des/der Zuschauer*in, sie machen aus einer Rechtsfrage eine Befindensfrage.*

Um diese These zu plausibilisieren, möchten wir noch einmal auf die Besitzerin des kleinen Rottweilerwelpens zurückkommen. Die Kamera inszeniert sie ein wenig als moderne Michaela Kohlhaas[25], die sich gegen die unsinnigen Regeln eines verständnislosen Verkehrsbetriebs öffentlich auflehnt – und dabei verliert. Sie verliert nicht nur 40 Euro, sondern auch ihr Gesicht. Ihr geht es aufgrund der Ereignisse schlecht.

Die Besitzerin des Pudels ist cleverer: Obwohl auch sie der Ansicht ist, dass man für Hunde keinen Fahrschein lösen sollte, sucht sie nicht den Streit und die Konfrontation. Sie tritt nicht dafür ein, was ihr richtig erscheint. Sie macht sich und anderen keinen Stress, und erfüllt das Gesetz formal. Sie hätte auch seufzend zahlen können, dabei einräumend, dass es wohl seine Richtigkeit damit hat, für Hunde, die befördert werden wollen, zu zahlen. Aber weder räumt sie ein, noch zahlt sie, noch kämpft sie. Sie will ihre Ruhe haben und ihr Geld behalten. Das ist die Lehre, welche die Kamera als ‚gute' Lösung vorführt.

---

[25] Natürlich stimmt der Vergleich so nicht, da Michael Kohlhaas tatsächlich im Recht war und nur sein Recht wollte – wenn auch mit allen Mitteln. Bei Michael Kohlhaas geht es also um das Recht und dass es von jedem einzuhalten ist. Bei der Besitzerin des Rottweilerwelpens geht es um Legitimität und darum, dass das Recht *nicht* immer einzuhalten ist. Eine solche Unstimmigkeit würde allerdings die meisten Medien nicht zurückhalten, die Hundehalterin dennoch in eine Reihe mit Michael Kohlhaas zu stellen.

Damit geht es der Kamera gerade nicht mehr um das Recht, um das Spannungsverhältnis von Legalität und Legitimität, sondern um das Wohlbefinden der blonden jungen Frau und das der Zuschauer*innen. Wichtig ist, dass man seine Ruhe hat und keinen Stress hat oder macht. Wenn das gegeben ist, dann ist das Problem gelöst, dann ist alles Weitere zweitrangig. Damit hat die Kamera klammheimlich die Prioritäten des Handelns geändert. Sie macht sich zum Anwalt des inneren Wohlbefindens der Zuschauer*innen. Sie kämpft für das Recht, sich durch zu mogeln, statt sich zu streiten. Streit, Konflikt, Wut, Aggression und ungehöriges Benehmen sind zu vermeiden. Ruhe ist die erste Bürgerpflicht. Die innere Unruhe ist zu befrieden.

Damit legt die Kamera dem/der Zuschauer*in das nahe, was ihm/ihr gefällt, und damit entwirft und verfolgt die Kamera eine Strategie der ‚inneren Führung‘, die mittels Selbstführung aktiv darum bemüht ist, Unruhe zu vermeiden. Fremdzwang wird in Selbstzwang, Fremdführung in Selbstführung umgewandelt. Wenn innen Ruhe ist, dann ist auch außen Ruhe. Damit bietet die Kamera eine bestimmte Form von *Governance* an. Ob die Zuschauer*innen diese Form annehmen oder zurückweisen, steht wieder auf einem anderen Blatt und viel wird davon abhängen, welcher Sozialschicht sie sich zurechnen.

6   Die Handlung des Zeigens als bedeutsame Geste oder: Medien als eigenständige Akteure

Blickt man auf die hier vorgestellte Analyse eines sehr kurzen Ausschnitts der Sendung *24 Stunden Reportage* aus dem Jahre 2010 zurück, dann muss man sich abschließend fragen, was diese Analyse über die gesamte Sendung, was sie über dieses Format und was sie über das Fernsehen sagen kann. Gewiss kann man nicht induktiv folgern und sagen: Alle anderen Teile in der von uns untersuchten Sendung *24 Stunden Reportage* drücken das Gleiche aus. Auch kann man nicht aufgrund der Analyse dem gesamten Format des *Reality-TV* diese Struktur bescheinigen, noch kann man dem Fernsehen als Ganzem mit guten Gründen die hier herausgearbeiteten Besonderheiten zuschreiben. Dafür ist die Datenbasis gewiss zu schmal. Was man mithilfe solcher Fallanalysen jedoch gewinnt, das sind Hypothesen – und zwar sowohl zur Sendung, zum Format als auch zum Fernsehen. Diese Hypothesen können in weiteren Fallanalysen erweitert, modifiziert oder auch falsifiziert werden. Das haben wir im Übrigen im Anschluss an die hier gezeigte Analyse mit sehr viel mehr Material getan und dabei hat sich gezeigt, dass vieles nicht nur in der vorgestellten Sequenz zu finden ist, sondern typisch für diese Sendung ist (siehe hierzu auch die Übersicht in Abschn. 5.2) und für diese Fernsehformate, aber auch für das Fernsehen als korporierten Akteur (siehe auch Reichertz, 2011; Bidlo et al., 2011, 2012; Reichertz & Englert, 2016; Reichertz et al., 2017).

Der Begriff ‚korporierter Akteur' bedarf jedoch einer kurzen Erläuterung. Medienbeiträge oder bezogen auf den Gegenstand unserer Analyse: Videos (jeder Art) werden, das ist trivial, aber gerät gern ins Vergessen, erst einmal gemacht, sie werden gefertigt. Dieser Fertigungsprozess selbst ist heutzutage in den meisten Fällen arbeitsteilig organisiert. Sich diesen Fertigungsprozess (mit-)anzusehen, das ist aus unserer Sicht notwendig, wenn man die Bedeutung der durch diesen Fertigungsprozess geschaffenen Produkte rekonstruieren will. Dies deshalb, weil sich im Fertigungsprozess die Logik des Feldes in das Projekt einschreibt oder, formuliert in den Begriffen, die wir in dem Buch benutzt haben: im Fertigungsprozess schreibt sich die Bedeutung der Handlung des Zeigens ein.

An dem Fertigungsprozess von Videos aller Art sind mehrere Akteure*innen teils bestimmend, teils ausführend beteiligt. Manche von ihnen stimmen ihre Absichten und ihre Ziele miteinander ab, teilen also ihre Intentionen und Erwartungen miteinander oder ordnen Bestimmtes an, andere sind an diesem Abstimmungsprozess nur indirekt oder gar nicht beteiligt und setzen nur Anordnungen um. Dennoch ist das fertige Produkt Ergebnis des Handelns *aller* am Fertigungsprozess beteiligten Akteur*innen, weshalb sich das Produkt in der Regel *nicht* allein auf einen/eine Akteur*in und dessen Absichten zurückführen lässt. Sucht man also nach *einem/einer* bestimmten menschlichen Akteur*in, der/die für die Bedeutung der Handlung des Zeigens restlos verantwortlich ist, dann wird man niemanden eindeutig als einzelne Person identifizieren können.

Bei der Rekonstruktion der Bedeutung der Handlung des Zeigens kann es also nicht darum gehen, eine bestimmte Person, also den/die Projektleiter*in einer wissenschaftlichen Forschung, den/die Regisseur*in eines Filmbeitrags oder die Organisation, die einen bestimmten Beitrag mit bestimmten Inhalten angeordnet hat, als Autor*in der Bedeutung zu benennen und die Bedeutung aus den Absichten dieser Akteur*innen abzuleiten. Selbst wenn es sich um die Analyse eines Hochzeitsvideos handelt, das ein naher Verwandter des Brautpaares aufgezeichnet hat und ungeschnitten präsentiert, selbst dann verantwortet der Hobbyfilmer das Endprodukt nicht allein, sondern das Unternehmen, das eine bestimmte Kamera mit bestimmten Aufnahmequalitäten produziert hat, wirkt an der Bedeutung ebenso mit, wie die Brautleute, die den Hobbyfilmer gebeten haben, bestimmte Ereignisse festzuhalten und andere nicht. Und natürlich sind auch jene Gäste an der Handlung des Zeigens beteiligt, die sich der Kamera verweigert haben.

Wie daraus ersichtlich wird, kann der Begriff ‚Akteur' sehr Unterschiedliches adressieren: Erstens kann der Akteur ein *konkreter Mensch* sein, der wie bereits angesprochen, alleine und eigenständig ein Hochzeitsvideo erstellt. Zweitens kann der Akteur eine *Gruppe von Menschen* (z. B. ein Team von Forscher*innen, eine Redaktion) sein, die ein sozialwissenschaftliches Video in allen seinen Bestandteilen arbeitsteilig gemeinsam erstellen. Drittens kann der Akteur eine *Institution* oder *Organisation* (z. B. ein Radiosender, eine Universität) sein, die über ein bestimmtes Format und dessen Gestaltung oder über die Politik des Hauses entscheidet, welche sich im Produktionsprozess niederschlägt.

Bei einigen dieser Akteur*innen kann es zu *shared intentions* kommen, wie bei denen, die von Angesicht zu Angesicht zusammenarbeiten und ihr Handeln direkt aneinander orientieren, z. B. während der Postproduktion eines Videos. Eine solche geteilte, ganz wesentlich auf Kopräsenz angewiesene Intentionalität ist jedoch nicht grundsätzlich notwendig für eine sinnhafte Handlungskoordinierung. Gerade bei räumlich und zeitlich verteilten Produktionsketten erfolgt die Abstimmung des Handelns in der Regel nicht über direkte Abstimmung oder eine verbindliche Produktionsvorschrift (also durch geteilte Absichten), sondern meist über den von allen Beteiligten gemeinsam erfahrenen Druck, ein nach den jeweiligen Maßstäben ‚erfolgreiches' Produkt herstellen zu wollen und zu müssen. Was ‚erfolgreich' ist, das bestimmt das Feld, für welches das Video produziert wird, also diejenigen, die das Video als Produkt betrachten. Oft helfen bei der Koordination der Handlungen gesellschaftliche, rechtliche, kulturelle, religiöse, ökonomische und wissenschaftliche Rahmenbedingungen. Sie machen ein bestimmtes Handeln von Personen wahrscheinlich. Aber alle diese Rahmenbedingungen sind gerade keine verbindlichen Satzungen, sondern ausdeutungsfähige Praktiken.

Fazit: Videos sind das Ergebnis eines komplexen und verwickelten sozialen Prozesses mit einer bestimmten Dauer, an dem verschiedene individuelle (Auftrag- bzw. Geldgeber*innen, Abnehmer*innen, Planer*innen, Kameramänner/-frauen, Zuständige für den Schnitt, vor der Kamera gezeigte Personen etc.) und/oder institutionelle Akteure (Arbeitsteams, Redaktionen, Agenturen, Sender, Universitäten, Internetplattformen) an verschiedenen Orten miteinander, nacheinander und manchmal auch gegeneinander mit je eigener Handlungslogik beteiligt sind. Die einzelnen Akteur*innen können sich in diesem Prozess nur in bestimmten Phasen an konkreten Anderen orientieren und nur selten an Satzungen. Meist orientieren sich an vagen Vorgaben – und häufig gibt es keine expliziten Abstimmungsprozesse (z. B. Konferenzen, Meetings etc.).

Dennoch erzeugen diese Akteur*innen, die erst einmal konkrete Einzelne (z. B. Personen) sind, in einem räumlich und zeitlich verteilten, arbeitsteiligen Prozess aufgrund und mithilfe je eigener sozialer tradierter Praxen und Praktiken, ein Produkt, das sich auf dem jeweiligen Markt behaupten muss. Dieses so entstandene Produkt ist trotz der Vielzahl der Akteur*innen, die an der Produktion beteiligt waren, weder im Hinblick auf den *Inhalt* noch im Hinblick auf die *Form* und die *Botschaft* beliebig oder gar zufällig. Trotz der Verschiedenheit der sozialen Praxen und Praktiken, die in dem Produktionsprozess ineinandergreifen, erschaffen die Akteur*innen obgleich aller Unterschiede und unterschiedlicher Logiken im Ergebnis Produkte mit großer ‚Familienähnlichkeit'.

Ganz offensichtlich wird diese Familienähnlichkeit nicht nur über gemeinsame Praktiken oder die Existenz einer gemeinsamen Kultur hergestellt und gesichert, sondern daran sind auch Ordnungsprozesse beteiligt, welche die Ebene der Praktiken überschreiten. Deshalb reicht es bei der Betrachtung des Entstehungsprozesses nicht aus, allein die jeweilige Produktionssituation in den Blick zu nehmen. Diese ist zwar ohne Zweifel von großer Bedeutung, wenn es um die Auslegung von Rahmenbedingungen geht, doch Situationen sind immer eingebettet in Interaktionsketten und soziale Ordnungen, die letztlich die ursprüngliche Situation zeitlich und strukturell überschreiten. Einfluss auf die jeweilige Produktionssituation hat ebenfalls die Logik bzw. Steuerungsprozesse des für die Produzierenden relevanten Marktes. Das muss nicht der ökonomische Markt sein, sondern es können auch Steuerungsprozesse bzw. die Logik anderer Anerkennungsmärkte sein. Ganz offensichtlich wird das Handeln der vielen Beteiligten orchestriert, allerdings ohne dass ein/eine Dirigent*in den Takt und den Einsatz vorgibt. Diesen/diese in und am Ergebnis erkennbaren und somit spürbaren, dennoch nicht-personalen Dirigent*in möchten wir *korporierte Akteure* nennen – weshalb wir es als sinnvoll und auch begründet erachten, die ‚verteilte' Produktion von Videos aller Art einem korporierten Akteur zuzurechnen. Im Anschluss an diese Überlegungen fragen sich hermeneutisch vorgehende Interpreten*innen fast zwangsläufig: Auf welche Frage oder gesellschaftliche Situation geben solche Sendungen oder genauer: auf welche Frage gibt der jeweilige korporierte Akteur eine Antwort?

Bezogen auf das von uns analysierte Video als Teil einer Sendungsreihe, die sich an einem alltäglichen Beispiel mit der Frage nach der sozialen Kontrolle und des Umgangs mit der sozialen Kontrolle beschäftigt, könnte die Antwort unseres Erachtens wie folgt lauten: Solche Fernsehformate sind „[…] Teilprozess[e] der sozialen Kontrolle, welche die Mitglieder einer Gesellschaft zur Verhaltenskonformität ‚auffordern' und so versuchen, soziale Integration herzustellen" (Bidlo & Englert, 2009, S. 245). Insofern geht es (im weiten Sinne) immer auch um die Ordnung der Gesellschaft – oder zugespitzt: um Innere Sicherheit. Solche Formate richten sich an die Zuschauer*innen mit einem kleinen Problem im städtischen Alltag, thematisieren also Probleme des Alltags sozialer Ordnung. Dort, wo die großen Gesetze und Theorien hinreichen, da schauen die Medien hin, dort beziehen sie Stellung: die Medien kümmern sich also um die sonst leicht übersehenen Probleme des ‚kleinen Mannes', die dennoch welche sind. Das Zeigen des Alltags verbleibt jedoch nicht im Deskriptiven, sondern durch die Handlung des Zeigens werden Normen in Szenen gesetzt. Und durch ihre Art des Zeigens legen die Medien den Nutzer*innen nicht nur ein bestimmtes Verhalten nahe, sondern sie nehmen auch Stellung zu dem gesamten Diskurs der Inneren Sicherheit und werden dadurch zu aktiven Teilnehmern und dadurch zu (kommerziellen) Sicherheitsproduzenten (vgl. Bidlo et al., 2011, 2012).

Dies gilt trotz des im Vordergrund stehenden Unterhaltungscharakters des analysierten Beitrags, denn

> „dass ein solches Agieren (im Sinne der Unterhaltsamkeit der Darstellung) der Medien vor allem der Bindung der Leser*innen/Zuhörer*innen/Zuschauer*innen an das ‚Programm' der Medien dient, dass es also um Kundenbindung geht und nicht um eine (ausgearbeitete) Sicherheitspolitik, ändert nichts daran, dass es *de facto* Sicherheitspolitik ist. Nicht die Absicht zählt, sondern die Folgen – und jede Theorie, die sich mit dem Agieren der Medien beschäftigt, muss die Folgen dieses Agierens für die Herstellung der Inneren Sicherheit einer Gesellschaft im Auge haben" (Reichertz, 2010a, S. 12 f.).

Denn in dem Video wird nicht nur ein Thema dargestellt, sondern eine Situation wird durch das Video – konkret: durch die Kamerahandlung – interpretiert. Dadurch entsteht ein normatives Wissen auf der Grundlage der Logik der Kamera, auf Basis der Deutung eines Geschehens durch eine bestimmte Form des Zeigens. Die Kamera, verstanden als korporierter Akteur, setzt eigene Wertvorstellungen um und bietet sie den Zuschauer*innen an und wird damit zu einem aktiven Akteur innerhalb eines Diskurses über ein bestimmtes Thema. Das Medium als Vermittler wird so zum selbstständigen Akteur – auch im Diskurs der Inneren Sicherheit und auch mit der Episode des schwarzfahrenden Hundes.

Die Auswirkungen von Fernsehbeiträgen, wie dem oben analysierten, gehen im Übrigen weit über die ursprünglich im Fernsehen ausgestrahlte oder im Internet abrufbare Sendung hinaus. Mittlerweile sind z. B. auch die Folgen der *24 Stunden Reportage* auf der Internetseite von *SAT.1* abrufbar. Dort können Sie ‚geteilt' oder auch ‚gemerkt' werden: https://www.sat1.de/tv/24-stunden/video/. Das Video ist damit Anlass für den/die Nutzer*innen in eine Interaktion zu treten, zentriert um das im Video gezeigte Thema oder die dort genutzten Darstellungsweisen. Wird eine Sendung, wie heute für viele Fernsehsendungen üblich, auch auf YouTube oder anderen Social-Media-Kanälen (z. B. Facebook, Twitter, Instagram etc.) veröffentlicht, können dort noch einfacher Inhalte kommentiert und mit andern User*innen diskutiert (geliked oder gehated) werden. Das Video/die Sendung/das Medium hält damit den/die Nutzer*in dazu an, aktiv am Diskurs teilzunehmen (zum Fernsehen als ‚off air-Aktivierer' auch Englert, 2014, S. 306).

Würde man heute die Analyse der Fernsehsendung *24 Stunden Reportage* durchführen, wäre demnach zu prüfen, in welchem weiteren Kontext – über das Medium Fernsehen hinaus – die Sendung veröffentlicht wird und welche Optionen der Beteiligung sich für die Nutzer*innen bieten und wie sie diese nutzen. Vermehrt ist zu beobachten, dass ein Video (im Fernsehen oder Internet) als Anlass für eine Interaktion durch und mit einem Medium charakterisiert wird.

Kommentarfunktionen in den Sozialen Medien ermöglichen es nicht nur den Nutzer*innen untereinander Inhalte zu diskutieren, sondern auch das Medium kann als korporierter Akteur in die Interaktion eintreten und eigene Deutungen über das eigentliche Video hinaus in den Diskurs (erneut) einbringen. Das ist insbesondere dann hilfreich, wenn das Medium selbst zum Gegenstand der Diskussion wird und die Deutungshoheit des videoproduzierenden Akteurs infrage gestellt wird. Anhand dieser interaktiven Beteiligung wird die Agenda nicht nur durch die Medien als Akteure gesetzt, sondern auch von den Nutzer*innen aufgegriffen, die sich wiederum am Diskurs beteiligen. Dabei wird dem/der Rezipient*in der erste Eindruck einer Sendung und eines Themas leicht gemacht, denn diesen liefern das Video, die Sendung, die Medien als Akteure von Beginn an mit – nicht nur mittels des vor der Kamera Gezeigten, sondern insbesondere durch die Handlung des Zeigens.[1] Gerade deshalb ist die Handlung des Zeigens in jeglicher Form der Videoanalyse eine (be-)deutsame Größe für die Herausarbeitung der Deutungen des Gezeigten – auch in allen anderen Videorahmungen.

Neben diesen inhaltlichen Aussagen kann man aus unserer Analyse auch noch eine methodologische Konsequenz ziehen, die man als Primat der Zeigehandlung bezeichnen kann. Zugespitzt: Die Analyse der Zeigehandlung des Videos ist wesentlicher für die Rekonstruktion der Bedeutung des Videos als die Analyse der gezeigten Handlungen. Das gilt ausdrücklich auch für Videos, die von (Sozial-)Wissenschaftler*innen im Rahmen empirischer Forschung erstellt wurden, um als Daten für eine sozialwissenschaftliche Deutung und Konzept- und Theoriebildung zu dienen. Auch in der Wissenschaft gibt es den korporierten Akteur.

---

[1] Dies beschränkt sich nicht nur auf Fernsehsendungen des *Reality TV* oder ähnlicher (semi-)dokumentarischer Formate, sondern diese Form der Wirkung geht ebenso von fiktionalen Sendungen aus. Eine häufig angeführte und bereits reichlich untersuchte fiktionale Sendung ist der Tatort. Obwohl den Zuschauer*innen die Fiktionalität dieses Formates meist absolut bewusst ist, trägt diese Sendung ebenfalls zum Diskurs über die Innere Sicherheit bei. Beispielsweise dadurch, dass Zuschauer*innen im Livetalk auf der Internetseite der *ARD* Kommentare zur aktuellen *Tatort*-Folge abgeben können, welche wiederum durch die „Tatort"-Experten beantwortet werden (https://www.daserste.de/unterhaltung/krimi/tatort/specials/wer-wind-erntet-saet-sturm-livestream-talk-100.html). Diese Möglichkeit bietet sich nicht nur auf der Internetseite, sondern auch auf den Social-Media-Kanälen des *Tatorts*, z. B. Facebook, Instagram, Twitter (https://de-de.facebook.com/Tatort/; https://www.instagram.com/tatort/; https://twitter.com/Tatort?ref_src=twsrc%5Egoogle%7Ctwcamp%5Eserp%7Ctwgr%5Eauthor).

Quellenverzeichnis

Internet

ARD (2020): https://www.daserste.de/unterhaltung/krimi/tatort/specials/wer-winderntet-saet-sturm-livestream-talk-100.html [letzter Abruf: 18.12.2020].

DB Vetrieb AG (2021): http://www.bahn.de/p/view/angebot/zusatzticket/hunde.shtml [letzter Abruf: 12.01.2021].

Focus.de (2007): http://www.focus.de/focustv/formate/sat-1_aid_27857.html [letzter Abruf: 11.03.2010].

Gabler Wirtschaftslexikon (2021): https://wirtschaftslexikon.gabler.de/definition/verbotsirrtum-49207 [letzter Abruf: 12.01.2021].

Hallesche Verkehrs-AG (HAVAG) (2021): https://havag.com/befoerderungsbedingungen?q=Bef%C3%B6rderungsbedingungen [letzter Abruf: 12.01.2021].

Mandada, L. (2018): A video turn in Linguistics? https://vals-asla2018.philhist.unibas.ch/wp-content/uploads/2017/06/VideoTurn2018_BoA.pdf [letzter Abruf: 12.01.2021].

Peters, E. (2010): http://www.ervnet.de/bahn/bahnfahn.shtml [letzter Abruf: 12.01.2021].

SAT.1.de (2021): https://www.sat1.de/tv/24-stunden [letzter Abruf: 12.01.2021].

Schnettler, B., Raab, J. (2008): Interpretive visual analysis. Developments, state of the art and pending problems. Forum Qualitative Sozialforschung/Forum: Qualitative Social Research, 9(3), Art. 31. Online abrufbar unter der folgenden URL: http://nbn-resolving.de/urn:nbn:de:0114-fqs0803314 [letzter Abruf: 11.11.2020].

Stadt Dresden (2021): http://www.musikalische-stadtfuehrung-dresden.de/baenkelsang-und-moritaten-was-ist-was/ [letzter Abruf: 12.02.2021].

Literatur

Agotai, D. (2007). *Architekturen in Zelluloid: Der filmische Blick auf den Raum*. transcript.
Anstädt, T., Keller, I., & Lutz, H. (2010). *Intelligente Videoanalyse*. Wiley-VCH.
Aristoteles. (1994). *Poetik*. Reclam.
Armer, A. A. (1997). *Lehrbuch der Film- und Fernsehregie*. Zweitausendeins.
Arnheim, R. (1962). Art History and the Partial God. *Art Bulletin, 44*, 75–79.
Asmuth, B. (2009). *Einführung in die Dramenanalyse*. J. B. Metzler.
Bach, M. (1997). *Erzählperspektive im Film*. Item Verlag.
Bätschmann, O. (2009). *Einführung in die kunstgeschichtliche Hermeneutik*. Wissenschaftliche Buchgesellschaft.
Barad, K. (2012). *Agentieller Realismus*. Suhrkamp.
Barthes, R. (2009). *Die helle Kammer*. Suhrkamp.
Beck, C. (2011). *Rezension vom 10.02.2011 zu: Jo Reichertz, Carina Jasmin Englert: Einführung in die qualitative Videoanalyse. Eine hermeneutisch-wissenssoziologische Fallanalyse*. VS Verlag. ISBN 978-3-531-17627-7. In: socialnet Rezensionen, ISSN 2190-9245. https://www.socialnet.de/rezensionen/10554.php. Zugegriffen: 12. Nov. 2020.
Belting, H. (2011). *Bild und Kult*. Beck.
Belting, H. (2015). *Bild-Anthropologie*. Fink.
Belting, H. (2015). Vorwort. In W. J. T. Mitchel (Hrsg.), *Das Leben der Bilder* (S. 7–10). Beck.
Bennett, J. (2010). *Vibrant matter*. Duke University Press.
Berger, J. (1981). *Das Leben der Bilder*. Wagenbach.
Berger, J., et al. (1983). *Sehen. Das Bild der Welt in der Bilderwelt*. Rowohlt.
Berger, P. L., & Luckmann, T. (1969). *Die gesellschaftliche Konstruktion der Wirklichkeit*. Fischer.
Bidlo, O., & Englert, C. J. (2009). Securitainment. Mediale Inszenierung von Innerer Sicherheit. *Medienwissenschaft, 03*, 244–261.
Bidlo, O., Englert, C. J., & Reichertz, J. (Hrsg.). (2011). *Securitainment. Medien als Akteure der Inneren Sicherheit*. VS Verlag.

Bienk, A. (2019). *Filmsprache – Einführung in die interaktive Filmanalyse*. Schüren Presseverlag.
Birdwhistell, R. L. (1952). *Introduction to Kinesics*. University of Louisville.
Biressi, A., & Nunn, H. (2020). *Reality TV: Realism and revelation*. Wallflower.
Boehm, G. (2006). *Was ist ein Bild?* Fink.
Böhme, J., & Böder, T. (2020). *Bildanalyse*. Springer VS.
Boersma, P., & Weenink, D. (2018). *Praat: doing phonetics by computer (Version 6)*. Retrieved Nov, 2020, from http://www.praat.org/.
Bohnsack, R., et al. (2001). „Heidi". Eine exemplarische Bildinterpretation auf der Basis der dokumentarischen Methode. In R. Bohnsack (Hrsg.), *Die dokumentarische Methode und ihre Forschungspraxis* (S. 323–338). Leske+Budrich.
Bohnsack, R. (2005). Bildinterpretation und dokumentarische Methode. In C. Wulf & J. Zirfas (Hrsg.), *Ikonologie des Performativen* (S. 246–262). Beck.
Bohnsack, R. (2009). *Qualitative Bild- und Videointerpretation*. Budrich.
Boll, T., et al. (2012). Mediengebundene Lebenswelten und Beobachten mit anderen Augen. In N. Schröer (Hrsg.), *Lebenswelt und Ethnographie* (S. 411–424). Oldib.
Bourdieu, P., et al. (Hrsg.). (1983). *Eine illegitime Kunst*. Suhrkamp.
Bourdieu, P. (2008). *Die feinen Unterschiede*. Suhrkamp.
Brandom, R. (2000). *Expressive Vernunft*. Suhrkamp.
Brandom, R. (2001). *Begründen und Begreifen*. Suhrkamp.
Bromley, R., Göttlich, U., & Winter, C. (Hrsg.). (1999). *Cultural Studies Grundlagentexte zur Einführung*. zu Klampen.
Bredekamp, H. (2015). *Der Bildakt*. Wagenbach.
Bülow, L., & Johann, M. (2018). *Politische Internet-Memes – Theoretische Herausforderungen und empirische Befunde*. Frank & Timme GmbH.
Butler, J. G. (2009). *Television: Critical methods and applications*. Wadsworth.
Burke, P. (1998). *Eleganz und Haltung*. Wagenbach.
Burri, R. (2008). *Doing Images. Zur Praxis medizinischer Bilder*. transcript.
Clark, A., & Chalmers, D. (1998). The extended mind. *Analysis, 58*, 7–18.
Corsa, U. (2005). *Unterhaltung schlägt Information*. Konstanz: UVK.
Corsten, M., Krug, M., & Moritz, C. (Hrsg.). (2010). *Videographie praktizieren*. VS Verlag.
Corsten, M. (2018). Videoanalyse – quo vadis? In C. Moritz & M. Corsten (Hrsg.), *Handbuch Qualitative Videoanalyse* (S. 799–817). Springer VS.
Corsten, M., et al. (Hrsg.). (2020). *Qualitative Videoanalyse in Schule und Unterricht*. Juventa.
Dietrich, M., & Mey, G. (2018). Grounding visuals. In C. Moritz & M. Corsten (Hrsg.), *Handbuch qualitative videoanalyse* (S. 135–152). Springer VS.
Dinkelaker, J., & Herrle, M. (2009). *Erziehungswissenschaftliche Videographie*. VS Verlag.
Dresing, T., & Pehl, T. (2012). *Praxisbuch Interview & Transkription*. Marburg Eigenverlag.
Eco, U. (1987). *Lector in fabula*. Deutscher Taschenbuch Verlag.
Ekman, P. (2007). *Gefühle lesen. Wie Sie Emotionen erkennen und richtig interpretieren*. Spektrum Akademischer Verlag.
Engell, L. (2010). *Playtime. Münchener Film-Vorlesungen*. UVK.
Englert, C. J., & Reichertz, J. (Hrsg.). (2016). *CSI – Rechtsmedizin – Mitternachtsforensik*. Springer VS.
Englert, C. J. (2014a). *Der CSI-Effekt in Deutschland? Die Macht des Crime TV*. Springer VS.

Englert, C. J. (2014b). Do It Yourself. Die hermeneutisch-wissenssoziologische Videoanalyse in praktischer Anwendung. In C. Moritz (Hrsg.), *Transkription von Video- und Filmdaten in der Qualitativen Sozialforschung* (S. 73–106). Springer VS.
Evans, J., & Hall, S. (Hrsg.). (1999). *Visual culture*. Sage.
Flick, U. (2014). *Qualitative Sozialforschung*. Rowohlt.
Floren, T. (2020). Quo vadis: Audiovisuelle Vernehmung? *Kriminalistik. Heft, 1*(20), 37–43.
Flusser, V. (1994). *Gesten*. Fischer.
Freytag, G. (1863). *Die Technik des Dramas*. Verlag von S. Hirzel.
Geertz, C. (1983). *Local knowledge*. Basic Books.
Geertz, C. (2000). *Available light*. Princeton University Press.
Gehlen, A. (1960). *Zeit-Bilder*. Athenäum.
Goffman, E. (1977). *Rahmen-Analyse*. Suhrkamp.
Goffman, E. (1981). *Geschlecht und Werbung*. Suhrkamp.
Goffman, E. (2005). *Rede-Weisen*. UVK.
Goffman, E. (2008). *Wir alle spielen Theater. Die Selbstdarstellung im Alltag*. Piper.
Grice, H. P. (1993). Logik und Konversation. In G. Meggle (Hrsg.), *Handlung, Kommunikation, Bedeutung* (S. 243–265). Suhrkamp.
Habermas, J. (1999). *Wahrheit und Rechtfertigung*. Suhrkamp.
Hall, S. (1999). Kodieren/Dekodieren. In Bromley, et al. (Hrsg.), *Cultural Studies. Grundlagentexte zur Einführung* (S. 92–112). zur Klampen.
Hampl, S. (2010). Videos interpretieren und darstellen. In M. Corsten, M. Krug, & C. Moritz (Hrsg.), *Videographie praktizieren* (S. 53–88). VS Verlag.
Haraway, D. (2003). *The companion species manifesto*. Prickly Paradigm Press.
Harper, D., et al. (2003). Fotografien als sozialwissenschaftliche Daten. In U. Flick (Hrsg.), *Qualitative Forschung* (S. 402–416). Rowohlt.
Heath, C., Hindmarsh, J., & Luff, P. (2010). *Video in qualitative research*. Sage.
Hepp, A., & Winter, R. (Hrsg.). (2008). *Kultur – Medien – Macht*. VS Verlag.
Herbrik, R. (2011). *Die kommunikative Konstruktion imaginärer Welten*. VS Verlag.
Hickethier, K. (2012). *Film- und Fernsehanalyse*. Metzler.
Hietzge, M. (2009). Von der Bildinterpretation zur Videografie – nur ein Schritt? Review Essay: Bohnsack, Ralf (2009): Qualitative Bild- und Videointerpretation [43 Absätze]. Online abrufbar unter der folgenden URL: Forum Qualitative Sozialforschung/Forum: Qualitative Social Research, 11(1), Art. 11. http://nbnresolving.de/urn:nbn:de:0114-fqs 1001111. Zugegriffen: 6. Nov. 2020.
Hietzge, M. (Hrsg.). (2018I). *Interdisziplinäre Videoanalyse*. Budrich.
Hirschauer, S. (2004). Praktiken und ihre Körper. In K. H. Hörning & J. Reuter (Hrsg.), *Doing culture* (S. 73–91). transcript.
Hitzler, R. (1991). Dummheit als Methode. In D. Garz & K. Kraimer (Hrsg.), *Qualitativ-empirische Forschung* (S. 295–318). Westdeutscher Verlag.
Hitzler, R., Reichertz, J., & Schröer, N. (Hrsg.). (1999H). *Hermeneutische Wissenssoziologie*. UVK.
Hitzler, R., Reichertz, J., & Schröer, N. (Hrsg.). (2019). *Kritik der Hermeneutischen Wissenssoziologie*. Juventa.
Hitzler, R., Reichertz, J., & Schröer, N. (Hrsg.). (2019). *Kritik der Hermeneutischen Wissenssoziologie*. Beltz.
Imdahl, M. (1980). *Giotto. Arenafresken. Ikonographie, Ikonologie, Ikonik*. Fink.

Hitzler, R. (2020). Zentrale Merkmale interpretativer Sozialforschung. In R. Hitzler, J. Reichertz, & N. Schröer (Hrsg.), *Kritik der Hermeneutischen Wissenssoziologie* (S. 82–98). Beltz.
Iser, W. (1972). *Der implizite Leser*. UTB.
Ivanyi, N., & Reichertz, J. (2002). *Liebe (wie) im Fernsehen. Eine wissenssoziologische Studie*. Leske+Budrich.
Jakobs, E.-M. (1998). Mediale Wechsel und Sprache. In W. Holly & B. U. Biere (Hrsg.), *Medien im Wandel* (S. 187–210). Leske+Budrich.
Joost, G. (2008). *Bild-Sprache. Die audio-visuelle Rhetorik des Filmes*. transcript.
Jost, C., Klug, D., Schmidt, A., Reautschnig, A., & Neumann-Braun, K. (2013). *Computergestützte Analyse von audiovisuellen Medienprodukten*. Springer.
Kaemmerling, E. (Hrsg.). (1979I). *Ikonographie und Ikonologie*. DuMont.
Kamps, K. (2007). *Politisches Kommunikationsmanagement*. VS/GWV Fachverlage GmbH.
Kauppert, M., & Leser, I. (Hrsg.). (2014). *Hillarys hand*. transcript.
Keller, R., Knoblauch, H., & Reichertz, J. (Hrsg.). (2013). *Kommunikativer Konstruktivismus*. Springer.
Kemmerzell, P., & Saalow, U. (2003). Versicherungswerbung: Kommunikation mit dem Kunden. *Planung & Analyse, 3,* 14–19.
Kemp, W., & von Amelungen, H. (Hrsg.). (2000). *Theorie der Fotografie*. Schirmer/Mosel.
Keppler, A. (2006). *Mediale Gegenwart*. Suhrkamp.
Kirschner, H. (2013). Go Live! Der User-Livestream als Präsentationsbühne. In P. Lucht, L.-M. Schmidt, & R. Tuma (Hrsg.), *Visuelles Wissen und Bilder des Sozialen* (S. 157–174). Springer.
Klaus, E., & Lücke, S. (2002). Reality TV – Definition und Merkmale einer erfolgreichen Genrefamilie am Beispiel von Reality Soap und Docu Soap. *Medien & Kommunikationswissenschaft, 51*(2), 195–212.
Klein, J. (1998). Boulevardisierung in TV-Kulturmagazinen? In W. Holly & B. U. Biere (Hrsg.), *Medien im Wandel* (S. 103–112). Westdeutscher Verlag.
Kleiner, M. S., & Nieland, J. -U. (18. April 2004). Im Seichten kann man nicht ertrinken. Boulevardisierungstendenzen in der taz. *telepolis. magazin der netzkultur.* http://www.heise.de/tp/r4/html/result.xhtml?url=/tp/r4/artikel/17/17220/1.html&words=Medienunternehmen&T=medienunternehmen. Zugegriffen: 15. Nov. 2020.
Kließ, F. (1992). *Produktion von Fernsehserien. ZDF Schriftenreihe Heft 43. Materialien zum Programm.* Zweites Dt. Fernsehen, Information u. Presse/Öffentlichkeitsarbeit.
Knoblauch, H., & Luckmann, T. (2000). Gattungsanalyse. In *Qualitative Forschung. Ein Handbuch* (S. 538–546). Rowohlt Taschenbuch.
Knoblauch, H. (2004). Die Video-Interaktionsanalyse. *Sozialer Sinn, 1*(2004), 123–138.
Knoblauch, H. (2005). *Wissenssoziologie*. UVK.
Knoblauch, H., Schnettler, B., Raab, J., & Hans-Georg, S. (Hrsg.). (2006). *Video analysis. Methodology and methods*. Lang.
Knoblauch, H., Schnettler, B., Raab, J., & Hans-Georg, S. (Hrsg.). (2006). *Videoanalysis. Methodology and methods*. Lang.
Knoblauch, H., Schnettler, B., & Raab, J., et al. (2006). Video-analysis. Methodological aspects of interpretive audiovisual analysis in social research. In H. Knoblauch (Hrsg.), *Videoanalysis: Methodology and methods* (S. 9–26). Lang.

Knoblauch, H., & Schnettler, B. (2007). Videographie. Erhebung und Analyse Qualitativer Videodaten. In R. Buber & H. Holzmüller (Hrsg.), *Qualitative Marktforschung. Theorie, Methode, Analysen* (S. 584–599). Gabler.

Knoblauch, H. (2011). Videoanalyse, Videointeraktionsanalyse und Videograhie. *Sozialer Sinn,12*, 139–145.

Knorr-Cetina, K. (1999). „Viskurse" der Physik. Wie visuelle Darstellungen ein Wissenschaftsgebiet ordnen. In J. Huber & M. Heller (Hrsg.), *Konstruktionen Sichtbarkeiten* (S. 245–263). Springer.

Korte, H. (2010). *Einführung in die Systematische Filmanalyse: Ein Arbeitsbuch*. Schmidt.

Korte, H., & Faulstich, W. (Hrsg.). (1991). *Filmanalyse interdisziplinär*. Vandenhoeck & Ruprecht.

Kracauer, S. (2003). *Theorie des Films*. Suhrkamp.

Kraimer, K. (Hrsg.). (2014). *Aus Bildern lernen*. Münstermann Verlag.

Krotz, F. (2007). *Mediatisierung*. VS Verlag.

Kurt, R., et al. (2008). Vom Sinn des Sehens. Phänomenologie und Hermeneutik als Methoden visueller Erkenntnis. In J. Raab (Hrsg.), *Phänomenologie und Soziologie. Positionen, Problemfelder, Analysen* (S. 369–378). VS Verlag.

Latour, B. (2010). *Eine neue Soziologie für eine neue Gesellschaft*. Suhrkamp.

Leder, D. (1996). Paradigmenwechsel. Von Hildebrandt zu Harald Schmidt. In S. Abarbanell, C. Cippitelli, & A. Schwanebeck (Hrsg.), *Fernsehzeit. 21 Einblicke ins Programm* (S. 89–94). Fischer.

Lichtl, M. (1999). *Ecotainment*. Redline.

Lobinger, K. (2012). *Visuelle Kommunikationsforschung*. Springer.

Loer, T. (1992). Werkgestalt und Erfahrungskonstitution. In D. Garz & K. Kraimer (Hrsg.), *Die Welt als Text* (S. 341–382). Suhrkamp.

Loer, T. (1996). *Halbbildung und Autonomie. Über Struktureigenschaften der Rezeption bildender Kunst*. Westdeutscher Verlag.

Loer, T. (2010). Videoaufzeichnung in der interpretativen Sozialforschung. *Sozialer Sinn, 11*, 319–352.

London, B. (2020). *Video art*. Phaidon.

Lucht, P., Schmidt, L.-M., & Tuma, R. (2013). *Visuelles Wissen und Bilder des Sozialen*. Springer.

Luckmann, T. (1986). Grundformen der gesellschaftlichen Vermittlung des Wissens: Kommunikative Gattungen. In *Kölner Zeitschrift für Soziologie und Sozialpsychologie* (S. 191–211). Westdeutscher Verlag.

Lüddemann, S., & Heinze, T. (Hrsg.). (2016). *Einführung in die Bildhermeneutik*. Springer VS.

Lueger, M., & Froschauer, U. (2018). *Artefaktanalyse*. Springer VS.

Mamet, D. (2009). *Die Kunst der Filmregie*. Alexander Verlag.

Marotzki, W., & Niesyto, H. (Hrsg.). (2006). *Bildinterpretation und Bildverstehen*. VS Verlag.

Marx, K., & Weidacher, G. (2014). *Internetlinguistik*. Narr Francke Attempo Verlag.

Mead, G. H. (1983). *Gesammelte Aufsätze*. (Bd. 2). Suhrkamp.

Mey, G. (Hrsg.). (2020). Performative Sozialwissenschaft. *Journal für Psychologie, 28*(1). https://www.journal-fuer-psychologie.de/index.php/jfp/issue/view/79. Zugegriffen: 29. Mai 2020.

Michel, B. (2006). *Bild und Habitus*. VS Verlag.

Mikos, L. (2008). *Film- und Fernsehanalyse*. UVK.
Mikos, L., & Wegener, C. (Hrsg.). (2017Q). *Qualitative Medienforschung*. UVK.
Mikos, L. (2018). Methoden der Film- und Fernsehanalyse. In C. Moritz & M. Corsten (Hrsg.), *Handbuch Qualitative Videoanalyse* (S. 89–100). Springer VS.
Moritz, C. (2011). *Die Feldpartitur*. VS Verlag.
Moritz, C. (Hrsg.). (2014a). *Transkription von Video- und Filmdaten in der Qualitativen Sozialforschung. Annäherungen an einen komplexen Datentypus*. Springer VS.
Moritz, C. (2014b). Vor, hinter, für und mit der Kamera. Viergliedriger Videoanalyse-Rahmen in der Qualitativen Sozialforschung. In C. Moritz (Hrsg.), *Transkription von Video- und Filmdaten in der Qualitativen Sozialforschung* (S. 17–54). Springer VS.
Moritz, C., & Corsten, M. (Hrsg.). (2018). *Handbuch Qualitative Videoanalyse*. Springer.
Mitchell, W. J. T. (2015). *Das Leben der Bilder*. Beck.
Müller, M. R., & Soeffner, H.-G. (Hrsg.). (2018). *Das Bild als soziologisches Problem*. Juventa.
Netzwerk Bildphilosophie. (Hrsg.). (2014). *Bild und Methode*. Halem.
Oevermann, U. (2014). Ein Pressefoto als Ausdrucksgestalt der archaischen Rachelogik eines Hegemons. In M. Kauppert & I. Leser (Hrsg.), *Hillarys hand* (S. 31–58). transcript.
Oevermann, U. (2009). Get closer. Bildanalyse mit dem Verfahren der objektiven Hermeneutik am Beispiel einer Google Earth-Werbung. In J. Döring (Hrsg.), *Geo-Visiotype. Zur Werbegeschichte der Telekommunikation* (S. 129–177). Universi Universitätsverlag Siegen.
Oevermann, U. (1983). Zur Einführung in die Ausstellung: Ölbilder und Gouachen von Pierre Montheillet. In *Ausstellungskatalog der Galerie Oevermann zu Ölbildern und Gouachen von Pierre Montheillet*. Marburg Eigenverlag.
Oevermann, U. (1979). Impressionistische und vor-impressionistische Malerei: Eine kunstsoziologische Betrachtung zur Einführung in die Ausstellung. In *Ausstellungskatalog zu Bildern des Impressionismus, Galerie Oevermann*. Marburg Eigenverlag.
Opl, E. (1990). Zur Frage der Audiovisuellen „Codeebenen". *Kodicas/code, 13*(3/4), 277–306.
Panofsky, E. (1978). *Sinn und Deutung in der bildenden Kunst*. DuMont.
Peters, J. M. (1980). Bild und Bedeutung. Zur Semiologie des Films. In M. Brauneck (Hrsg.), *Film und Fernsehen* (S. 178–188). Buchner.
Popp, H. (1980). *Strukturelemente des Dramas*. Oldenbourg.
Przyborski, A. (2017). *Bildkommunikation*. de Gruyter.
Raab, J. (2008a). *Visuelle Wissenssoziologie*. UVK.
Raab, J., et al. (2008b). Präsenz und mediale Präsentation. Zum Verhältnis zwischen Körper und technischen Medien aus Perspektive einer phänomenologisch orientierten Wissenssoziologie. In J. Raab (Hrsg.), *Phänomenologie und Soziologie. Positionen, Problemfelder, Analysen* (S. 233–242). VS Verlag.
Raab, J., & Stanisavljevic, M. (2018). Wissenssoziologische Videohermeneutik. In C. Moritz & M. Corsten (Hrsg.), *Handbuch Qualitative Videoanalyse* (S. 57–72). Springer VS.
Raab, J., & Tänzler, D. (1999). Charisma der Macht und charismatische Herrschaft. In A. Honer, R. Kurt, & J. Reichertz (Hrsg.), *Diesseitsreligion* (S. 59–78). UVK.
Rauin, U., Herrle, M., & Engartner, T. (Hrsg.). (2016). *Medienanalysen in der Unterrichtsforschung*. Juventa.
Reckwitz, A. (2003). Grundelemente einer Theorie der Praxis. *Zeitschrift Für Soziologie., 32*, 282–301.

Reichertz, J. (1992). Der Morgen danach. Hermeneutische Auslegung einer Werbefotografie. In H. Hartmann & R. Haubl (Hrsg.), *Bilderflut und Sprachmagie* (S. 141–164). Westdeutscher Verlag.
Reichertz, J. (1994). Selbstgefälliges zum Anziehen. Benetton äußert sich zu Zeichen der Zeit. In N. Schröer (Hrsg.), *Interpretative Sozialforschung* (S. 253–280). Westdeutscher Verlag.
Reichertz, J. (2000). *Die Frohe Botschaft des Fernsehens Kultursoziologische Untersuchung medialer Diesseitsreligion*. UVK.
Reichertz, J. (2003). *Die Abduktion in der qualitativen Sozialforschung*. Springer Fachmedien.
Reichertz, J. (2007). Der marodierende Blick – Überlegungen zur Aneignung des Visuellen. *Sozialer Sinn,2*(2007), 267–287.
Reichertz, J. (2010a). *Die Macht der Worte und der Bilder*. VS Verlag.
Reichertz, J. (2010b). *Kommunikationsmacht. Was ist Kommunikation und was vermag sie?* VS Verlag.
Reichertz, J., & Englert, C. (2011). *Einführung in die qualitative Videoanalyse*. VS Verlag.
Reichertz, J. (2013a). Der bildliche Ausdruck als vertextbare Kommunikation. *Soziale Welt, 64*, 37–50.
Reichertz, J. (2013b). *Gemeinsam interpretieren*. Springer VS.
Reichertz, J. (2016). *Qualitative und Interpretative Sozialforschung*. Springer VS.
Reichertz, J. (2016). *Qualitative und interpretative Sozialforschung. Eine Einladung*. Springer.
Reichertz, J. (2017). Neues in der qualitativen und interpretativen Sozialforschung. *Zeitschrift Für Qualitative Forschung,18*(1), 71–89.
Reichertz, J. (2018). Bilder – Diskurs – Macht. In P. Stoellger & M. Kumlehn (Hrsg.), *Bildmacht. Machtbild* (S. 173–198). Königshausen & Neumann.
Reichertz, J. (2018). Die Kunstlehre der wissenssoziologisch-hermeneutischen Videointerpretation. In C. Moritz & M. Corsten (Hrsg.), *Handbuch Qualitative Videoanalyse* (S. 101–120). Springer VS.
Reichertz, J. (2020a). Qualitative Videoanalyse. In H. Friese, M. Nolden, G. Rebane, & M. Schreiter (Hrsg.), *Handbuch Soziale Praktiken und Digitale Alltagswelten* (S. 445–454). Springer.
Reichertz, J. (2020b). *Grenzen der Kommunikation – Kommunikation an den Grenzen*. Velbrück.
Reichertz, J., & Roth, M. W. (2020). "Coercive Care" or "Ur-wir [Great-we]": Communication and cooperation in couples where one partner has been diagnosed with dementia. *Human Arenas, 3*, 552–574.
Reichertz, J., & Tuma, R. (Hrsg.). (2017). *Der Kommunikative Konstruktivismus bei der Arbeit*. Juventa.
Reichertz, J., & Wilz, S. M. (2017). Ein amerikanischer Held. In T. S. Eberle (Hrsg.), *Fotografie und Gesellschaft* (S. 293–305). transcript.
Rheinberger, H.-J. (2001). Objekt und Repräsentation. In B. Heintz (Hrsg.), *Mit dem Auge denken. Strategien der Sichtbarmachung in wissenschaftlichen und virtuellen Welten* (S. 55–61). Voldemeer.
Rose, D. (2000). Analysis of moving pictures. In M. W. Bauer & G. Gaskell (Hrsg.), *Qualitative researching with text, image, and sound. A practical handbook* (S. 246–262). Sage.

Sachs-Hombach, K. (Hrsg.). (2005). *Bildwissenschaft. Disziplinen, Themen, Methoden.* Suhrkamp.
Schatzki, T., Knorr-Cetina, K., & von Savigny, E. (Hrsg.). (2000). *The practice turn in contemporary theory.* Routledge.
Schicha, C. (2003). *Die Theatralität der politischen Kommunikation Medieninszenierungen am Beispiel des Bundestagswahlkampfes 2002.* LIT.
Schmidt, T. (2016). Construction and dissemination of a corpus of spoken interaction - Tools and workflows in the FOLK project. *Corpus Linguistic Software Tools, Journal for Language Technology and Computational Linguistics (JLCL), 31* (1), 127–154.
Schnettler, B., & Knoblauch, H. (2008). Videoanalyse. In S. Kühl, P. Strodtholz, & A. Taffertshofer (Hrsg.), *Handbuch Methoden der Organisationsforschung*, Hamburg, Marburg Eigenverlag.
Schnettler, B. (2007). Auf dem Weg zu einer Soziologie visuellen Wissens. *Sozialer Sinn,8*(2007), 189–210.
Schnettler, B., & Knoblauch, H. (Hrsg.). (2007). *Powerpoint-Präsentationen. Neue Formen der gesellschaftlichen Kommunikation von Wissen.* UVK.
Schnettler, B., & Knoblauch, H. (2008). Videoanalyse. In S. Kühl & P. Strodtholz (Hrsg.), *Methoden der Organisationsforschung. Ein Handbuch.* Rowohlt.
Schröer, N., Bettmann, R., Leifeld, U., & Sharma, A. (2012). Protointerpretative Horizontverschmelzung: zur Bildung einer , gemeinsamen' Mitspielkompetenz in einer multiperspektivischen Interpretengruppe. In N. Schröer, V. Hinnenkamp, S. Kreher, & A. Poferl (Hrsg.), *Lebenswelt und Ethnographie* (S. 231–242). Oldib.
Schröter, J. (2012). *Verdrahtet The Wire und der Kampf um die Medien.* Bertz & Fischer.
Schulz, M. (2005). *Ordnungen der Bilder. Eine Einführung in die Bildwissenschaft.* München: Beck.
Sherman, C. (1998). *Untiteld film stills.* Schirmer/Mosel.
Sherman, C. (2006). *Cindy Sherman.* Flammarion.
Shifman, L. (2014). *Memes in digital culture.* MIT Press.
Soeffner, H.-G. (2019). *Bild- und Sehwelten.* Juventa.
Soeffner, H.-G. (2004). *Auslegung des Alltags – Der Alltag der Auslegung. Zur wissenssoziologischen Konzeption einer sozialwissenschaftlichen Hermeneutik.* UVK (Erstveröffentlichung 1989).
Soeffner, H.-G., et al. (2006). Visual sociology on the base of , visual photographic concentration'. In H. Knoblauch (Hrsg.), *Video-Analysis. Methodology and methods* (S. 205–217). Lang.
Steinmetz, R. (2006). *Filme sehen lernen.* Suhrkamp.
Stegmaier, P. (2006). *Innere Sicherheit. Online abrufbar unter der folgenden.*http://www.krimlex.de/artikel.php?BUCHSTABE=I&KL_ID=87. Zugegriffen: 8. Nov. 2020.
Strauss, A. (1994). *Grundlagen qualitativer Sozialforschung.* Fink.
Trautwein, R. (1997). *Geschichte der Kunstbetrachtung.* DuMont.
Treske, A. (2015). *Video theory.* transcript.
Tuma, R. (2013). Die kommunikative Video-(Re) Konstruktion. In R. Keller, H. Knoblauch, & J. Reichertz (Hrsg.), *Kommunikativer Konstruktivismus* (S. 363–382). Springer VS.
Tuma, R., Schnettler, B., & Knoblauch, H. (2013). *Videographie. Einführung in die interpretative Video-Analyse sozialer Situationen.* Springer.
Tuma, R. (2017). *Videoprofis im Alltag.* Springer.

Tuma, R. (2018). Video-Interaktionsanalyse. In C. Moritz & M. Corsten (Hrsg.), *Handbuch Qualitative Videoanalyse* (S. 423–444). Springer VS.

Vom Lehm, D. (2018). *Ethnomethodologische Interaktionsanalyse: Videodaten analysieren und die Organisation von Handlungen darstellen.* Juventa.

Wang, H., & Singahl, A., et al. (2009). Entertainment-education through digital games. In U. Ritterfeld (Hrsg.), *Serious games* (S. 271–292). Routledge.

Wagner-Willi, M. (2004). Videointerpretation als mehrdimensionale Mikroanalyse am Beispiel schulischer Alltagsszenen. *ZBB S, 1*(2004), 49–66.

Wegener, C. (1994). *Reality-TV. Fernsehen zwischen Emotion und Information.* Leske+Budrich.

Wernert, A. (2000). *Einführung in die Interpretationstechnik der Objektiven Hermeneutik.* Springer Fachmedien.

Wienke, I. (2001). Das Luftbild als Datum soziologischer Analyse. *Sozialer Sinn, 1*(2001), 165–189.

Wittgenstein, L. (1977). *Philosophische Untersuchungen.* Suhrkamp.

Wittwen, A. (1995). *Infotainment.* Lang.

Wolfe, C. (2010). *What is posthumanism?* University of Minnesota Press.

Woodward, S. (2019). *Material methods: Researching and thinking with things.* Sage.

The manufacturer's authorised representative in the EU is Springer Nature Customer Service Centre GmbH, Europaplatz 3, 69115 Heidelberg, Germany. If you have any concerns regarding our products, please contact ProductSafety@springernature.com

Printed and bound by CPI Group (UK) Ltd, Croydon, CR0 4YY

23/03/2026

02076466-0012